俞文华 著

知识产权强国
评价体系研究

知识产权出版社
全国百佳图书出版单位

图书在版编目（CIP）数据

知识产权强国评价体系研究/俞文华著. —北京：知识产权出版社，2016.5

ISBN 978 – 7 – 5130 – 3880 – 5

Ⅰ.①知… Ⅱ.①俞… Ⅲ.①知识产权—评价—研究—中国 Ⅳ.①D923.404

中国版本图书馆 CIP 数据核字（2015）第 255019 号

责任编辑：刘　爽　　　　　　　　　　责任校对：董志英

装帧设计：麦田设计　　　　　　　　　责任出版：刘译文

知识产权强国评价体系研究

俞文华　著

出版发行：知识产权出版社有限责任公司		网　　址：http://www.ipph.cn	
社　　址：北京市海淀区西外太平庄 55 号		邮　　编：100081	
责编电话：010 – 82000860 转 8125		责编邮箱：13810090880@139.com	
发行电话：010 – 82000860 转 8101/8102		发行传真：010 – 82000893/82005070/82000270	
印　　刷：北京科信印刷有限公司		经　　销：各大网上书店、新华书店及相关专业书店	
开　　本：720mm×960mm　1/16		印　　张：19	
版　　次：2016 年 5 月第 1 版		印　　次：2016 年 5 月第 1 次印刷	
字　　数：324 千字		定　　价：68.00 元	

ISBN 978 -7 -5130 -3880 -5

为中国强盛插上理论的翅膀

导　言

　　第一次工业革命以来，现代经济史就是一部世界经济强国领导新兴产业革命的历史。每一次新的产业革命都导致世界经济财富出现集中和再集中，并使得世界不同区域发展出现很大的分化；发动新产业革命的国家处在世界经济的中心，凭借经济霸权控制着世界市场的秩序。❶ 知识产权是国家对发明、技术创新和产品创新等智力创造成果所授予的排他性产权，包括专利、版权、商标等种类，本质上是一种竞争者为阻止其对手销售自己的产品或商品而拥有的垄断顾客的权利。一个国家在全球范围拥有的知识产权的数量和质量，不仅反映其发明、技术创新和产品创新等智力创造成果的数量和质量，实际上也代表着其对国内乃至世界市场的控制能力的高低。知识产权保护制度从其诞生之日起就以激励创新为根本目的；每一次新的产业革命都会导致一次发明、技术创新和产品创新的生产率质的飞跃；发动新产业革命的国家也都较成功地运用了知识产权保护制度，并依靠在国内外累积起来的知识产权优势控制着全球市场的秩序，为自身创造出了其他国家难以企及的经济增长和国际竞争力。

一、现代世界经济强国依靠知识产权优势控制着全球创新周期和世界市场

　　自英国第一次工业革命以来，随着知识产权国际保护制度的逐步确立和发展，

---

　　❶　（美）罗纳德·芬德利，凯文·奥罗克. 强权与富足. 华建光，译. 北京：中信出版社，2012. 见前言中对工业革命的论述。

世界各国争夺新兴产业领导权的竞争，已演变为夺取最新科技突破的知识产权（商业运用控制权），进而争夺全球创新周期主导权的竞争。因此，任何国家要在特定历史时期崛起为世界经济强国，就必须要在创新最为活跃的新兴技术和产业领域获得大量足以控制产业发展方向的专利和世界级的商业品牌。在这个意义上，现代经济强国首先是拥有大量足以控制产业发展方向的专利和世界级的商业品牌，并能以此主导全球创新周期和国际知识产权制度发展的国家。

进入 21 世纪，新科技革命深入发展，经济全球化加速推进，专利、版权和商标等知识产权在世界各国国家竞争力中的作用更为凸显，国际知识产权保护协调也已成为国际经济外交中头等重要的事务。在此形势下，世界各国抢占科技和经济发展制高点的竞争，已发展为在全球范围内争夺知识产权的数量、质量及以此为基础的全球创新周期控制力和世界市场支配力的竞争，这也是一个国家在全球竞争中的知识产权实力。各国知识产权实力不仅关系到其在全球创新周期控制力和世界市场支配力竞争中的地位，也直接影响到其在全球政治经济中的话语权和主导权的大小，特别是国际政治经济规则制定或调整中的角色。即使在气候变化、能源资源安全和核安全等全球性问题上，知识产权在各国较量中也扮演着重要的角色：发达国家试图依赖其在这些领域上的知识产权优势获得更大的利益和规则制定权；而知识产权实力在各国间分配的变化又将牵动着谈判中各方力量的分化和重新组合。

随着知识产权在全球政治经济竞争中地位的提升，国际知识产权制度也在不断发展和调整，并成为全球科技和经济治理机制建设的重要组成部分。各国在新科技革命中把握机遇的能力不同，将直接影响到其知识产权创造能力的发展，并最终反映在其知识产权实力相对其他国家的变化之中。而这种国际知识产权实力格局的发展变化，不仅会直接牵动全球政治经济关系的调整和演变，也会导致各国对国际知识产权制度建设的话语权和主导权的竞争。最终，主导国际知识产权规则制定的必然是在全球知识产权实力对比中处于强大地位的国家。综上所述，现代知识产权强国大致可以定义为：在全球范围内凭借其创造的大量知识产权而拥有强大的世界市场支配力，并能以此主导全球创新周期和国际知识产权制度发展的国家。

二、建设知识产权强国是我国建设世界经济强国的需要

不过，世界经济发展史也是一部后进国家追赶先进国家的历史。新科技革命的深入推进也为后进国家带来了发挥后发优势、突破原有国际劳动分工中的不利地位的机会。在争取不断出现的新兴技术或产业的发展制高点的竞争中，后进国家要成功抓住机遇，其关键是要在依靠技术创新的基础上，构建起能与发达国家相抗衡的强大知识产权实力。

自《国家知识产权战略纲要》实施以来，我国知识产权事业取得了长足进展。据世界知识产权组织 2012 年发布的《世界知识产权报告》统计，2011 年我国居民在世界范围内所提交的发明专利申请量和获得发明专利授权量分别达到 435 608 件和 118 158 件，已超过美国并仅次于日本的 472 417 件和 304 604 件；在世界范围内所提交的商标注册申请量和获得的商标注册量分别达到 1 441 246 件和 1 071 652 件，已超过美国并仅次于德国的 2 120 913 件和 1 872 023 件。❶ 因此，以世界范围发明专利申请和授权量与商标申请和注册量来衡量，我国已经成为超越美国的世界知识产权大国，基本上处在与其 GDP 排名相当的世界地位。这表明我国知识产权事业已取得显著的成绩，并且到了一个新的发展时期。

不过，我国的知识产权的创造、保护、运用和管理依然与国家的经济、社会发展和国际地位提升的需要存在着差距；当前我国在全球范围内拥有的知识产权的数量、质量及以此为基础参与全球新兴产业竞争的实力和对世界市场的控制力，与美国、日本等世界经济强国相比还有较大的差距。主要表现为：

首先，知识产权对出口附加值提升的支撑能力不强。随着 2005 年和 2010 年先后成为世界高技术产品和商品最大出口国，我国经济发展的劳动力和自然资源成本优势不断丧失，能源、资源与生态环境对经济增长的约束空前增加，进一步提升国

---

❶ 见世界知识产权组织 2012 年发布的《世界知识产权指标报告》的统计部分。另外根据世界知识产权组织 2014 年发布的《世界知识产权指标报告》，2013 年，我国在国内外拥有的专利、商标和设计的申请量均已跃居世界第一：我国居民在世界范围内所提交的发明专利申请量达到 734 147 件，商标注册申请量 1 957 022 件，工业设计申请量 761 010 件，均分别超过美国的 501 903 件、1 482 228 件和 252 548 件。

家竞争力的空间在发达国家于高端产品市场上的固有竞争优势和其他发展中国家于劳动密集型产品市场上的成本优势挑战的夹击下已十分有限。因此,我国长期依赖出口拉动增长与高投入、高消耗、高排放、低成本扩张的发展模式已不可持续。特别是我国作为世界高技术产品最大出口国,实际上是在发达国家跨国公司依靠专利和品牌等知识产权垄断来增强其产品全球价值链支配力的背景下实现的。这种背景下的高技术产品出口增长实际上是依赖成本优势所实现的数量上的增长,而不是根本上依靠生产率的持续提高所实现的质量上的增长。

当代美国著名国际经济学家 Richard Baldwin 最近指出:21 世纪全球贸易的核心是知识产权控制下的贸易 – 投资 – 服务的联结;新兴工业化国家通过承接产品全球价值链的低成本加工或组装环节融入全球经济一体化;在这种模式下,发达国家的跨国公司凭借知识产权的全球布局,将产品生产价值链中附加价值最高的部分始终牢牢地控制在自己手中,结果导致"微笑曲线"❶深化,即发达国家的跨国企业凭借其知识产权在微笑曲线的前端(产品研发设计环节)与后端(营销环节)获得了大部分甚至绝大部分产品的附加值,而参与其中的新兴工业化国家却只得到了少部分甚至很少部分。❷ 因而,我国若长期处于技术劣势而被置于低端的被支配的分工地位,不仅有可能陷入低端的"比较优势陷阱",甚至还可能因越来越多的具有低劳动成本优势的发展中国家加入全球竞争而被迫出局。因而,要根本摆脱陷入低端的"比较优势陷阱"和其他发展中国家的"挤压",我国必须充分运用知识产权国际保护制度,不断依靠技术和品牌创新,将更多的智力创造性成果转化为对产品价值链具有控制力的知识产权,向知识产权要国际竞争力。

其次,制造业发展缺乏知识产权的强有力支撑。2010 年中国打破了美国连续110 年居世界制造业产出第一的历史,成为全球第一的制造业产出大国,进而取代了日本,成为仅次于美国的世界第二经济大国。不过,我国制造业与发达国家相比还有较大差距,由于缺乏自主知识产权,我国制造业主要集中在价值链的中段(加工、组装、制造等传统的行业),而价值链中附加值和赢利率较高的两端(研究开发、材料采购、产品设计和品牌营销、物流管理、金融等服务业)却由外国公司所

---

❶ 微笑曲线是一条描述产品生产各阶段附加值分布的曲线。

❷ Richard Baldwin. Global Supply Chains: Why They Emerged, Why Matter, and Where They Going.

垄断；自主创新能力弱，关键核心技术与高端装备对外依存度高，以企业为主体的制造业创新体系不完善；产品档次不高，缺乏世界知名品牌；资源能源利用效率低，环境污染问题较为突出；产业结构不合理，高端装备制造业和生产性服务业发展滞后；信息化水平不高，与工业化融合深度不够；产业国际化程度不高，企业全球化经营能力不足。❶ 而这些问题，根本上讲还是我国制造业缺乏大量创新并将之转化为对国内外市场具有控制力的知识产权所导致的。因此，我国下一步经济发展和产业结构升级的关键，主要就在于依靠知识产权创造财富和竞争力。

当前我国经济在经历了前所未有的 35 年高增长后已进入新常态时期。这是我国农业就业比率下降促进经济加速增长的库兹涅茨效应和劳动人口比率增加促进经济加速增长的人口红利效应逐渐减小的结果，中国经济持续增长的动力必须转变到依靠创新驱动的全要素生产率提升上来。知识产权所体现的是技术和产品创新的排他性产权，知识产权保护制度的根本目的是激励企业积极从事新科学知识的商业化应用与技术和产品创新，以促进新兴产业的发展与传统产业的升级。

我国制造业转型升级的根本动力在于提升创新能力。而我国制造业创新能力的提升过程，必然是大量新发明的技术和新的产品被授予知识产权并成功商业化的过程，是一个不断依靠知识产权累积实现制造业升级和国际竞争力提升的过程。与人口红利主要依靠供给上的要素成本或质量优势不同，知识产权红利是凭借知识产权带来的经营上的主动权和交易上的谈判优势，在市场交易而最终从产品中获得高附加值实现的，本质上是由控制市场能力所带来的。从日本的发展来看，正是依靠知识产权保护制度的激励与知识产权创造、运用、管理、保护的协同，在国内和国际冲破了美国知识产权的封锁，将经济发展的劳动成本比较优势转变成知识产权比较优势，依靠越来越大的知识产权红利，不仅实现了从制造业的低端向高附加值的价值链顶端的飞跃，而且也成为世界经济强国。

制造业是一个国家发展为世界经济大国乃至强国的重要基础，先进的机器设备或高端装备制造能力直接关系到一个国家在全球经济、政治和军事中的地位❷。建设制造强国，就是要更多依靠中国装备、依托中国品牌，实现中国制造向中国创造的

---

❶ 见《国务院关于印发〈中国制造 2025〉的通知》（国发〔2015〕28 号）的前言部分。
❷ Jonathan Rynn. The Power to Create Wealth［D］. 见前言部分的论述。

转变，中国产品向中国品牌的转变，并逐步成为世界制造业创新的中心。而这一转变的实现，根本在于充分发挥知识产权制度创新激励，并依靠知识产权保护将大量创新成果转化为对国内外市场具有强大控制力的知识产权过程，也就是向知识产权要经济升级转型和发展的红利。这样，我们才有可能到 2025 年把我国建设成制造强国。

同时，我国加快转变经济发展方式与新一轮科技革命和产业变革形成历史性交汇，国际产业分工格局正在重塑之中。最近国务院关于印发《中国制造 2025》的通知明确指出：新一代信息技术与制造业深度融合，正在引发影响深远的产业变革，形成新的生产方式、产业形态、商业模式和经济增长点；各国都在加大科技创新力度，推动三维（3D）打印、移动互联网、云计算、大数据、生物工程、新能源、新材料等领域取得新突破；基于信息物理系统的智能装备、智能工厂等智能制造正在引领制造方式变革，网络众包、协同设计、大规模个性化定制、精准供应链管理、全生命周期管理、电子商务等正在重塑产业价值链体系，可穿戴智能产品、智能家电、智能汽车等智能终端产品不断拓展制造业新领域；我国制造业转型升级、创新发展迎来重大机遇，必须放眼全球，加紧战略部署，抢占制造业新一轮竞争制高点。

著名商业史学家 Alfred D. Chandle 指出，工业革命以来的三次产业（工业、信息和生物技术）革命所共有的特征，在于新科学知识被成功地应用于新产品的商业开发，而成功进行新产品开发的企业或先入者要成功发展为决定国家产业发展大命运的大企业，就必须能够构建起强大的进入壁垒，使之能对自身成功发展出技术多业务运用的范围经济具有足够的保护作用。而知识产权作为联系技术和市场的桥梁，无疑是先驱企业构筑强大进入壁垒，并进一步发展技术能力、产品创新能力和管理能力的最重要的法律工具。❶ 可见，抢占新产业革命先机的较量，依然是争夺新科学知识商业化应用的知识产权的较量。因此，我国要利用新一轮科技革命和产业变革所提供的参与新兴产业革命的机遇，关键在于要培育出一批善于将新科学知识成功加以知识产权化和商业化应用的先驱企业，并且还要尽快为之能依靠知识产权构筑起强大进入壁垒，进而发展壮大创造出应有的条件。

因此，要努力把我国建设为世界制造强国和世界经济强国，就必须向知识产权

---

❶　（美）钱德勒. 塑造工业时代. 罗仲伟，译. 北京：华夏出版社，2006. 见第 11 章中对三次产业革命共同特征的概括。

要经济发展和产业结构升级的"红利"，必须充分运用知识产权保护制度，将不断涌现的技术和产品创新转化为对国内外市场具有控制力的知识产权，以逐步实现对全球创新周期和世界市场的领导和控制。

三、本书的结构和基本结论

基于上述背景，本书在对知识产权强国的内涵和基本特征、国家知识产权实力及其形成过程进行理论分析的基础上，构建了知识产权强国综合指标评价体系，并通过评价结果分析对世界知识产权强国的标准和基本特征进行了探讨，对中国与强国的差距及其变化进行了讨论。本书结构如下：第一章就知识产权强国的含义进行讨论；第二章就构成知识产权强国的力量基础——国家知识产权实力进行探讨；第三章和第四章在借鉴现有代表性的国家创新能力分析框架和评价指标体系的基础上，就构建知识产权强国综合评价指标体系进行讨论；第五章就知识产权强国综合指标评价结果进行分析；第六章就中国与世界知识产权强国的差距及其强弱项指标进行探讨；最后第七章是本书的结束语。

本书得出以下重要结论。

① 当今世界上所有创新型国家都在竭力将其最先进的科技成果转化为能够为经济发展服务的知识产权，以期在激烈的科技、经济和综合国力竞争中占据制高点，建立科技和经济行动的自由圈和保护圈。因此，知识产权竞争正在演变为世界各国综合国力较量中的新战场和最活跃的部分。

② 知识产权强国是通过较大规模和较高水平的知识产权创造、运用、保护和管理，在知识产权的数量、质量和结构上具有强大综合优势，并依靠雄厚知识产权实力而拥有强大经济国力和国际影响力的国家。知识产权强国建立在知识产权创造"投入实力－产出实力－绩效表现"良性循环基础之上。

③ 国家知识产权实力是决定一个国家能否参与以及多大程度上参与分享科技和经济全球化"红利"的关键因素。国家知识产权实力中的上述角色，也决定了全球化背景下其在巩固和提升国家生存、发展以及在国际事务中影响或强制他国实施本国意愿的能力中处于其他力量难以替代的地位。

④ 经测算，2010 年知识产权强国综合指数排名前十的国家分别是美国、日本、德国、法国、瑞士、瑞典、英国、芬兰、韩国和荷兰；中国排名第 14。47 个国家中，根据各国知识产权强国综合指数的表现，可将所有国家分为四大类型：知识产权强国（美国、日本和德国三国）、知识产权次强国（法国、瑞士、瑞典、英国、芬兰、韩国和荷兰七国）、知识产权中强国（丹麦、加拿大、西班牙、中国、奥地利、意大利、爱尔兰、新加坡、比利时、澳大利亚、以色列、葡萄牙和卢森堡）和知识产权欠强国（其余 24 个国家）。中国处于知识产权中强国家行列。

⑤ 中国知识产权创造效率还不高，同时其知识产权创造产出对经济发展、能源环境可持续性和国际知识产权事务的影响力的贡献也普遍低于强国、次强国甚至大多数中强国家。从分析结果来看，知识产权强国具有知识产权"投入能够有效转化为知识产权创造产出、知识产权创造产出能够高效催化出知识产权产出绩效"的基本特征。因而，改善中国知识产权创造效率，知识产权创造产出对经济发展、能源环境可持续性和国际知识产权事务的影响力的贡献，应是我国要关注的重要公共政策问题。

⑥ 尽管我国知识产权创造投入指数上与强国的差距已明显缩小，但在知识产权（创造）产出和知识产权绩效指数上，与强国还有明显甚至较大差距，进而导致在知识产权强国指数上与强国的差距依然明显。

⑦ 十大维度指数上，中国在知识产权直接投入、国内经济发展绩效、国际知识产权事务影响力和专利产出上表现出较快的追赶势头，并且在多个维度上缩小了与强国的差距，但是在节能减排放、国际竞争力和全球经济控制力与专利产出三大维度上与三大强国的差距依然较大。

⑧ 无论从比率还是绝对差距来看，中国在强国指数、支柱指数和大多数维度指数上已向美、日、德三国趋近乃至逼近，既有中国实施国家知识产权战略以来在多个方面所取得较大进展的成果，也有美、日、德三国还没有完全摆脱全球金融危机给其带来的负面影响的因素。

⑨ 从 59 个基础指标 2006—2010 年五年指数的平均值来看，中国和三大强国相比在 26 个基础指标上表现较佳或与强国相近，但是还有 33 个基础指标与强国存在着很大甚至极大的差距。因此，这些指标应成为中国下一步知识产权工作关注的重点。

目　录

第一章

知识产权强国的基本含义

2008 年的全球金融危机以来，世界格局多极化趋势进一步发展，中国的国际地位进一步提高。2010 年中国不仅打破了美国连续 110 年居世界制造业产出第一的历史，成为全球第一的制造业产出大国，进而取代了日本，成为仅次于美国的世界第二经济大国。在工业化、信息化、城市化、市场化、国际化深入发展的推动下，我国正处于全面建设小康社会的关键时期，以及对世界发达国家加快追赶的时期。大国崛起是一个新兴大国实力不断缩小与世界强国的差距，甚至最终超过世界强国的过程。国际上也有多项研究指出，中国有望于 2030 年左右崛起为世界第一大经济体❶。显然，作为一个全球人口最多的发展中国家，我国全面实现现代化的历史进程，必然是国内发展和国际地位提升共同迈进的过程。在国内表现为经济、社会、政治和文化等各个方面持续发展，发展质量、发展水平和发展效益不断提升的进程；国际上表现为从一个发展中的大国向具有全球影响力的世界大国乃至世界强国迈进的进程。

世界著名经济史学家 Kindleberger 曾指出：一个国家经济变化的轨迹存在一个生命周期，通常它沿着一条 S 形曲线发展，一开始缓慢地启动，然后加速，飞速发展一段时间，最后减速并导致其国力相对衰落；在任何特定时期，世界似乎都在朝着形成一个以经济霸权为顶端的等级秩序的方向运动；拥有经济霸权地位的国家先盛后衰，导致其经济霸权为新兴国家所接替；16 世纪以来，创新能力变化始终是导

---

❶ 著名的经济历史学家 Angus Maddison 的研究，到 2030 年，中国将超过美国成为经济总量最大的国家，他甚至认为中国按购买力评价计算的 GDP 规模超过美国的时间会更早（2015 年）（见 Angus Maddison 的《中国第六次转型（Six Transformations in China）：960 – 2030》一文）。2003 年高盛（Goldman Sachs）发表的预测认为中国会在 2041 年超过美国成为最大的经济体（见 Daniel Altma 的《全球经济 12 大趋势》（陈杰等译，中信出版社 2012 年版第 4 页）；2009 年高盛在其《现代世界中的中国》的报告中预测中国可能在 2027 年成为全球最大经济体，届时经济总量将达 21 万亿美元（http://asiapacifico. utadeo. edu. co/wp – content/files/china_ en_ el_ mundo_ moderno_ goldman_ sachs. pdf）。

美国国家情报委员会 2012 年 12 月发布的第五份全球发展趋势研究报告《全球趋势 2030：变换的世界》在第一章关于"权势的扩散"一节中认为：始自 1750 年的西方称霸的局面大体会逆转，亚洲将重返国际政治经济的中心。到 2030 年，按国内生产总值、人口总量、军事开支和科技投入等来计算的权力量，亚洲将超过北美与欧洲的总和；届时，中国在经济上很可能跃居世界老大，提前几年赶超美国；而欧洲、日本和俄罗斯相对衰弱的局面会依然如故。

致新兴国家崛起和经济霸权更迭的重要推动力。❶ 参照金德尔伯格的国家生命周期理论，目前我国经济发展正处在 S 形国家生命周期的加速发展期间，也是国家经济相对实力快速上升期。但是，要实现从一个发展中的大国向具有全球影响力的世界大国乃至世界强国迈进，根据 Kindleberger 对世界经济霸权兴衰的总结，关键在于要发展出强大的创新能力，甚至还要能够主导全球的创新周期。

近年来，随着在多个领域已成为世界上无可争议的大国，我国为加快对世界强国追赶的需要出发，在诸多领域提出了强国目标。如从（高等）教育大国向（高等）教育强国迈进，从人力资源大国向人力资源强国迈进❷，从体育大国向体育强国转变，从工业大国向工业强国转变，从农业大国向农业强国转变，从贸易大国向贸易强国转变等。这些目标的提出都有一些共同的特点，就是面对世界政治经济更加复杂和综合国力竞争日益激烈的形势，希望在现已发展达到的一定规模和水平之上，更好地规划我国未来的发展蓝图。同样，从知识产权大国向知识产权强国转变的提出也离不开这一大背景，以及各个领域发展协调并进的需要。因此，知识产权强国概念，更多是从实践需要提出的，其价值在于其为我国未来知识产权的发展提出新的目标。

---

❶ （美）查尔斯·金德尔伯格. 世界经济霸权 ［M］. 高祖贵，译. 商务印书馆，2003：7，38，359.
❷ 《国家中长期教育改革和发展规划纲要（2010—2020 年）》确定到 2020 年教育改革发展的战略目标是"基本实现教育现代化，基本形成学习型社会，进入人力资源强国行列"。

知识产权强国的基本内涵

一、大国与强国的基本内涵

进入 21 世纪以来，随着中国经济迅速发展带来的经济规模日益扩大和国际地位的日益提高，"大国"和"强国"成为学术界讨论的一个热点。另外，国际经济和国际政治学界也涉及大国或强国的讨论。因此，下面从三个方面来讨论大国或强国的基本内涵。

1. 国内学术界讨论的代表性观点

国内学者普遍认为，大国是就国家规模而言的，而衡量国家规模的尺度包括经济、地理、人口甚至包括政治维度。如"大国模式""大国战略""大国经济""新兴大国""经济大国""政治大国""生产大国""贸易大国""钢铁大国""地区性大国"等概念，都是从上述尺度或某一尺度的特定方面对国家规模的表述。

不过，正在和平崛起的中国，更加关注的是强国的概念。大国与强国的区别首先表现为是强调数量还是注重质量的区别❶。强国与大国的根本不同，在于一个是

---

❶ 这里主要参考了黄莉 2010 年 7 月发表在《上海体育学院学报》第 34 卷第 4 期的《从体育强国内涵探究体育综合实力构成》和任东来在《学习月刊》2004 年第 10 期上的《强国的制度框架和思想传统》一文。

强，而另一个是大。强与大所指代的内涵是不同的：大与小相反，具有空间较大、面积较广、人口数量较多的特点；强与弱相对，主要指有质量高、程度高、实力雄厚的特点。因此，大国的概念主要指向规模大、范围广、数量多，是与数量有关的概念；而强国的概念主要指向程度高、质量优、实力强、势力强，是与质量有关的概念。因而，一个国家是否为大国，主要以数量为标准进行衡量；而一个国家是否是强国，主要是以质量为标准进行评估。

其次表现为强调规模与注重影响力的区别。从地区性的角度来看，强国不一定就是大国。比如，中东的以色列，不论从人口还是从版图上讲，它都是一个小国，但如果从其军事力量以及在中东甚至全球安全结构中的地位来看，它毫无疑问是个地区性强国。因此，这意味着小国也可以是强国。同样，大国却未必是强国。比如，印度尼西亚和非洲的尼日利亚都是人口过亿的地区性大国，但从经济实力和对国际事务的影响力而言，很难说它们是地区强国。因而，大国更多地是指一个国家人口、版图等物质构成的规模；而强国更多地是指它的经济、政治和军事等方面的影响力。❶

再次表现为地位等级与发展层次上的差异。强国与大国存在着地位等级高与低、数量少和多的不同。世界各国中，算得上是大国的国家数量较多，从 GDP 来看，有美国、中国、日本、德国、法国、英国、意大利甚至还有 G20 中的其他国家。因而大国显得较普遍、较普通。而称得上或者说被公认为强国的国家数量极少，与众不同。如世界各国都公认美国是个强国，而其他发达资本主义国家算不算强国在国内外未形成共识。这既说明对强国目前没有一个明晰的、国际公认的评价标准，也反映出美国作为一个世界超级强国，其综合国力遥遥领先于世界其他各国。从而，强国与大国相比，两者之间在地位等级上就有个高与低的差别。从发展层次或发展水平上看，强国所处的发展层次或发展水平高，对应的国家往往是现代化已全面完成的发达国家，而不是正在进行现代化建设的发展中国家。从这个意义上讲，大国并不意味着是强国。因此，大国和强国是不同地位等级、发展水平和发展层次的国家的概念表述。❷

---

❶　任东来. 强国的制度框架和思想传统［J］. 学习月刊，2004（10）.
❷　黄莉. 从体育强国内涵探究体育综合实力构成［J］. 上海体育学院学报，2010，34（4）.

最后表现为参照对象的不同。不论是大国还是强国，都是相对而言的，都是要依据一定的参照对象的。大国和强国的现实存在都源于自身有相应的参照对象。大国的参照对象是小国，而强国的参照对象是弱国。在小国面前，大国表现其大；在弱国面前，强国凸显其强。另外，根据参照系是区域还是全球范围的不同，又可以分为区域性大国（强国）和全球性大国（强国）。但是全球性大国与全球性强国，虽有明显区别，但也有交叉，也有密切联系。全球性大国是成为全球性强国的基础，没有足够的数量、足够大的规模就没有真正意义上的高质量、真正意义上的实力。全球性大国由于资源总量多，发展余地大，从而为其成为全球性强国提供了条件，奠定了基础。但凡世界强国同时又是世界大国的事实也证明了这一点❶。

另外，大国和强国的概念也可以是局部意义上的。这种局部性意义上的大国，通常是指在某些领域（包括经济）规模很大，或者某些产业或产品数量很多的国家，在具体使用中一般要加相应的修饰词，如制造大国、贸易大国、科技大国、体育大国等。这类大国的划分指标和标准更要视具体问题而定，但一般而言，某领域、产业或者产品能够突出地代表该类大国的经济特征，并在规模或者数量上能够排在世界前列。2010 年中国占世界制造业产出的 19.8%，并超越美国成为世界制造产出第一大国，这里的大国就是指制造业这个局部意义。局部性意义上的强国，指在某些领域实力很强，或者在某些产业或产品生产上在全球占据主导或支配地位的国家，如制造强国、贸易强国、科技强国、体育强国等。

2. 国际经济学界的讨论

国际经济领域的比较研究，多关注国家规模与国家经济绩效，进而与经济强国形成比较的关系。从国际经济比较的角度，通常国家规模大小可以国土面积❷、GDP 或人口多少来加以排序。按照这种标准，大国往往是指在人口、国民收入等方面的数量或规模很大的国家。不过，国内外学者对总量或者规模达到多大程度才算

---

❶　田雨普指出：大国也可能因为人口众多、地域广阔，在涉及人均获得资源的数量、资源分布的密度、整体进步的速度等方面时，则可能反倒成为大国转变为强国的困难和阻力（见：田雨普．努力实现由体育大国向体育强国的迈进．体育科学，2009，29（3））。

❷　如俄罗斯和澳大利亚地理范围很大，但人口很少；而荷兰地理空间狭小，但人口密度很高。

大国并没有提出统一的标准。最先研究国家规模与经济绩效关系的经济学家 Kuznets[1]，在 20 世纪五六十年代发表的论文集《各国的经济增长》中，以人口作为国家规模的近似衡量指标，并以 1000 万人口为标准将世界上国家区分为大国和小国。而 Chenery 等在 20 世纪 80 年代发表的《工业化和经济增长的比较研究》中，将拥有 2000 万人口的国家作为大国的标准。而国内经济学者顾海兵认为应以综合考虑人口、国土、收入的合成指数来区分大国和小国。[2]

20 世纪 60 年代国际经济学界就开始关注国家规模大小与国际经济绩效差异间的关系。但有关该方面的研究真正得到重视，则是在金砖国家兴起之后。从研究文献来看，国内外"大国经济"研究者似乎都比较认同：大国因幅员广阔、人口众多、国内市场巨大、资源总量丰富的条件，以及国民经济体系比较完整、区域发展不均衡、对世界经济影响大（单个大国的行为具有溢出效应和全球影响力）、经济发展相对稳定等特征，有可能产生一种大国综合优势，进而发展成独特的大国经济战略[3]。不过，国际上关于地理、人口和经济等规模变量或所谓的"规模效应"对国家经济绩效影响的重要实证研究成果，并没有为大国综合优势提供太多可靠的支持。

2006 年 Rose[4] 以人口作为衡量国家规模的尺度，研究发现：不同规模的国家并没有明显的经济或社会成本的区别，国家的人口数量与健康、教育、社会或经济体系的质量间也没有明显的相关关系，国家经济增长与其规模大小之间也没有相关关系，不过小国只是开放度更高而已。此结论意味着大国与小国相比，并不存在所谓的规模报酬递增效应，大国仅有的好处似乎是能较好地免受外部经济的冲击。2008 年 Laurent[5] 以 OECD 成员国为考察对象，用人口作为衡量国家规模的尺度，同样发现，大小发达国家之间不存在任何差异。但是，Furceri 等人 2007 年的研究[6]却表

---

[1] Kuznets, S. (1960): "Economic Growth of Small Nations" in Robinson ed. Economic Consequences of the Size of Nations: Proceedings of a Conference Held by the International Economic Association. London: Macmillan.

[2] 顾海兵. 大国与大国发展战略 [J]. 太平洋学报，2005 (1).

[3] 见欧阳峣的《大国综合优势》（格致出版社 2011 年版）一书的前言部分。

[4] Rose, K. Well – Being in the Small and in the Large, Monetary and Economic Studies, 2006 (November): 55 – 72.

[5] Laurent É. Economic consequences of the size of nations, 50 years on. N° 2008 – 26, September 2008.

[6] Furceri, D. and G. Karras (2007): "Country size and business cycle volatility: Scalereally matters," Journal of the Japanese and International Economies, 21 (4), 424 – 434.

明，国家规模大小与其经济增长波动性之间存在着反向的关系：规模越大，经济增长波动越小。Alouini 等人基于由人口、GDP 和耕地所合成的国家规模指数（Country - size Index）❶，也研究发现：对于所有样本国，国家规模与 GDP 增长波动性之间存在负的条件相关。这两者的研究结论可能意味着大国由于存在着更大的经济互补性而使得经济增长通常更为稳定。从上述分析来看国际经济学界对大国的界定主要是从人口、地理和经济规模或其综合指数来衡量，其目的是在于考察（不同尺度意义上）不同规模国家的经济发展的特征，至于如何界定强国却缺乏研究。

3. 来自国际政治学界的讨论

国际体系是由力量上不均衡的国家组成的。一个国家的国际政治影响力建立在其经济和军事的国际影响力基础上。因而，国际政治始终关注国际权力体系以及国家间经济和军事力量的变化和对比。德国历史学家 Ranke 是首先提出"大国"定义的学者，他在 1833 年发表的《列强论》一文中认为：一个大国必须是能够与其他所有联合起来的大国相抗衡的国家。❷ 当代西方杰出的国际政治学家 Martin Wight 的看法是，按照军事力量衡量，世界各国有可能划分为支配性大国（Dominant Powers）、大国（Great Powers）和小国（Minor Powers）。❸ 支配性大国是拥有全部竞争对手之和的力量的国家，无论遇到对手怎样组合发起攻击，都能从容不迫地策划战争的国家，这实际上是上述 Ranke 定义的大国概念；大国是仅次于支配性大国的国家，关系整个国际体系利害的、在军事上有能力增进和保护利益的国家，超级大国实际上是处于支配地位的大国，而其他国家就是小国。按照保罗·肯尼迪的观点，大国就是一个能够保卫自己并可对付任何国家的强国，必须有欣欣向荣的经济基础。❹ 维基百科在总结众多国际政治学家观点的基础上，给大国下了这样一个定义：大国就

---

❶ 国家规模指数计算公式为：第 i 国的规模指数 $= \dfrac{100}{3}\left(\dfrac{\text{第}\,i\,\text{国人口}}{\text{最大国人口量}} + \dfrac{\text{第}\,i\,\text{国耕地面积}}{\text{最大国耕地面积}} + \dfrac{\text{第}\,i\,\text{国 GDP}}{\text{最大国 GDP}}\right)$。不同国家该指数在［1，100］。并将满足人口 4922 万、GDP 3159.6 亿美元和面积 576 940 平方千米的国家称为大国。

❷ （日）田中明彦. 世界系统［M］. 杨晶，译. 北京：经济日报出版社，1990：29.

❸ （英）马丁·怀特. 权力政治［M］. 宋爱群，译. 北京：世界知识出版社，2004：第二、第三和第四章。

❹ （英）保罗·肯尼迪. 大国的兴衰：1500—2000 年的经济变化和军事冲突［M］. 王保存，等，译. 北京：求是出版社，1988：652.

是有能力在全球范围产生影响的国家。大国的典型特征是拥有军事和经济实力、外交和软实力影响，并可以让中等国或小国在采取行动前考虑其观点❶。可见，国际政治学界讨论的大国概念实际上是世界军事和经济强国的概念，即大国实际是指在国际社会体系中，权力资源或"综合国力"上拥有显著优势的国家，实质上是指强国、强权。

世界体系理论的主要创始人 Immanuel Wallerstein 认为，资本主义世界经济体系是世界范围的劳动分工体系，这个体系可划分为中心、次边缘、边缘三个区域；中心是指拥有该时代的尖端产业、高生产率和高工资的地区；边缘地区是指地域广阔、人口众多、专门从事一次性产品生产、生产率低和工资低的地区；而次边缘地区是介于前两者之间，有的是由以前的中心衰落下来的部分，有的是由以前边缘地区上升来的部分；居于中心的国家就是强国，而居于边缘的国家就属于弱国；一个国家是强还是弱，要看其在世界经济中能够在多大程度上创造出本国企业获得利润的条件，即多大程度上创造出"拟似垄断状态"的能力；霸权就是某中心国在生产、流通、金融和军事的所有方面凌驾于一切国家之上。❷

著名国际政治学家 Geroge Modelski 在其霸权更迭长周期理论中指出：世界大国是世界的主导经济国，是世界经济和世界政治的最重要连接点；世界大国主导经济不仅规模（GNP）大，或富裕程度（人均 GNP）高，而且意味着在技术创新的条件下主导性产业部分生产旺盛，并能积极参与世界经济，有足够的支持其履行作用的巨额财力，同时在制定国际贸易、投资、金融等方面的规则上起决定作用。❸ 因此，无论 Wallerstein 的世界体系理论，还是 Modelski 的霸权更迭长周期理论，其对于当前强国讨论的共同重要启示是：但凡强国都是依靠领先的技术和尖端产业，处于世界劳动分工体系中的中心地位，并凭借国际规则制定上的决定性优势主导着世界经济发展的国家。而上述有关大国和强国的讨论，也对下面知识产权强国的基本内涵和主要特征的论述具有重要的参考意义。

---

❶ 见维基百科对大国（Great Power）的定义。

❷ （美）伊曼纽尔·沃勒斯坦. 现代世界体系（第 1 卷）［M］. 郭方，等，译. 北京：高等教育出版社，1998：162.

❸ Geroge Modelski. Long cycles in World Politics. 见第一章的论述。

二、知识产权强国概念的提出及其意义

2010 年我国经济总量达到世界第二，从 GDP 的角度无疑是一个经济大国。但是上述成绩的主要是依靠作为全球价值低端的、无自主知识产权和品牌的"世界工厂"地位取得的。与占据全球价值链高端环节的美国、日本和德国甚至与亚洲的韩国相比，我国对世界经济发展的主导力依然不强。中国要增强对世界经济发展的主导力，并如国际上有的预测那样于 2030 年顺利成为世界经济总量第一的国家，必须加快推进由制造大国向创新型国家的转变。

知识产权制度是保护技术开发或创造、经营等正常进行的一种权利制度。知识产权是和技术开发 – 产业 – 消费者组成的市场结构相对应的一种权利。知识产权包括专利、版权、商标等许多种类，但基本上是指竞争者为阻止其对手销售自己的产品或商品而拥有的垄断顾客的一种权利。❶ 当代美国著名国际经济学家 Richard Baldwin 最近指出：21 世纪全球贸易的核心是知识产权控制下的贸易 – 投资 – 服务的联接❷。在全球知识经济快速发展和世界劳动分工主要依价值链的各环节展开的背景下，知识产权已经成为参与分享全球知识经济和世界劳动分工体系"红利"的关键决定因素；世界创新型国家的共同特征就是都是向知识产权和无形资产要"红利"。因此，中国要从目前的制造大国向未来的创造大国或创新型国家❸转变，实际上是其经济发展从目前依靠"人口红利"向借助"知识产权和无形资产红利"的转变过程。

加入 WTO 以来，我国知识产权创造和国际知识产权事务的影响力方面取得了突破性进展：截至 2012 年 7 月，我国用了 27 年时间，发明专利累计授权量突破 100 万件，而发达国家达到这一数量用了数十年甚至近百年；近十年来，我国企业发明

❶ （日）富田彻男. 市场竞争中的知识产权 [M]. 廖正衡，等，译. 北京：商务印书馆，2000. 见第一章关于知识产权的理解。

❷ Richard Baldwin. Global Supply Chains：Why They Emerged，Why Matter，And Where They Going.

❸ 国际学术界通常认为创新型国家是指把科技创新作为基本战略，大幅提高科技创新能力，形成强大竞争优势从而保持强大竞争力的国家。创新型国家的共同特征是：创新综合指数明显高于其他国家；科技进步贡献率在 70% 以上；研发投入占 GDP 的比例一般在 2% 以上；对外技术依存度指标一般在 30% 以下；获得的三方专利数（美国、欧洲和日本授权的专利）占世界总量的绝大多数。

专利申请增加了 58 倍，通过《专利合作条约》（PCT）途径提交的国际专利申请量是全球增长最快的国家，并于 2010 年超过韩国成为专利申请量第四大国，在 2011 年达到 1.64 万件；另据世界知识产权组织统计，2011 年中国的本国居民专利申请增量占全球本国居民专利申请总增量的 96%，即中国本国居民专利申请增长是全球本国居民专利申请增长的最重要动力。同时，我国知识产权事业的国际影响和吸引力也在不断扩大：我国在 1999 年和 2001 年成为世界上受理外观设计专利申请和商标注册申请最多的国家后，再于 2011 年成为发明、实用新型、商标和外观设计的申请量均居全球首位的国家。

近年来，我国知识产权创造和国际知识产权事务的影响力取得的显著成绩，也引起了多方关注，进而由此引发了中国是否是知识产权大国、强国的争论。美国国际贸易委员会近期公布的 332 调查报告❶，除了指责中国仿冒严重、侵权泛滥、执行不力等问题之外，还认为中国的自主创新政策导致专利爆炸，实用新型专利权人常常对外国企业发起专利诉讼，报告对此深切担忧。日本《朝日新闻》2011 年 2 月 22 日发表文章《中国成为"知识产权大国"之日》认为，近年来中国的专利申请数量激增，在带来中国专利诉讼官司不断增加的同时，也使国外企业开始成为诉讼对象，因而，日本企业对中国企业拥有的知识产权造成侵害的危险性也在不断提高。

国家知识产权局副局长贺化在接受《经济》杂志专访时也曾指出❷：我国目前已经成为一个知识产权大国，国内发明专利申请量已经进入世界前三，商标申请量连续多年位居世界第一，版权相关产业对国民经济的贡献度达到 6%。但同时，我国还不是知识产权强国，在很多方面我们还有很长的路要走。一是企事业单位战略性运用知识产权的能力尚未形成。二是知识产权制度与科技、金融、财政、税收等制度的衔接、协调有待进一步加强，在国家产业结构调整、区域经济发展等方面，在重大科技攻关、扶持中小企业发展等方面，知识产权的作用需要得到进一步体现。三是社会公众的知识产权意识需要进一步提高。

目前关于中国是否是知识产权大国，以及与世界知识产权强国差距到底有多大

---

❶ 美国国际贸易委员会 2010 年发布的报告《中国知识产权侵权情况和自主创新政策对美国经济的影响》（U. S. International Trade Commission，China：Intellectual Property Infringement，Indigenous Innovation Policies，and Frameworks for Measuring the Effects on the U. S. Economy，Investigation No. 332 – 514，November 2010）。

❷ 见贺化接受《经济》杂志专访。

的争论，实际上是关于中国的知识产权实力和发展水平与其他国家相比目前在世界上到底处于什么样的位置，以及知识产权发展在国家科技、文化和经济发展中到底居于一种什么样的地位的争论。"知识产权强国"的概念就是根据当前迫切需要解决我国知识产权实力和发展水平在国际竞争环境中的定位问题，以及知识产权发展在国家科技、文化和经济发展中的定位问题提出来的。并且，只有找准目前我国知识产权实力和发展水平所处的发展阶段，才能确立今后的发展目标，以及在中外实力对比的基础上借鉴先进经验反思自身问题，以使知识产权工作在创新型国家建设中发挥更加积极的作用。

不过，知识产权强国作为一个概念，既可以理解为"知识产权的强国"，也可以解释为"通过知识产权（的创造、运用、保护和管理）使国家强大"。这两个方面实际上是相互联系、不可分割的：知识产权事业的历史使命是促进国家富强，同时也只有在推动国家走向强大的前提下，知识产权事业才能真正做强。因此，与近年来我国诸多领域提出强国目标一样，知识产权强国概念的提出不仅仅为了解决当前的定位问题，其主要目的是为了在国际知识产权经济政治深刻变革的背景下，谋划我国未来知识产权事业的发展蓝图：如何把我国建设成知识产权强国。

同时，作为我国未来知识产权事业的发展目标，还必须认识到知识产权强国所具有的重大目标价值：

（1）知识产权强国是对我国知识产权事业发展具有引领价值的目标。

知识产权强国是在我国未来知识产权事业发展目标的意义上提出的，因而，它的意义和作用更多地体现在指明方向、引导发展、引领未来之上。同时，作为发展目标，要发挥引领作用，首先需要充分认识建设知识产权强国的重要意义和价值，并使之在社会中形成广泛的认同。而只有社会广泛认同了它的重要意义和作用，作为发展目标，才可能统一思想、凝聚力量、共谋大业，才能最终体现引领发展的作用。当前，我国知识产权事业要想在现有水平取得更大的突破，把知识产权强国作为未来的发展目标，是经济全球化和新科技革命深入发展下中国和平崛起的必然。

（2）知识产权强国是对我国知识产权事业发展具有战略意义的目标。

知识产权强国是一个具有战略意义的发展目标。加入 WTO 以来，我国知识产权创造和国际知识产权事务的影响力虽然取得了突破性进展，但主要是在知识产权数量增长方面取得进展，知识产权质量总体水平不高、核心技术自主知识产权和自主品牌缺乏、企业知识产权管理薄弱、知识产权人才普遍缺乏等问题并没有取得突破。近年来我国知识产权事业发展采取重点区域、重点企业和重点领域突破的方法，不仅无法照顾到知识产权事业整体和全面的发展，也带来知识产权事业不同地区、不同企业和不同领域发展的不均衡问题。当前发达国家进一步强化知识产权保护，竭力将创新优势转化为市场竞争优势，我国向产业链高端爬升受国外持有知识产权制约也更为突出。而我国经济发展又迫切需要运用知识产权等要素投入，推动我国经济发展走上创新驱动、内生增长的轨道，以摆脱长期存在的不平衡、不协调、不可持续问题。面对上述挑战和压力，我国知识产权战略需要从强调数量转向注重质量，从重视保护转向强调运用，从重视创造向强调效益转变，从强调重点突破向注重协调发展转变。因此，结合我国已在诸多领域提出强国目标的背景，知识产权强国发展目标的提出，必将有助于我们反思知识产权事业发展及其与科技、文化和经济协调发展中存在的问题，必将有助于把知识产权促进国家发展和富强作为下一步知识产权事业发展的明确方向。因此，我国知识产权战略将是建设知识产权强国战略。

（3）知识产权强国这一目标体现了培育国家竞争新优势的国家意志。

随着科技和经济全球化不断深化，国家间的竞争也日趋激烈，但各国无论是采取市场更加开放的态度还是倾向贸易保护，都是为了国家利益的最大化，为了谋求自身的发展。动态地看，知识产权强国就是依靠知识产权将国家的创新优势转化为市场竞争优势并成为世界富强的国家。而这背后实际上所体现的是国家利益的需要和依靠知识产权培育出国家竞争新优势的国家意志。这种国家意志所展现出来的是我国作为后发国家的强烈赶超意识。我国建设知识产权强国的发展目标，就是要依靠国家意志将知识产权事业做强，并培育出能够替代"人口红利"的"知识产权红利"的实力。

发达国家尽管没有明确提出知识产权强国的概念和目标，但在国际科技、文化、贸易乃至经济竞争中，都在极力推行更强的国际知识产权保护制度并动用各种手段加强自身的知识产权保护，以着力增强知识产权实力和知识产权优势来提升国家在世界政治经济格局中的话语权和地位。另外，也有越来越多的国家出于自身发展需要出台了自己的国家知识产权战略。这都表明，重视知识产权红利在经济发展乃至综合国力中的驱动作用已成为一种"世界性"潮流。而知识产权强国上述三个方面的目标价值，为明晰知识产权强国的内涵和基本特征提供了出发点。

三、知识产权强国概念来自发达国家知识产权发展史的概括

纵观世界知识产权发展历史，那些可被称为知识产权强国的国家，都是在历史的发展进程中逐步形成的。从这一角度来说，知识产权强国是实践在先，它的形成是人类整体知识产权实力或水平不断发展的结果。

从经济发展历史来看，知识产权成为经济发展的重要驱动力，是从发生于英国的工业革命开始的。因为从那以后，人类社会的进步逐步走向了依靠技术进步或以知识产权为主要体现的无形资产的发展过程。知识产权作为人类的财产形式，其价值也随着经济的发展不断增大，并成为目前美国等发达国家企业最重要的资产。因而，真正意义上的知识产权强国，从历史发展来看，在工业革命时期是英国，而第二次世界大战后当之无愧的是美国。因而，英国和美国都是早发内生型的知识产权强国。从英国、美国成为知识产权强国的道路来看，可归纳出知识产权强国与科技强国、文化强国、高等教育强国、贸易强国乃至经济强国是密切交织在一起的。

因此，对知识产权强国的理论描述、抽象和概括，实际上以英国和美国知识产权发展历史，特别是以其过去或现在所拥有的知识产权实力或发展水平，以及这些实力和水平对其居于世界经济强国地位的作用为重要参照。

四、知识产权大国与知识产权强国的区分

知识产权大国和知识产权强国是指世界上知识产权领域的大国和强国。它们是在我国知识产权事业迅速发展、知识产权活动规模日益扩大和知识产权事务国际影响日益提高的背景下生发出来的两个概念。结合前述大国和强国的区别，以及世界经济发展史，知识产权大国和知识产权强国的主要区分如下。

首先表现为强调数量还是注重质量的区别。知识产权大国强调的是一国拥有的各类知识产权数量❶，即表现为拥有专利、商标、版权、外观设计等的数量；而知识产权强国所强调的是一个国家所拥有的各类知识产权的质量和整体水平。正如人口大国并不等于人口高素质国家一样，知识产权数量大国并不等于知识产权整体质量高的国家。另外，知识产权具有严格的领土性或地域性。一个国家在其本土拥有的知识产权数量大，还是在其他国家拥有的知识产权数量大，也有很大的区别。由于在国外获得知识产权需要付出比国内更高的申请或注册费用，因此，一个国家在其他国家特别是发达国家市场上拥有的知识产权的整体质量要明显高于其在本土所拥有的知识产权的质量。因此，知识产权大国更多地表现为在其本土拥有的知识产权数量大；而知识产权强国不仅表现为在本土拥有的知识产权整体质量较高，而且在其他国家特别是发达国家市场上拥有众多高质量的知识产权。因此，知识产权大国主要追求拥有的知识产权数量，而知识产权强国将保持知识产权整体较高的质量和水平作为主要的努力目标。

其次表现为强调总量和注重结构的区别。知识产权大国强调的是一国拥有的各类知识产权的总量。知识产权强国除了强调其所拥有的知识产权的质量和整体水平外，还注重其各类知识产权之间以及不同技术领域、产业领域或不同规模企业间各类知识产权的分布，以及各类知识产权在全球市场的布局。因此，知识产权强国，要保持其在全球市场上的竞争优势，不仅要强调保持其知识产权具有整体较高的质量和水平，还必须将其拥有的知识产权在全球新兴技术领域、高技术产业、全球主要和新兴市场上进行合理布局。即，知识产权强国的知识产权整体质量和水平较高，而且其知识产权在各主要技术领域、重要产业、全球重要市场上的结构布局合理。

再次表现为强调规模与注重影响力的区别。知识产权大国所强调的是一个国家拥有的知识产权数量达到的规模，而知识产权强国所关注的是一个国家知识产权实

---

❶　张伯里认为："一个世界经济大国至少应具备两个条件，满足三个 5%：一是要有相当巨大的国民经济总量规模，其衡量指标是国内生产总值占世界经济总值的 5% 以上。二是要有相当密切的国际经济联系，有两个衡量指标：对外贸易总额占世界贸易总额的 5% 以上；本国货币作为国际储备货币占世界外汇储备总额的 5% 以上"（张伯里. 中国正接近世界经济大国［EB/OL］）。如果将国内生产总值和对外贸易总额分别看作是居民国内知识产权拥有量和居民国外知识产权拥有量，那么我国目前还不能称为知识产权大国。

力及以此为基础的国际影响力。知识产权实力作为综合国力的一个组成要素，不仅要看知识产权的拥有量，更重要的是要看知识产权在促进国家科技、文化、经济和可持续发展上所表现出来的整体质量和水平，以及以此为基础在国际事务中维护国家利益的能力和对国际知识产权事务的影响力。一个拥有较大规模的知识产权数量而对国际经济没有影响力或国际影响力很弱的国家，绝对不是知识产权强国，它至多算是知识产权大国。知识产权强国，其本质规定性在于其知识产权实力能够确保其对国际经济的强大影响力，以及对国际知识产权事务的影响力，从而能够在国际事务中达到拓展国家利益的目的。尽管知识产权强国是一个相对的、动态的、综合的概念，甚至在不同的历史时期其标准也可能有所差异，但这一本质规定性是不会变的。

最后表现为强调量的差异还是关注功能发挥的不同。知识产权大国可以认为是拥有的各类知识产权规模庞大、数量位于世界前列的国家。因此，一个国家是否为知识产权大国只要对各国间各类知识产权拥有数量进行比较就可以判定。但知识产权强国的最终判定标准要取决于知识产权对科技、文化、贸易和经济等发展的"贡献率"上。知识产权对科技、文化、贸易和经济等发展的"贡献率"高低，实际上是知识产权促进科技、文化、贸易和经济等发展的功能发挥得好坏。知识产权功能的释放和发挥，首先需要拥有结构合理、运作高效的知识产权创造、保护、运用和管理体系，从而保障知识产权创造、保护、运用和管理方面具有高效率。其次，还需要与科技、文化、贸易和经济等系统形成良性的互动或功能耦合的关系。特别是当今世界，一个国家只有在知识产权与科技、文化、贸易和经济等系统间形成良性的互动或功能耦合的关系，才能在全球知识经济竞争中处于主动地位。因此，知识产权强国实际上就是知识产权功能得到充分发挥，即知识产权在科技、文化、贸易和经济等发展上具有重大"贡献"或知识产权产生巨大效益的国家。而一个国家在迈向知识产权强国的过程中，要形成知识产权系统与科技、文化、贸易和经济等系统间互促共进的耦合关系，也必然需要结合本国政治、经济、科技、文化等方面的特点，进行成功的制度创新。

因此，知识产权大国就是指一个国家知识产权的创造、保护、管理和运用等各项活动与世界其他国家相比已具有较大规模，着重强调知识产权活动的数量方面的特征。而知识产权强国是指一个国家知识产权的创造、保护、管理和运用等各项活动与世界其他国家相比已具有强大实力，着重强调的是知识产权活动的质量、效益和整体水平等方面的特征。

五、知识产权强国的基本内涵

内涵是指事物本质属性的总和，它体现了事物全部或者主要的本质属性。而本质属性是事物特有的属性，是事物的内部联系、相对稳定的方面以及事物的根本性质，由事物的特殊矛盾构成。知识产权强国实际上是一个在比较中才能产生意义的概念。因为"强"具有相对的意义，只有在比较中才能体现出来。根据知识产权大国与知识产权强国的上述区别，知识产权强国主要具有以下的基本内涵。

首先，知识产权强国是指与其他国家相比，知识产权规模、质量和结构的综合和战略优势强，知识产权在国家科技、经济、文化和可持续发展中具有战略重要性和核心驱动作用，在全球创新经济竞争中处于强势地位的国家。

竞争中要确立在全球创新经济中的强势地位，知识产权强国与其他国家相比，其基础在于知识产权规模、质量和结构的综合优势，而不是光有规模、质量或结构优势，即拥有较大规模的、较高整体质量和水平、结构较为合理的知识产权；其力量源泉在于知识产权活动对科技、文化和经济等发展的巨大贡献。正是由于知识产权强国在知识产权创造、保护、管理和运用活动中具有较大规模、较高整体质量和水平，才能够依靠由知识产权创造、保护、管理和运用协调发展形成的综合优势，不断催生出科技创新、文化创新和企业家精神。知识产权成为其科技、文化和经济等发展的核心驱动力量，其根源也在于此。特别强调的是，知识产权产出数量、结构及海外布局，与全球科技、经济、文化和可持续发展趋势以及其在全球竞争中的强势地位相适应。

其次，知识产权强国是指与其他国家相比，依靠知识产权战略优势在全球创新经济竞争中占据相对强势甚至主导地位，对国际知识产权制度发展和国际知识产权事务管理有强大影响甚至发挥主导作用的国家。

知识产权强国与其他国家相比，在全球创新经济竞争中处于强势地位，即意味着其始终处于全球价值链的高端并控制整个价值链的发展。而要持续处于全球价值链的高端并控制整个价值链的发展，就需要一直控制着世界创新的龙头，并依靠知识产权实力和优势防止模仿者的出现。因而，知识产权强国必然是世界上对全球创新周期具有支配能力的经济强国。随着新技术全球扩散速度的加快，知识产权强国为了始终在全球创新经济竞争中处于强势地位，就必须要推动全球知识产权事务的协调，从而在国际知识产权制度发展上和在国际知识产权事务中表现出引领或主导作用。

再次，知识产权强国是指与世界其他国家相比，知识产权制度与国家创新体系发展密切配合，知识产权创造、保护、管理和运用等活动总体水平领先，知识产权制度先进、政府管理体系高效。

知识产权强国的知识产权规模、质量和结构的综合优势，建立在知识产权创造、保护、管理和运用等活动的综合实力基础之上。这种综合实力既需要知识产权创造、保护、管理和运用等活动具有较大规模，也需要知识产权创造、保护、管理和运用等活动具有较高的总体水平。而体现知识产权创造、保护、管理和运用等活动总体水平较高或领先的重要标志，是其知识产权制度先进、管理体系高效。先进的知识产权制度通过与国家创新体系发展密切配合，不仅可以确保其在创新激励与公共利益之间始终保持良好动态平衡状态，同时也能对知识产权创造、保护和运用活动产生强大激励。而高效的政府知识产权管理体系之所以必需，是因为其可灵活地根据全球经济不断变化的竞争形势，采取有效政策措施以确保知识产权创造、保护和运用活动能有效转化为促进科技、文化和经济等发展的核心驱动力，并在全球创新经济竞争中持续保持强势地位。在依靠控制创新龙头来控制全球价值链的今天，在全球创新经济竞争中处于强势地位，也就可保证在全球的其他领域的竞争中也能处于强势地位。

因此，知识产权强国可理解为在世界知识产权创造、运用、保护和管理上总体水平处于领先，在全球竞争中主要依赖知识产权综合和战略优势取得相对强势地位，知识产权制度先进、管理体系高效，对全球知识产权事务发展具有重要影响和引领作用的国家。由于知识产权强国能够依靠知识产权综合和战略优势，支配全球创新周期进而控制全球创新经济的发展，因而，知识产权强国也一定是世界经济强国。从静态的意义上讲，知识产权强国是通过较大规模和较高水平的知识产权创造、运用、保护和管理，在知识产权的数量、质量和结构上具有强大综合和战略优势，且依赖其雄厚的知识产权实力和竞争力而拥有强大经济国力和国际影响力的国家。从动态讲，知识产权强国是指主要依靠知识产权创造、运用、管理和保护，不断扩大和提升知识产权的数量和质量，并通过知识产权综合和战略优势培育和累积与知识产权在经济、科技、文化和可持续发展等方面的有效运用，不断提高国家科技、文化、经济实力和国际影响力，努力增强全球经济竞争中的相对优势地位，以实现强国目标的国家。

从世界经济发展历史来看，有的国家在某些知识产权领域具有强势地位和引领作用。为与这一类型国家区分，我们所指的知识产权强国主要是指在整个知识产权领域的国际竞争与发展中占据强势地位、具有引领作用和发挥重要影响的国家。与其他类型的强国一样，知识产权强国在特定历史时期只有少数，并主导着世界知识产权事务的发展方向。

此外，知识产权强国与工业或经济强国一样，既有全面强势型的，也有局部强势型的。前者是在整个国民经济和社会发展的几乎各方面，知识产权活动都具有强势地位和重要影响的国家，如当今的美国、德国和日本；后者是在国民经济行业和社会发展的某些方面，（某些类型的）知识产权活动具有强势地位和重要影响的国家，如当今的瑞士、瑞典等。

知识产权强国的主要特征

一、知识产权强国的主要特征

基于知识产权强国上述内涵的表述和分析，参照世界经济发展史，其主要特征可概括如下。

（1）知识产权创造、保护、管理和运用活动协调发展，知识产权数量、质量和结构的综合和战略优势强大，能为国家科技、经济、文化和可持续发展提供核心驱动和强大支撑。

从美国当前的情况来看，其国内专利申请量、授权量和 PCT 申请量，无论从总量还是占 GDP 或 GNI 比重来看，在世界排名中都位于前列❶；国内商标和马德里国际商标注册量的表现在世界排名中也比较突出，特别是代表国家经济实力和影响力的全球最有价值品牌拥有量，与其他国家相比处于绝对领先的地位。此外，单从电影来看其版权或文化的国际影响力，世界上就没有任何一个国家能与之相比。从发展的角度来看，20 世纪 80 年代末开始，美国就在国内加大新兴技术领域、战略性

---

❶　这既可以表现为每百万人口国内专利申请量和 PCT 申请量、每百万人口国内商标和马德里国际商标或世界最有价值品牌拥有量处于世界前列，也可以表现为按 GDP 或 GNI 计算的各类知识产权强度处于世界前列。因为本研究依据的理论基础主要是国家创新系统理论，所以，主要依据以 GDP 或 GNI 计算的各类知识产权在国内和国民经济活动中的强度的比较来判断一个国家的知识产权优势地位。

新兴产业上知识产权创造、保护、管理和运用的力度，在全球推行更强的知识产权保护，更加着重全球知识产权布局（在重要市场取得更多的知识产权），扩大知识密集型产品的出口和依靠知识产权优势增加对外直接投资。因此，美国作为当前全球知识产权强国，不仅在各类知识产权上有较大的数量、较高整体质量和适应全球经济发展变化的结构优势，而且其国内和国际层面的知识产权创造、保护、管理和运用等活动都始终处于相互配合、共同促进的协调发展之中。如用指标来衡量，知识产权强国在每百万 GDP 三方专利量和 PCT 申请量、每百万 GDP 马德里国际商标申请量或世界最有价值品牌拥有量等方面处于世界前列。

（2）海外知识产权数量、质量、结构及市场布局，与全球科技、经济、文化和可持续发展趋势和其在全球竞争中的强势地位相适应。

从全球经济强国主导的国际知识产权制度发展来看，建立和强化国际知识产权制度的目的，是为了这些经济强国在海外通过知识产权的布局、保护、运用来在国际贸易和对外直接投资上保持强势地位。同时，这些经济强国为引领和控制全球经济的发展，也会根据全球经济发展变化和趋势，及时地调整其在海外的知识产权数量、质量、结构及市场布局，以使其在全球竞争中的强势地位继续保持甚至进一步强化。

（3）知识产权保护制度建设与国家创新体系发展密切配合，在确保提供灵活有效的创新激励的同时，合理保障公共利益。

知识产权保护制度是为激励发明和创新而建立的，其激励功能是否充分发挥，关键是在其能否确保发明人或创新者从其创新投入中获得合理的经济回报。而能否确保发明人或创新者从其创新投入中获得合理的经济回报的关键，是其对模仿行为的控制。而一个社会中模仿的能力也是随着知识的累积而增强的，以致会出现模仿能力的提升快于创新能力的提高。在这种情况下，若对模仿行为没有更大、更强的限制，创新行为就会逐渐减少。因此，为保持创新活动持续旺盛，一个社会就必须不断进行知识产权保护强度的调整，以使得创新者能获得合理的经济回报。美国作为世界上知识产权实力强大的国家，自 20 世纪 80 年代以来不仅在国际层面推行更强的知识产权保护，其在国内也根据创新系统发展的需要对专利等知识产权制度进行了调整，以使这些制度能更好地促进创新活动。同时，美国在专利等知识产权制度上的调整，始终考虑公共利益的需要，并在创新激励诉求和公共需要之间保持着合理的、灵活的动态平衡。

（4）科技、文化和经济发展对知识产权国际保护具有严重依赖，巩固和强化国际知识产权保护制度是维护国家核心利益的重要方面。

知识产权强国的生命力在于其全球领先优势，而这有赖于其对战略性新兴产业的不断培育。由于战略性新兴产业的发展基础来自基础专利的再开发和产业化。基础专利通常是基础研究取得突破后经过精心筛选和进一步开发而形成的具有商业或产业应用前景的科技成果。因此，知识产权强国在全球经济中的领先优势并处于价值链的高端，是建立在国际专利制度对基础研究原始性创新成果的专利保护基础之上的。而基础专利产业化带来的巨额回报中的一部分通常会成为知识产权强国科技发展持续投入的来源。因此，知识产权强国的科技和经济发展都严重依赖于国际专利制度对基础专利及其后续技术开发成果的有效保护。

知识产权强国通常也是文化创意产业高度发达的国家。这些文化创意产业要在国内和全球获得巨额的经济回报，必须以在国内和国际获得版权与邻接权有效保护为前提。因此，知识产权强国科技、文化和经济发展对知识产权保护具有严重依赖，确保国际知识产权保护制度的有效运作并按其发展需要不断强化是其维护自身国家利益的重要方面。

（5）国家知识产权管理高效，知识产权服务体系发达，知识产权教育体系完善，知识产权创造、运用、管理和保护方面的人才队伍强大。

从国家层面来讲，知识产权管理既包括国家知识产权部门为保证知识产权法律制度的贯彻实施，维护知识产权人的合法权益而进行的行政及司法活动，也包括知识产权的制度立法和相关政策制定。国家知识产权部门管理水平高低、审查速度快慢和质量的好坏，直接影响了知识产权创造数量和质量，进而影响到保护和运用。因此，知识产权强国通常拥有高效的知识产权管理体系以及灵活的管理政策。如美国 1980 年开始实施的《拜-杜法案》（Bayh-Dole Act）就是美国政府通过允许政府资助产生的知识产权为大学所有而加强了政府资助产生的知识产权管理的成功案例。同时，中小企业也是知识产权强国技术创新的重要力量。知识产权服务业主要是针对专利、商标的代理、许可和转让等的中介服务活动，是知识产权商业化中不可或缺的。为支持这些主体的创新，知识产权强国往往发展出了为中小企业服务的发达知识产权服务体系。而为了满足国家和企业知识产权管理的需要，知识产权强国拥有完善的知识产权教育体系和强大的知识产权人才队伍。

（6）知识产权密集型产业引领经济增长，知识产权密集产品在商品出口中处于主要地位并具有较强竞争力；聚集的众多大型跨国公司总部依靠知识产权支配着全球价值链。

知识产权强国的知识产权密集型产业表现出比其他产业更快的增长态势，对整体经济增长具有引领作用。如从2012年3月美国商务部经济和统计管理局及美国专利商标局共同发布的《知识产权与美国经济：产业聚焦》报告来看，即使是在经济复苏时期，美国知识产权密集型产业2010—2011年的就业增长为1.6%，高于非知识产权密集型产业的1.0%。其中版权密集型产业增长了2.4%，专利密集型增长了2.3%，商标密集型增长了1.1%，全部高于非知识产权密集型产业的增长。知识产权强国的知识产权密集产品在商品出口中处于主要地位。如从美国来看，2010年知识产权密集型产业的商品出口额占美国当年商品总出口额的60.7%。另外，知识产权强国聚集了一大批具有世界性著名品牌、依靠强大知识产权优势进行全球运作的跨国公司的总部。如2010年全世界最大的500家企业中，总部位于美国的有139家，约占全球总数的28%。

（7）整个社会形成了尊重知识、推崇创新、保护产权的社会风尚和人文环境。

知识产权强国的最大活力来自于其尊重知识、推崇创新、保护知识产权的知识产权文化。整个社会在这种文化下形成了崇尚企业家的创新精神、尊重和保护他人知识产权、拒绝假冒盗版、维护社会诚信、努力发明创造的社会风尚和人文环境。

二、知识产权强国与科技、文化、经济等强国的交织

从英国和美国成为知识产权强国的发展道路来看，知识产权强国发展过程始终与科技强国、高等教育强国、文化强国、贸易强国乃至经济强国等的发展过程相互交织在一起。

1. 知识产权强国与科技强国相伴而生、相互交织

知识产权强国与科技强国之间往往紧密地交织在一起，彼此在互动中共同向前发展。科技强国拥有世界一流的科学家和工程师队伍、实力强大的研究发展体系和

良好的鼓励竞争和创业精神的社会环境，投入巨额研发经费，其科学研究及技术产出无论在数量还是质量上均处于世界领先水平。科技强国要长期保持这种领先地位，就必须能够长期维持强大的科技人才队伍和巨大的研发投入。而这一切均以科技投入、科技产出和经济高总产出能力之间的良性循环为基础或支撑。而其将科技产出成果有效地转化为经济高产出能力，主要依靠的是其在知识产权方面所拥有的数量、质量和结构的综合优势。其中，在抢攻关键科技、经济领域及关键环节的战略制高点，以及重要产业或行业价值链关键环节上的战略制高点上，其主要依靠的是基础研究突破所形成的基础（基本）专利以及以该专利为基础的大量改进专利。因此，致力于科学技术发展、全球领先的科技强国必然是知识产权与科技、经济间建立起良性互动，并且依靠知识产权保护来拓展国内国际市场、加大整个社会对科技发展投入、确保科技投入产出绩效、提升重要产业国际竞争力和全球控制力的国家。因此，知识产权强国往往与科技强国相伴而生、相互交织。

2. 知识产权强国与文化强国相互交织

文化强国是文化、艺术、哲学、社会科学高度繁荣的国家，有世界影响力，广泛传播的文化艺术精品、作品和节目不断涌现，文化版权贸易具有强竞争力，拥有在世界文化产业发展中起到引领作用的企业，并且其拥有的文化软实力能够提出引领国际经济社会发展潮流的议题并在构建国际新秩序当中发挥作用。因此，文化强国必须依靠有国际版权制度保护的世界影响力、广泛传播的文化艺术精品、作品和节目，并通过版权贸易来增强文化产品在全球的传播，进而来增强国家的文化软实力。同时，随着信息技术的快速发展，文化与科技融合发展的趋势更加明显，文化作品的贸易和创新越来越离不开先进的科技手段。因此，文化强国的发展不仅体现在强大的国际版权实力，而且也表现在先进科技在文化产业发展的应用上。而先进科技在文化产业发展的应用，往往体现为专利等知识产权的创造。因此，知识产权强国与文化强国相互交织。

3. 知识产权强国与高等教育强国相互交织

知识产权强国强大的知识产权实力首先来自其知识产权的创造能力。知识产权创造离不开世界一流的科学家和工程师队伍，特别是知识产权的成功商业化离不开高质量的科学家和工程师队伍。知识产权强国只有培养出高素质科学家和工程师，才能保持在基础科学和工程方面的领先地位，才能依靠高素质的科学家和工程师创造出来的知识产权在全球价值链中处于高端地位。而高等教育强国的使命就是要培养出在世界人才竞争中具有领先优势的大量高素质科学家和工程师。因此，知识产权强国要保持强大的知识产权实力，就必须以在全球具有强大影响的高等教育强国为支撑。

另外，高等教育功能从培养人才、发展科学向服务社会不断拓展，其在提升创新文化环境和加快基础研究成果的产业化方面的重要性进一步加强。甚至如美国的生物技术产业那样，有的战略性新兴产业最原始的技术创新就来自高等学校。因此，知识产权强国不仅其所依赖的科技人才的培养需要强大的高等教育，而且要在全球价值链中保持强势地位很可能还需要来自高等学校的原始性创新的支持。再从世界教育中心、科学中心和技术中心转移的历史来看，一个国家往往先成为高等教育中心而后才成为科学中心和技术中心，而科技中心的到来往往发生在高等教育的高峰期；一个国家往往先失去高等教育中心的地位后才失去科技中心地位。因此，知识产权强国与高等教育强国相互交织。

4. 知识产权强国与贸易强国相伴而生、相互交织

从世界贸易发展史来看，贸易强国几乎都处于全球价值链高端，主要以生命周期早期的高附加值产品为出口产品，并在全球经济竞争中占据主动地位和强势地位。贸易强国一般通过跨国公司庞大的网络，充分优化配置资源，享受着国际贸易带来的巨大好处，并在世界贸易规则的形成与发展中发挥重要作用。而贸易强国之所以能够处于全球价值链高端，并以出口生命周期早期的高附加值产品为主，其基础是在全球市场上所拥有的知识产权实力，并拥有控制产品全球价值链的全球品牌。而且，为确保其在全球市场上处于主动和强势地位，贸易强国往往在世界贸易规则中推行更强的知识产权国际保护。甚至可以说，知识产权强国强大的知识产权实力就是为了确保其在全球贸易中的强势地位。因而，与创新强国一样，强大的知识产权实力构成了创新强国的基础和支撑。知识产权强国与贸易强国密切交织。

5. 知识产权强国与经济强国相伴而生、相互交织

经济强国❶是指在经济上强大的国家，这些国家在世界经济运行和发展中具有重要地位，在国际经济竞争中处于相对强势地位，在世界经济变动中保持稳定发展，从而能在国际经济乃至其他国际事务中发挥积极的作用。现代经济强国离不开以下特征：①世界领先的经济规模；②较高的人均国民生产总值；③较大的贸易总量与具有绝对优势的现代出口产品；④代表世界先进发展水平的产业结构与在国际分工中的相对有利地位；⑤在全球经济发展进程中处于主动地位；⑥科技先进并具有把高科技转化为生产力的能力；⑦在国际格局中具有重要地位。经济强国所具有的具有绝对优势的现代出口产品，代表世界先进发展水平的产业结构与在国际分工中的相对有利地位，科技先进并具有把高科技转化为生产力的能力等特征，都需要其强大的知识产权实力作支撑。可见，知识产权强国也与经济强国相伴而生、相互交织。

三、结语

知识产权强国是与创新强国、文化强国、贸易强国、经济强国、高等教育强国等交织在一起的，知识产权强国建设是创新、文化、贸易、经济甚至高等教育强国建设的手段和支撑，离开知识产权强国建设，创新、贸易、经济甚至高等教育强国建设都有可能事倍功半。因此，将知识产权强国建设作为创新强国、文化强国、贸易强国、经济强国、高等教育强国建设中的重要手段和支撑，是我国从发展中大国向世界强国迈进中不可缺少的重要建设内容。中国建设知识强国的过程是一个增强国家知识产权实力并依靠不断增强的知识产权实力促进国家富强的过程，也是与创新、文化、贸易、经济甚至高等教育强国建设相互交织的过程。中国走向知识产权强国的过程，就是中国在世界和平崛起的过程。

---

❶ 张幼文. 经济强国——中国和平崛起的趋势与目标［M］. 北京：人民出版社，2004：4-9.

第二章

知识产权强国的力量基础：知识产权实力

国家兴衰始终是全球政治经济中的重大议题。国家兴衰的过程就是一个国家在全球政治经济格局中相对其他国家的经济和军事实力变化的过程：一个国家的实力相对其他国家不断走强，则其在全球政治经济格局中的地位不断提升并日益走向强盛；反之亦然。通常，国家实力位于世界前列的国家被称为世界强国。当今世界最享盛名的国际关系史和战略史学家 Paul Kennedy 教授在总结五百年来世界各大国盛衰史的基础上指出，世界事务中领先国家（Leading Nations）的相对地位总是不断变化的，主要原因有二：其一是各国国力的增长速度不同；其二是技术突破和组织形式的变革，可使一国比另一国得到更大的优势。而各大国力量增长和技术进步的速度各不同，不仅使全球经济力量对比发生变化，也逐渐影响到政治和军事力量的对比；经济力量的转移预示着新的大国的崛起。❶ 由于国际体系中各大国的地位与综合经济力量和生产能力相辅相成，以及工业革命后技术突破和组织形式的变革成为经济力量增长的根本驱动力，因此，世界大国要继续保持强势地位，就必须能继续领导技术突破和组织变革，以确保其拥有强大的经济力量。相反，新兴大国要崛起为世界强国，就必须逐步发展为全球新的技术或产业革命的中心。

进入 21 世纪以来，随着新的科技革命深入发展和全球知识产权保护的加强，全球知识经济出现了快速发展的趋势；世界各国争夺全球科技、文化创新乃至知识经济发展制高权、主导权或控制权的竞争，实际上就是"技术突破和组织形式变革"控制权的竞争。而"技术突破和组织形式的变革"控制权的竞争，关键在于谁能够将技术突破以及后续新技术运用的商业模式成功地转化为知识产权。这又是由于谁能够在获取"技术突破"的知识产权以及运用这些知识产权创造全球商业价值上胜出，谁就能控制乃至主导世界最为活跃的高端产品和服务市场。特别是随着知识产权成为企业获取重大战略利益的工具，以追求经济绩效为目标的组织形式变革和企业的战略也越来越建立在知识产权的基础之上。

---

❶ （美）保罗·肯尼迪. 大国的兴衰：1500—2000 年的经济变迁与军事冲突［M］. 王保存，等，译. 北京：求实出版社，1988. 见前言部分；这里的领先国家指的是处于领先地位的大国，这样的大国实际上就是经济和军事强国。

同时，国家综合实力（又称"综合国力"）不仅包括国家硬实力（人口、技术、经济和军事力量），还包括软实力。国家软实力强调国家对外的影响力和吸引力。其中，国家文化影响力和吸引力即本国的文化、价值观念得到其他国家的认同甚至跟随而获得的国家力量❶，是构成国家对外的影响力和吸引力的首要因素。各国的文化、价值观念的传播又很大程度上要依靠不断涌现的新的文化创意作品。21 世纪互联网的全球发展，为世界各国文化创意作品的传播提供前所未有的平台。在互联网所带来的网络正外部性的驱动下，各国拥有的文化创意作品版权的数量和质量，不仅直接关系到其文化创意产业发展的好坏，也直接关系到其文化、价值观念传播和国家软实力的发展。因此，无论从一个国家的科技经济实力，还是文化影响力来看，知识产权都已成为全球经济竞争中的核心战略资源或核心战略武器。因而，一个国家在全球范围拥有的知识产权数量、质量及其控制全球创新周期和世界市场的实力，已经成为其综合国力的重要构成部分。

　　随着国家（区域）之间综合国力竞争更加激烈，国家知识产权实力作为综合国力的重要保障和驱动力量，尽管在发达国家政策文件或具有官方背景的研究机构发表的文献中还没有清晰的表述，但已经成为战略层面关注的重点内容之一。特别是从与经济霸权决定军事霸权密切相关的全球经济创新周期控制理论看，国家知识产权实力，不仅仅是国家运用国际知识产权制度保护其创新成果避免低成本模仿进而获取创新租金的实力体现，更是其根据自身主导产业培育和产业结构调整需要控制世界经济创新步伐的重要战略力量。

　　国际政治经济意义上的国家实力通常指的是国家综合实力。科技实力和文化影响力是国家综合实力中最为活跃的因素和根本的支撑力量；国家对全球高端产品市场的主导或控制能力是国家综合实力中经济实力的最重要体现。国家知识产权实力是连接国家科技实力和文化影响力与国家经济实力的重要桥梁，是国家科技实力和文化影响力能否成功转化为国家经济实力的关键。因此，国家之间综合实力的竞争在更深层次上离不开国家知识产权实力的较量；国家知识产权实力在国家综合实力

---

　　❶　Joseph Nye 将软实力定义为"当一个国家使得其他国家以其预期目标为目标时的同化权力"，继而认为这种实力来自国家文化吸引力、政治价值观和外交政策。见 Gregory F. Treverton, Seth G. Jones. Measuring National Power.

中的重要地位日益凸现出来。而国家知识产权实力的研究不仅有助于了解和把握一国参与综合国力较量面临的知识产权实力挑战，还有助于深入认识知识产权在世界各国科技、文化和经济发展中的战略定位，进而为更好地提升国家地综合国力提供决策依据。

第一节

国家综合实力与兰德综合国力框架

一、国家综合实力的基本含义和重要意义

国家综合实力，即综合国力（Comprehensive National Power），是指一个主权国家维持其生存发展的全部实力及影响力的总和❶，又是强国据以确立国际地位、发挥国际影响和作用的基础。作为反映国家强弱的一个重要指标，综合国力强调的是一个具有主权的民族国家在整体上所具有的实力。综合国力主要包括资源能力、经济活动能力、科技实力、社会发展程度、军事能力、政府管理与调控能力、外交能力、民族凝聚力等方面的基本要素❷。综合国力通常具有以下三个层面的含义。

其一，综合国力是指一个国家在资源、政治、经济、军事、科技、教育、社会、文化、国际关系等诸多领域所具有的物质力量与精神力量的总和。其中，物质力量是指综合国力中可以用物质形态表示的部分，如地理位置、国土面积、矿产和自然资源、人口的数量和质量、经济实力、军事技术装备、科技基础设施等。精神力量是指综合国力中不能用物质形态表示的部分，如政府的组织和管理能力、民族凝聚

---

❶　黄硕风. 综合国力与国情［J］. 中国国情国力，1992（1）.

❷　王诵芬. 世界主要国家综合国力研究［M］. 长沙：湖南出版社，1996. 关于综合国力的具体构成要素，不同的学者有不同的划分，阎学通 2005 年发表于《国际政治科学》第 2 期上的《中国的实力地位》一文做了总结归纳。

力、国民的科学文化素质、主流意识形态的社会动员与社会整合能力等。其中，物质力量又称为硬实力，精神力量又称为软实力。著名的克莱因国力方程❶的贡献就是明确了硬实力与软实力均为综合国力的要素，并且综合国力是硬实力与软实力之积而非之和。

其二，综合国力是指一个国家在资源、政治、经济、军事、科技、教育、社会、文化、国际关系等诸多领域所具有的现实力量与潜在力量的总和❷。其中，现实力量是指综合国力各构成要素已经具备的实力和各要素之间有机组合所显示出的整体实力，人们通常所讲的综合国力实际上就是指现实综合国力。潜在力量则是指随着经济增长、技术进步和社会发展，由于某些要素实力增长、非物质要素水平与状况改善以及系统结构的变化致使整个要素系统组合功能增强的潜在能力，潜在综合国力预示着综合国力未来发展的趋势。

其三，综合国力是指一个国家在资源、政治、经济、军事、科技、教育、社会、文化、国际关系等诸多领域所具有的要素力量和结构力量的总和。其中，要素力量是指综合国力系统中的各要素自身所具有的实力，如政治力、经济力、国防力、科技力、教育力、文化力等。结构力量则是指综合国力各要素之间的构成和比例关系，如人口构成、人口密度、自然资源的构成、三次产业结构比例、经济发展与科技进步的关系等。实力要素的结构是否均衡也非常重要。这种重要性来自其构成要素之间的相互联系、相互制约、相互作用和相互影响等。例如，实力要素结构平衡的国家就能在多数事务上获得优势，也就是综合国力的优势；而实力要素结构不平衡的国家就只能在某类利益上获得优势，而没有综合国力的优势。因而，实力要素结构合理对综合国力的均衡增长具有重要作用。而结构要素不合理，就会受木桶短板效应的影响，某些要素方面的较强实力因其他要素方面实力较弱而难以发挥其作用。通过增强原本实力较弱的要素的实力，就能改善实力要素结构进而增强综合国力的水平。例如，通过增强原本较弱的科技实力必然会带来经济实力的提升，而经济实力的提升将有助于增强军事实力，而军事力量的增强能够更好地为经济的发展提供良好的环境。所以，综合国力强调国家力量的整体性和系统性，也就是讲

---

❶ 王诵芬. 世界主要国家综合国力研究 [M]. 长沙：湖南出版社，1996：40 - 41.

❷ 冯鹏志，母小曼. 科学技术在当代综合国力竞争中的地位及功能 [J]. 北京工业大学学报（社会科学版），2003（1）.

求经济、科技、军事、政治、文化、外交和国民素质等各方力量的合力所产生的系统效应。

综合国力作为一个包含多种要素的综合性概念，其构成要素也是会发展的或增加新的有意义的要素。美国哈佛大学国际事务研究中心主任 Joseph Nye 在美国《外交政策》1990 年秋季号发表的《软实力》一文中指出："历史检验一个强国的标准是它在战争中的实力如何。但是，如今实力的定义中已不再强调以往时代所强调的军事能力和征服别国的能力了。技术、教育和经济发展等因素在国家实力中变得越来越重要，而地理、人口和原料等因素却变得有点不那么重要了。"

显然，随着人类向知识经济的快速发展，著名的克莱因国力方程就必须将科技创新实力纳入其方程之中，才能科学地对各国综合国力进行衡量；而随着全球信息社会的大踏步迈进，一个国家信息化能力和水平即信息力，也就成为国家综合实力中的新的重要要素❶。同样，随着人类社会面临生态环境恶化、气候变化和能源危机的挑战增多，一个国家应对这些挑战的能力，也必然成为国家综合实力中的重要要素。同样，由于其构成要素的扩大或不同时期最活跃要素的不同，综合国力的主导因素处于不断变动之中❷。随着人类知识经济的快速发展，科学技术因素尤其是高科技因素成为综合国力的主导因素，21 世纪的综合国力竞争将主要表现为经济和科学技术的竞争。

国际政治理论中的国家实力通常是指国家综合实力❸。一个国家拥有的国家实力及其在国际社会中的地位，不取决于自身发展的程度，而取决于自身发展程度与其他国家发展程度的比较。以 Kenneth Waltz 为代表的结构现实主义学派认为，国家实力决定国家在国际系统中的结构位置；一个国家的实力相对其他国家的实力越强，其在国际系统中就处于越优越的位置。国家实力可通过国家实力效果来体现。国家实力效果，就是指国家实力使得本国在国际政治系统中的位置变得相对更加优越的作用效果。也就是说，即使国际社会对某一国家的实际实力不予认可，一国的实力往往能够彰显其在国际社会中的实际地位。因而，一国在全球政治经济格局中的地

❶ 杨京英，等. 信息能力是衡量国家综合国力及国际竞争力的主要标志 [J]. 统计研究，1997 (3).
赵景柱，等. 可持续发展综合国力的理论分析 [J]. 环境科学，2003，24 (1).
❷ 黄硕风. 综合国力论 [M]. 北京：中国社会科学出版社，1992.
❸ 阎学通. 中国的实力地位 [J]. 国际政治科学，2005 (2).

位由其相对其他国家的国家综合实力所决定；国家之间的实力分配在很大程度上将决定国际冲突的结果和国家的对外行为；而大国实力地位的变化决定国际政治格局的变化。

二、兰德综合国力框架及其启示

基于 21 世纪初以美国为首的发达国家进入后工业化时代的现实，美国著名智库兰德公司（Rand Corporation）❶ 提出了一个新的综合国力分析框架。兰德国力框架认为，后工业社会的到来，已改变了国家实力的传统基础，传统的指标和方法无法反映信息化条件下的国家实力；要衡量国家实力的真实基础，虽需要考虑人口、经济和地理等传统因素，但关键是对创新能力❷以及对经济和军事实力的影响。该框架将综合国力（国家实力）定义为一个国家通过有目的的行动追求其战略目标的综合能力，并在综合 Schumpeter 的创新理论、Rostow 的增长阶段理论与 George Modelski、William R. Thompson 的世界政治霸权和战争"长周期"（Long Cycle）理论的基础上，提出综合国力（国家实力）是以下两个分量相互作用的产物（见图 2 - 1）：第一个分量是一个国家在给定时间内基于领先部门（Leading Sector）持续培育和发展而拥有的控制（Dominate）经济创新周期（Cycles of Economic Innovation）的能力，第二个分量是利用这种控制能力形成有效的军事能力或霸权潜力（Hegemonic Potential）。这两个分量之间具有相互支持和相互依赖的关系，即有效的军事能力反过来加强了现存的经济优势，创造了一个稳定的政治环境，进而为保持国家的战略优势以及从国际体系中获益提供了基本条件。

---

❶ Ashley Tellis et al. Measuring National Power in the Postindustrial Age", MR - 1110 - A, 2000. Strategic Assessments Group（by Gregory F. Trevert on, Seth G. Jones）："Measuring National Power", Rand Nationalsecurity Research Division, 2005, p3.

❷ Helpman 在其《增长的迷思》（*The Mystery of Economic Growth*）中指出，近来的"新增长"经济学研究已指出资本积累（包括更多的资本设备和更高层次的教育水平）不是驱动增长的主要要素。创新（以新的方式组织设备和工人与使用新技术）是生产率的主要驱动力，并且是解释国家间人均收入差异的重要变量，而生产率的差异也解释了劳均收入增长率差异的 90%。当前全球创新经济的格局是创造过程在美国，开发过程在韩国，大规模生产在中国。

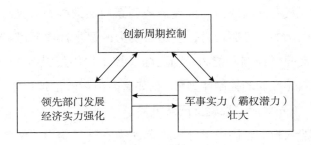

图 2 - 1 兰德国家实力形成框架

图 2 - 1 中,领先部门的出现和发展直接取决于重要的创新在特定时间内和特定经济部门中"集群式"的出现。随着重要的创新往往会滋生出的多种多样的派生性改进,以及这些改进带来的新产品、新工艺和新组织形式被引入了社会,就会形成经济活动的领先部门。这些领先部门在其产品生命周期之初主要依靠新的创新、获得的超额利润和阻碍其他经济部门的投资来维持其自身的发展,但随着新的创新带来的生产活动快速增长,新的领先部门就开始进入对先前的主导产业的缓慢替代并驱动经济强有力地扩张。而领先部门在其最先出现国通过贸易和外国直接投资会在国际经济体系中产生相应的效应,并使领先部门最先出现的国家享有比其他国家优越的生产优势。这种生产优势或其他国家与之相比存在的技术差距,使得领先国家享有更快的资本积累速度,从而有可能拥有更大的经济实力和军事实力。但是领先部门最先出现国的这种优势,会持续多长时间,却取决于技术扩散的速度或其他国家产品和工艺模仿能力,以及新的领先部门出现的速度。前者受国际知识产权保护的影响(严格的知识产权国际保护能够降低别国的模仿速度❶),后者取决于新的科学技术发展速度或创新速度。

不过,随着扩散、模仿和竞争性的创新在其他地方的出现,原来的经济领先部门总会衰退,而新的领先部门总会出现。领先部门随时间推移存在着改变和交替,就使得一个国家要在世界上始终处于霸权的地位,就必须既要在当前领先部门处于主导地位,又要能够在有可能成为未来领先部门的创新活动中处于优势或主导地位。

---

❶ 当存在着过分严格的国际知识产权保护时,知识产权就变成世界经济强国维护技术霸权的一种手段。依靠过分严格的国际知识产权制度对其高科技产业核心技术提供保护,发达国家就可以长时期与后发国家保持着具有较大差距的技术优势,进而在国际贸易中可不断获取丰厚的利润并在世界经济中保持着主导地位。因而,过分严格的国际知识产权制度为发达国家维护和发展其居主导地位的国际经济秩序提供了制度保护。

简言之，就是必须具有支配或控制世界经济创新周期的能力。是故，兰德国力框架认为，国家实力生产的关键驱动力，或国家实力的根本性物质基础，是对国际经济中的创新周期的支配（控制）能力，而支配（控制）创新周期的能力实际上就是对世界经济体系中领先产业的控制能力❶。正如著名国际政治地理学家 Mackinder 所指出的："谁支配着领先产业，谁就支配着世界。"

兰德国力框架认为综合国力可分为内部实力和外显实力，两者相互关联。前者是指将社会资源转化为能够生产出尽可能好的民用和军用技术的可操作知识（Actionable Knowledge）的能力，也就是国内经济、军事和技术实力，后者是指出通过经济、政治和军事潜力影响全球环境的能力，简言之，就是国际影响力。而上述内部实力和外显实力是通过以下三个环节的国力生产过程表现出来的（见图 2 - 2）。

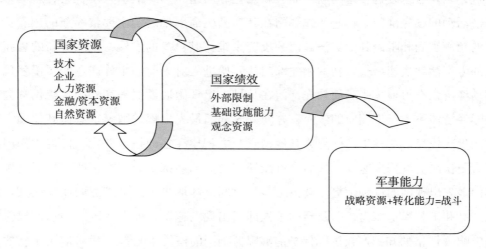

图 2 - 2　兰德国家实力生产过程

❶　按照权力政治观（Power - political，从权力角度研究国家间政治现象的西方政治学理论），在经济领域支配领先产业的最终价值就在于可能获得和保持自己的霸权地位。Albert Rose 甚至提出，现代战争实际上是等同于 Schumpeter 创新体系中的那种创新卓越地位的争夺，谁获得了经济创新系统中的领先地位，谁就赢得了战争。George Modelski 和 William R. Thompson 研究认为，获得领先产业的支配权是世界霸权的基础。而要获得领先产业的支配权在进入工业文明后就是获得技术进步的优势。如 19 世纪英国和继后的德国通过工业革命获得重工业的领先而成为当时的世界强国，美国和前苏联通过科技的领先成为"冷战"期间的超级大国，美国通过信息技术的优先占领获得了今天的超级大国地位。在信息时代，信息技术是优势资源，它之所以成为国际间综合国力竞争战略技术，是因为它对综合国力发展起到了关键性作用，不仅是本国经济持续增长的引擎，也改变传统战争的一些方式，或形成其他形式的一些"战争"，如在经济、环境、外交、金融、法律等领域上的"信息战"等，同时信息技术会导致国家内或国家间政治秩序本身的重构。

第一环节是国家资源（国力资源）环节。国家资源被定义为一个国家发展能使之控制全球经济创新周期和增强其霸权潜力的生产模式所需要的"构件"（Building Block）。这些"构件"除了传统上讲的人口、领土、自然资源和经济实力外，最为关键的是国家将以科学为基础的知识革命纳入其经济生活的能力。具体地讲，国家资源包括技术、企业、人力资源、金融/资本资源以及自然资源。要特别强调的是，在上述国家资源中，技术被定义为国家实力生产的首要"构件"，其中又以关系到国家经济竞争力、创新周期控制能力和军事应用的关键技术（Critical Technologies）最为重要。国家实力对比，不仅应考察一个国家今后的关键技术生产能力，也要关注当前生产军事上关键技术的能力。另外，企业发明、创新和技术扩散的能力及其背后的企业家精神是技术进步和经济发展的关键。在国家实力比较中，企业的技术能力通常从发明、创新和创新扩散方面进行衡量。而左右全球经济的国家也要掌握支撑经济增长的主导技术群❶。

第二环节是国家（政府）绩效环节。国家绩效定义为将国家资源转化为国家各种有形实力的机制或能力。国内的学者又将其理解为政府调控能力❷。面对外部的挑战或压力，一个国家为发展出控制经济创新周期的能力，并利用这种控制能力形成霸权潜力，首先必须从扩大自身实力出发，能够识别和挑选应对现行和未来挑战与国际竞争所需最适的社会经济技术，其次要培育出适当的资源以控制创新周期和国际政治过程，再次要将这些资源转化为能够确保国际经济和政治领域有利结果的工具。因而，对于国家绩效来讲，或者说将国家资源转化为国家各种有形实力的紧迫性和有效性，是由外部的生存和发展压力（外部限制）、国家领导力❸或国家自我和社会控制能力❹（基础设施能力），以及国家行动合理性的价值观念（观念资源）所决定。

第三个环节是军事实力环节。军事实力可视为国家实力生产过程的"产出"。

---

❶ 21世纪之初，全球经济、国际政治和世界科学几乎同时进入新的周期，即经济进入第五经济长波、政治进入第六霸权周期、科学进入第七发展高峰周期。因此，全球国力对比的变化，会引起新的霸权竞争。董光璧. 三大周期交汇：建设国家创新系统的机遇与挑战 [J]. 中国科学院院刊，2006（2）.

❷ 王玲. 关于综合国力的测度 [J]. 世界经济与政治，2006（6）.

❸ 国家领导力是指出国家从其社会抽取财富，以发展生产性经济系统所需的综合资源基础的政治能力。

❹ 基础设施能力可定义为国家通过内外部压力的管理，应对或转化以支持其目标的能力，与国家领导力的意思基本相同。

因为它代表的是在国际政治体系中对任何竞争对手的有效强制力量。军事能力可理解为国家资源与国家绩效持续相互作用的产出品。

综上所述，兰德国力框架可概括为，国力资源来源于技术、企业、资本等，国力形成过程在于政府绩效或政府调控能力，国力最终的表现在于军事力，而经济国力是军事力的基础❶。也就是说，兰德国力框架实际上将综合国力理解为一个国力资源转化为经济实力，经济实力转为军事实力和全球霸权的生产过程。从霸权理论角度讲，国力资源是经济霸权的必要条件，经济霸权是世界军事（政治）霸权的基础。在综合国力生产中，技术和企业是最为关键的国力资源，政府调控能力在国力资源转化为综合国力过程中，具有以下功能：第一，提供国内各项资源有效转化为国力资源的条件，如为人力资本形成所进行的公共教育投资与管理；第二，提供有利于国力资源成长、经济增长以及社会发展的环境，如提供有利于技术创新的知识产权保护方面的法律，制定合适的人才战略和刺激投资的政策，提供刺激企业家创新的产权制度，等等；第三，选择适合的外交政策和目标，积极参与国际制度方面的建设，保护本国的国家利益，使之在国家外交力、政治力等方面取得成功；第四，政府是国家军事力量的组织生产者。

---

❶ 这里将国家资源、国家绩效、国家经济实力和国家军事实力称为国力资源、政府调控能力、经济国力和军事力。

第二节

知识产权的形成、功能和经济重要性

知识产权是智力创造性努力成果的权利体现❶，或者说是受法律保护的智力创新成果。广义的知识产权❷，包括一切人类智力创造成果，可分为"创造性成果权利"和"识别性标记权利"两大类，前者包括发明专利权、集成电路权、植物新品种权、技术诀窍（Know－how）技术权、工业品外观设计权，版权、软件权等，后者包括商标权、商号权、其他与制止不正当竞争有关的识别性标志权（识别性标志也渗透着智力创造，只不过功能、表现形式侧重点不同而已）。狭义的知识产权，指工业产权和版权。知识产权通过新产品和工艺创新改进现有产品质量，提高资本物品投资的收益，以及通过形成更好的商业方法提高效率等促进国家经济发展。

一、技术创新中知识产权的形成

技术创新就是企业家抓住市场潜在的盈利机会，以获取商业利益为目标，重新

---

❶ 智力创造性努力成果大多为商业信誉建立和保持的重要基础，因此，知识产权集中体现了智力创造性努力的成果。

❷ 根据《建立世界知识产权组织公约》第 2 条第 8 款规定，知识产权可以分为如下 8 类：（1）关于文学、艺术和科学作品的权利；（2）关于表演艺术家的演出、录音和广播的权利；（3）关于人们在一切领域中发明的权利；（4）关于科学发现的权利；（5）关于工业品外观设计的权利；（6）关于商标、服务标志、厂商名称和标记权利；（7）关于制止不正当竞争的权利；（8）在工业、科学、文学和艺术领域里一切其他来自智力活动的权利。

组织生产条件和要素，建立起效率更高和费用更低的生产经营系统，从而推出新的产品、新的生产（工艺）方法，开辟新的市场，获取新的原材料或半成品供给来源或建立企业的新的组织，它包括新设想的产生、研究、开发商业化到扩散的过程以及此过程中科技、组织、商业和金融等活动的互动。知识产权是人们就其智力创造的成果所依法享有的专有排他性的权利，是一种重要的无形财产权。技术创新往往具有高投入性、不确定性和高风险性的特点，因而技术创新成果只有得到知识产权的保护，其技术创新才能在市场获得应有的回报。这就要求了解技术创新过程中知识产权的形成。国内学者根据 Scholts 对技术创新的基础研究、应用研究、开发和实用推广（商业化）四阶段的划分，将不同阶段形成的知识产权进行了整理和归纳（见表 2 - 1）。

表 2 - 1　技术创新中知识产权的形成

	基础研究	应用研究	开 发	实用推广（商业化）
创新内容	构想、理论假说、偶然发现、新的认识	解释现象、构想系统化、有目的研究、新知识生产、开辟新用途	生产新材料、新产品、新装置；建立新工艺流程系统和服务	新产品销售渠道、新营销方式、创新产品的促销与广告宣传
创新过程特征	无产品和企业特性、时滞长、不确定性大、投入小	产品和企业特性小、时滞中等、不确定性中等、投入中等	产品和企业特性较大、时滞较小、不确定性较小、投入较大	产品和企业特性大、时滞小、不确定性小、投入大
著作权	科学文字作品			
著作权			工程设计、产品设计图纸及说明	
著作权	计算机软件			
专利权	发明专利			
专利权		实用新型		
专利权			外观设计	
商标权				商标或服务标记、货源标记、厂商名称、原产地名称
其他产权	技术诀窍（商业秘密）			

注：见杨武所著《技术创新产权》（清华大学出版社，1999 年）一书的 57 页。

技术创新过程中形成知识产权是指在技术创新过程中形成专利权、商标权、著作权和商业秘密权等知识产权。

1. 技术创新过程中可以形成著作权（版权）

在技术创新活动的基础研究、应用研究和开发阶段，一般都会有相应的文字资料或计算机软件的产生或存在。这些技术创新过程中产生或存在的文件资料或计算机软件，只要是具有一定原创性或应用价值的，一般都具有一定的经济价值。当由规范性的文字材料构成了原创性的作品或由标准性文档和程序产生了计算机软件，这些原创性作品和计算机软件就拥有了著作权。

2. 技术创新过程中可以形成专利权

在技术创新活动的基础研究和应用研究阶段，创新性的研究成果可以形成发明专利权申请，在应用研究和开发阶段可形成实用新型申请，而在开发和实用推广阶段可形成外观设计申请。对于在技术创新过程中产生的发明创造成果，无论是发明创造中的方法发明或产品发明，还是发明创造中的实用新型或外观设计，只有那些符合发明专利、实用新型或外观设计法律要件的申请，才能最终获得相应的专利授权或权利证书。对于大多数已符合确认专利权条件并不宜确认为商业秘密权的发明创造成果若不申请专利权以获取法律保护，就有造成重大损失的可能。当技术创新过程中的专利权申请被授权后，技术创新过程中的发明创造就转化为受法律保护的专利权。

3. 技术创新过程中可以形成商标权

在技术创新活动进入实用推广或商业化阶段，商标权就成为打开市场销路或发展新市场的必备手段。当技术创新活动产生出可以商业化的新产品、新服务项目后，为使自身的产品或服务区别于他人的产品或服务，都会对新产品、新服务或提供新产品、新服务的企业申请商标注册。当企业申请注册的商标在满足法律规定的条件并被核准后，商标权就在技术创新过程成为创造商业价值的有效工具。

4. 技术创新过程可以形成商业秘密权

在技术创新活动的应用研究至商业化阶段，有的创新性成果或产生的具有商业价值的信息，要么不符合专利保护的条件申请，要么申请专利保护难以确保避免模仿，而被其持有者以不公开信息或商业秘密的形式加以保护。当技术创新过程中这些创新成果或有价值的商业信息在采取了有效的保护措施之后，也就转为法律保护的商业秘密权。

技术创新过程中不但可以取得专利权、商标权、著作权和商业秘密权等无形财产权，还可以运用这些权利创造经济和社会价值。因而，技术创新的过程是一个知识产权取得和有效运用的过程。世界各国为了在竞争中胜出而不断加大技术创新的力度，并依靠专利权、商标权、著作权或版权及商业秘密权的交叉配套保护，形成占据科技和经济竞争制高点的综合竞争优势。

二、知识产权功能及其演变

随着经济全球化的加快，跨国公司在将其产品全球价值链的生产制造部分转移到具有劳动成本优势的发展中国家之后，其活动主要集中在"创新研发"（Innova-tion）及"市场营销"（Marketing）这两大部分，从而其核心竞争力日益依赖专利、商标等无形资产。随之而来的是，企业已不再仅仅将知识产权作为保护其核心技术和品牌的法律工具，而是越来越强调在企业商业价值创造或经营战略中的重要性。在这种背景下，知识产权不只是一种单纯的法律权利，更是一种可以广泛运用的竞争工具和创造收入或利润的商业资产，可以成为增强企业技术能力、竞争能力和获利能力的商业筹码和战略工具。

1. 知识产权战略管理视野下的专利功能及其演变

自 Cohen❶ 等人开始调查美国制造业企业保护智力财产（Intellectual Assets）最有效的方式和申请专利的原因的经典性文献发表以来，❷ 特别是该文献指出专利在智

---

❶ Cohen, W. M., Nelson, R. R., Walsh, J. P., 2000. Protecting Their Intellectual Assets: Appropriability Conditions and Why U. S. Manufacturing Firms Patent or Not. NBER Working Paper 7552.

❷ Arora, A., Ceccagnoli, M., Cohen, W. M., 2003. R&D and the Patentpremium. NBER Working Paper 9431.

力财产保护上与其他保护手段（如领先时间、商业秘密等）相比更为无效，与其后 Arora 等人基于同样调查数据的计量经济分析所得出的专利保护为专利创新增加了 47% 的创新价值的结论所形成的强烈对比，将专利在技术创新中的作用的讨论引向深入。

沿着上述研究脉络，Corbel 等人对近十几年来专利功能的有关研究文献予以回顾，在此基础上指出，专利不仅有创新保护功能，还有交易、融资、防御作用和创新投入功能，特别是随着近十多年经济全球化的快速推进和知识经济的深入发展，这些专利功能不仅在具体的内涵上有变化，而且专利与企业竞争优势之间的关系也表现为更为间接相关，而企业竞争优势更为直接相关的反而是专利管理。这也就意味着有效的专利管理是专利能够维持和提升企业竞争优势的关键。现将 Corbel 等人对专利功能的归纳及其含义总结在表 2 - 2 中。

表 2 - 2　Corbel 等人对专利的功能及其演变的归纳

功能	基本含义	最新发展	管理含义
创新保护	在一定期限（通常为 20 年）内保护发明，以为创新投资提供经济激励。但专利对发明的保护能力会随保护发明的周围发明难易程度的提高而下降	1. 概率性专利：高技术产业专利所保护的发明的边界存在不确定，需要通过法律判决来解决争端（专利越来越"概率化"），从而专利保护发明能力下降或专利权人只有尝试排除他人的能力 2. 战略专利：专利不是被用于保护特定发明的，而是被用于保护企业整个技术知识基础的战略目的，从而专利成为保护企业未来技术空间受竞争者阻碍（战略防御目的）或用于阻碍竞争者未来技术机会（战略进攻目的）。但战略专利的最终目的还是与保护发明相同：排除竞争对手并保持市场力量 3. 专利组合或专利集群：一项发明的保护需要多件专利保护。一项发明商业化往往需要一件保护基础发明的专利和多件保护基础发明改进的专利，从而形成能够阻吓竞争者进入的专利组合或集群	专利组合管理更为重要。单一专利只对简单技术有效，专利组合可以成功进行交叉许可、阻吓进入者或打击对手。因此，保持专利组合以合理的数量规模，保持自由操作空间甚至可以换取更大的发展空间

功能	基本含义	最新发展	管理含义
交易和融资	专利作为资产参与市场交易和融资的功能体现为：专利许可和准金融资产。许可提高了许可者投资 R&D 的激励，并形成了技术市场；许可收入的资本化也使专利成为可转移的资产或使得专利增值	1. 许可的谈判和战略作用：交叉许可互换被对方排除的技术或加入标准制定以获取长期收益和 R&D 的主动权 2. 准金融资产：专利的拍卖、销售、抵押和证券化 3. 税收节约：跨国公司通过子公司间的专利相互许可来减少税收缴纳	技术市场（包括许可和专利资产的所有交易类型）的出现增加了企业的战略空间。企业既可以自己开发技术或对外许可，也可以购买技术或从外许可，关键是要有一个能够巩固和提升企业竞争优势的知识产权管理系统；同时专利成为促进 R&D 合作和技术标准制定的工具
防御作用	保持自由操作，其目的不是为了获取竞争优势，而是防止竞争者威胁到其竞争优势。其他来源：1. 申请一件专利将竞争者排除在相同的发明之外；2. 专利组合可应对专利诉讼威胁；3. 专利组合可用于交叉许可来扩大技术空间	防御作用对复杂技术特别重要。随着复杂技术领域专利快速增长，专利的防御作用日显重要	采取防御性战略还是进攻性战略取决于专利申请、专利族大小、生命周期和专利诉讼等决策。当专利主要用于进攻性战略时，企业必须拥有保护范围足够宽的基础专利和保护原创发明的改进性专利，专利族要涵盖主要市场，并尽可能地维持更长的时间，并积极看待侵权诉讼。当专利用于防御目的时，为限制竞争者的专利范围，专利申请的数量必须大但专利族和专利有效时限可以少而短
创新投入	专利对创新投入的激励作用。累积性创新需要已有专利作为进一步开发的基础并且鼓励技术信息公开。专利还促进专利合作并提供对研发人员的激励	开放创新模式的发展使专利信息成为挑选合作伙伴或获取目标技术的重要基础设施	专利成为参与创新网络的关系管理工具，即专利可发挥沟通其他创新者或消费者并根据自身竞争优势和资源限制选取不同的技术来源并将其整合以创造更大的商业价值

2. 智力资本理论视野下的知识产权功能

随着全球知识经济的发展，由知识、信息、技术、经验、组织学习能力、团队沟通机制、顾客关系、品牌地位等形成的智力资本或无形资产成为企业竞争优势的重要来源和核心支撑[1]。在分析知识产权在智力资本中的作用或地位的文献中，Caenegem[2]、Bollen[3] 和 Namvar 等人[4]均强调知识产权对其他智力资本构成要素的影响，认为应将知识产权置于智力资本的核心位置，并应通过知识产权战略来引导或统领无形资产的创造、保护和利用。在智力资本理论发展中颇具影响的 Sullivan，则认为企业知识产权的功能在于创造支持企业商业战略的商业价值[5]，并对知识产权在商业价值创造中的功能进行了总结和归纳（见表 2-3）。

表 2-3　知识产权的功能及其与企业商业价值的关系

功能	专利	商标	商业秘密	与商业价值的关系
防御性冲突避免，争端解决	保护（排除他人） 设计自由 交叉许可（防御性） 诉讼谈判（讨价还价）权	保护（排除他人）	保护	无法获得
进攻性收益创造	*产品和服务层面：销售、许可、合资、战略联盟、核心技术最优化、从非核心技术提取价值、捐赠* *专利层面：销售、许可、捐赠、侵权监控* *增强谈判权（力量）（如，供应商、消费者、分支机构、合资、联盟合伙者）* *市场渗透* *加快进入市场速度*	*产品和服务层面：销售、合资、战略联盟* *商标层面：销售、许可、合作品牌*、侵权监控*	销售 许可 合资 战略联盟 整合（integration） 加快进入市场速度	*产品和服务层面：销售*

❶ Sullivan P. H. . Profiting from Intellectual Capital: Extracting Value from Innovation. John Wiley & Sons, 1998.

❷ William van Caenegem. Intellectual Property and Intellectual Capital, 2002.

❸ Bollen, L., Vergauwen, P. and Schnieders S. . Linking Intellectual Capital and Intellectual Property to companyperformance [J]. Management Decision, 2005: Vol. 43 No. 9, pp. 1167 – 1185.

❹ Namvar, M., Fathian, M., Akhavan, P. and Gholamian, M. . Exploring the Impacts of Intellectual Property on Intellectual Capital and Company Performance: The Case of Iranian Computer and Electronic Organizations [J]. Management Decision, 2010: Vol. 48, No. 5, pp. 676 – 697.

❺ Sullivan, Patrick H. . An Intellectual Property Perspective on Intellectual Capital, Bernard Marr edt. Perspectives on Intellectual Capital, Elsevier Inc. , 2005.

功能	专利	商标	商业秘密	与商业价值的关系
降低成本	诉讼避免 获得他人技术 改善技术转让 缩小知识差距	避免诉讼 获得他人技术	诉讼避免 改善知识转让	降低市场营销成本
战略定位	信誉、形象 竞争阻拦（排除性） 竞争壁垒 供应商控制 消费者控制 核心技术最优化	名称认可 消费者忠诚 竞争壁垒 合资 战略联盟	信誉、形象 进入壁垒	誉、形象 消费者忠诚 进入壁垒

注：合作品牌策略指两个公司的品牌同时出现在一个产品上，它体现了公司间的相互合作。合作品牌策略的优点在于它结合了不同公司的优势，可增强产品的竞争力，降低促销费用。对于一些行业，如计算机、汽车等，顾客往往会认为产品的主要部件由某一公司生产的更好，此时就可以借助计算机芯片、汽车发动机的品牌的知名度很快打开市场为消费者所接受。使用这种品牌最典型的成功例子是英特尔（Intel）公司和世界主要计算机厂家的合作。

结合表2-2和表2-3，可看出发达国家知识产权在企业经营管理中的功能发生了如下重要的变化。

（1）从防御性法律权利向进攻性商业经营工具转变。

传统意义上，企业获取知识产权的目的，大多是将其作为防御性的法律权利或保护自己的法律工具。但是随着知识经济社会的来临，企业知识产权已经转变为拓展盈利和发展空间的商业经营工具。知识产权授权、许可、合资等已经成为知识产权拓展盈利的常用手段。知识产权还成为拓展发展空间的常用工具。专利等知识产权越来越成为寻求商业合作获取他人技术转让的关键筹码，并常常配合企业技术研发和目标市场来为企业建立起能够自由发展的技术和品牌空间。

（2）从防御侵权到战略定位转变。

美国知识资产管理组织（Intellectual Capital Management Group，简称"ICMG"）将企业知识资产管理系统的发展分为五个阶段：第一阶段为防御侵权期（Defense），主要以发展专利数量为任务，防止陷入侵权困境；第二阶段为降低成本期（Reducing Cost），期待以有限的经济资源，获得数量更多、质量更高的知识产权；第三阶段为创造利润期（Profit Making），通过授权利用，实现知识产权的商业价值；第四阶段为企业内部整合期（Integration），通过知识产权协助公司发展策略的定位，以及作为商业谈判时的有利工具等；第五阶段为企业愿景规划期（Vision），发挥知识产权的作用，创造、扩散其领导技术发展、协助产业调整、创造市场空间的战略作用。可见，企业愿景规划的基础，来自企业知识产权战略定位所创造的技术发展自由空间和巨大品牌影响力。

（3）从法律武器到控制全球价值链的战略工具转变。

知识产权本质上是防止他人侵夺自己智力创造成果的法律武器。但随着经济全球化的深入发展，生产和制造环节转移到发展中国家，以及专利等知识产权在管理创新网络关系和营销渠道中的作用增强，发达国家的企业更加频繁地使用专利许可、转让或合资等经营模式来获取创新收益，更加重视知识产权的谈判筹码、反击对手、广告宣传、融通资金等功能，来不断加强其对全球价值链的创新和营销环节的控制能力。

三、知识产权创造国家财富和提升国家竞争力的循环机制

知识产权是一国具有经济价值的创新成果的集中体现。从一国具有经济价值的创新成果的产出来看，既依赖于直接拥有创新的当前 R&D 投入（包括人力和物力、知识产权购买（许可获得））、以及为确保品牌市场影响力的广告投入，而且还取决于影响这些直接投入的激励因素，这些因素包括专利、版权、商标等知识产权保护制度，影响专利授权时间的政府专利管理、影响商标取得时间的政府商标管理、影响创新企业创新动力的市场竞争激烈程度或开放度、降低创新企业获取最新科技或市场信息的网络基础设施和国际知识流动网络，甚至从创新能力的可持续角度来讲，还包括创新的未来投入，即培养创新人才为导向的高等教育的发展状况。也就是说，要考察一国具有经济价值的创新成果（知识产权）的产出，必须要分析其创造知识产权的直接投入、制度框架和市场环境驱动因素以及未来的发展潜力。从公共政策分析的角度，可以将上述三方面均理解为直接投入、政策和环境投入以及未来投入。

一国知识产权要发挥创造国家财富和提升国家竞争力的作用，首先要拥有知识产权。而各国拥有知识产权的数量与质量，以及在各经济部门或行业的分布不同，

则决定其依赖知识产权创造国家财富和提升国家竞争力的能力差异。因而，在掌握上述知识产权创造投入的影响因素的基础上，有必要明晰一国知识产权的数量、质量和行业分布。这包括专利的数量和质量、商标的数量和质量、版权的数量和质量以及其他知识产权的数量与质量，进而上述知识产权数量和质量在各行业的分布状况。

一国依靠知识产权创造国家财富和提升国家竞争力，首先，在经济上表现为其经济增长的稳定性、高技术产业或知识产权密集型产业的增加值及其增长性、高技术产品或知识产权密集型产品的国际贸易竞争力；其次，在对社会发展的贡献上，可表现为其对人类发展的促进作用和对节能减排的积极贡献；最后，随着一国依靠知识产权创造国家财富和提升国家竞争力的能力的提升，其参与并影响全球知识产权事务的能力在提升。

最后，随着一国经济社会发展和国际竞争力对知识产权的依赖日趋加深，就会将依赖知识产权的创造、运用、管理和保护中所获得的创新利润中的一部分再用在知识产权创造的直接投入上，并不断对知识产权保护制度、知识产权管理体系和效能、市场竞争环境、基础设施以及未来投入进行调整和改善，以促进知识产权创造效率和能力不断发展，并不断增强知识产权创造国家财富和提升国家竞争力的能力。而上述过程就是知识产权创造国家财富和提升国家竞争力的循环机制。

第三节

国家综合国力视野下的国家知识产权实力

随着经济、科技全球化深入发展和国际知识产权保护制度更为协调一致，所有的发明、技术创新、文化创新甚至商业模式创新成果被置于全球知识产权的法律保护之下。专利、商标、品牌和版权等无形财产（资产）成为企业和国家发展的最重要驱动力；在综合国力中与知识产权密切相关的硬实力和软实力也发展成为国家知识产权实力的整体概念，与科技实力、经济实力等一起成为分析综合国力形成和发展的重要要素。

国家知识产权实力作为综合国力的构成要素，是随着知识产权在全球经济发展中的作用不断提升，以及知识产权与科技发展、文化创新和经济发展的关系更为紧密的背景下提出来的一个概念。目前国家知识产权实力还没有权威的定义，但有关综合国力和国家创新能力理论为其提供了理论基础。特别是人类进入后工业社会以后，综合国力较量已经发展为对全球经济创新周期的控制或反控制的竞争。

一、国家知识产权实力的内涵

知识产权作为知识经济时代外显的无形资产和激励其他无形资产创造、保护和运用的工具，在整个社会的无形资产的创造、保护和运用中处于核心位置。因此，国家知识产权实力可以定义为一个国家在世界范围内创造、管理、保护和运用知识产权的实力及其对国际知识产权事务的影响力,其最终目的在于增强综合国力。在科技和经济全球化的背景下,一个国家只有不断加大知识产权的创造、管理、保护和运用的实力,并形成知识产权实力与强科技、经济实力和文化软实力的良性互动,才能在全球经济创新周期的控制和反控制中处于主动地位,进而在全球竞争中取得有利的地位。在科技和经济全球化的背景下,国家知识产权实力具有以下基本内涵。

① 国家知识产权实力是一个国家知识产权参与科技、文化和经济循环所形成的对科技、文化和经济发展的驱动或推动力。从单个国家来讲,知识产权的创造离不开科技和文化创新,而科技和文化创新成果只有在获得知识产权形式的法律保护才有可能进入经济领域,成为推动经济发展的重要力量;同时,也只有经济发展之后,科技和文化创新才有可能获得更大的回报,走向科技、文化创新与经济发展的良性循环。因此,一个国家在世界范围内创造、管理、保护和运用知识产权的实力,首先表现为其拥有的知识产权在参与科技、文化和经济循环过程中所形成的对其科技、文化和经济发展的驱动或推动力。

② 国家知识产权实力是一个国家科技、文化和经济系统的协调、整合和传导力。国家创新系统实际上是一个国家科技、文化和经济系统的协调系统。知识产权作为科技创新、文化创新的智力成果,在国家创新系统中始终处于沟通、协调和引导科技、文化和经济发展良性互动的位置。知识产权通过沟通和协调科技、文化和经济发展之间的关系,有力地将科技和文化创新成果转化为经济发展的驱动力,而经济发展反过来又通过知识产权的激励将更多的资金投入科技文化和科技创新。因此,国家知识产权实力是一个国家科技、文化和经济系统的协调、整合和传导力。

③ 国家知识产权实力是一个国家通过知识产权创造、管理、保护和运用在全球科技和经济分工中占据有利地位的控制力和瓜分全球分工红利的支配力。随着国际知识产权保护制度更加协调一致,科学技术全球化的发展和全球科技价值链分工的兴起,就使得各国抢占全球科技和经济分工的战略制高点越来越依靠其在世界范围内进行知识产权创造、管理、保护和运用。发达国家往往依靠其在领先产业或产品全球价值链上所拥有的知识产权优势,积极推行有利于自身发展的国际贸易和投资体系,以最大可能将全球科技和经济分工所带来的巨大红利占为自有。对于发展中国家,从创新价值链上低附加值环节向高附加值环节、非战略环节向战略环节的提

升过程，所依赖的是其知识产权从无到有、从少到多、从量到质的转变过程。因此，国家知识产权实力是一个国家知识产权参与全球科技和经济循环过程所表现出来的对全球科技、经济分工的控制力以及对全球分工红利的支配力。

④ 国家知识产权实力是依靠国际知识产权制度实现的，是知识产权国际机制下的制度性支配力量。知识产权成为全球经济发展中的重要因素，是国际知识产权保护制度协调一致的产物。一个国家在世界范围内创造、管理、保护和运用知识产权的实力及其对国际知识产权事务的影响力，前提都是各国都必须遵循国际知识产权保护制度。因此，国家知识产权实力对对全球科技、经济分工的控制力以及对全球分工红利的支配力，是一种国际机制❶下的制度性支配力量。离开了国际知识产权保护制度或国际知识产权保护不足，国家知识产权实力就会在人间蒸发或被大大削弱。因此，发达国家都在全球积极推动国际知识产权保护制度的强化。

⑤ 国家知识产权实力最终表现为一个国家对全球经济创新周期的控制力或反控制力。国家知识产权实力是一个国家在参与全球综合国力较量中表现出来的。国家知识产权实力的强弱，直接与其在全球经济主导产业或部门所拥有的知识产权的数量和质量及其对全球主要市场的控制密切相关。在全球经济主导产业或部门拥有的知识产权数量多、质量高的国家往往具有强大的国际市场拓展能力，能够将这些主导部门的知识产权有效地转化为国际市场的控制权和对外直接投资的主动权。为了占据全球经济发展的主动权和拥有国际影响力，各国必须积极参与全球经济主导产业或部门的知识产权竞争，并依靠其拥有的知识产权实力参与全球经济主导产业或部门的控制权竞争。而全球经济主导产业或部门的更迭往往意味着一个新的创新周期开始。因此，国家知识产权实力最终表现为一个国家对全球经济创新周期的控制力或反控制力。

准确认识国家知识产权实力的上述内涵，有利于我们直接瞄准创新型国家建设的重大目标，推动国家知识产权战略，系统地安排参与全球综合国力竞争的战略，提升我国在全球创新价值链分工中的地位和对全球经济创新周期的控制力。

---

❶ 国际机制是指在某一特定领域组织和协调国际关系的原则、准则、规则和决策程序。

二、国家知识产权实力在综合国力中的特殊地位和作用

当今世界，随着国际知识产权保护强化和全球知识经济快速发展，所有的发明、技术创新、文化创新甚至商业模式创新成果被置于全球知识产权的法律保护之下。国家的财富也从土地、房屋、机器设备等有形财产转向专利、商标、品牌和版权等无形财产；国家综合实力中与知识产权密切相关的硬实力和软实力的重要性也相应提升。国家知识产权实力首先表现为一个国家在世界各国市场上所拥有的知识产权的数量、质量及其对本国科技、文化和经济发展的驱动力和推动力❶，其次体现为对国际知识产权事务特别是对国际知识产权制度发展的影响力。它在综合国力中的特殊地位和作用，是在沟通和连接国家科技实力、文化实力与经济实力的过程中，将这些实力有效地转化为全球化背景下国家生存、发展以及在国际事务中影响或强制他国实施本国意愿的能力来实现的。

1. 国家知识产权实力已经成为国家科技实力的战略制高点和根本保障力量

一国的科技力量是国家硬实力的重要组成部分。自第二次世界大战结束以来，科技实力作为综合国力中的一个基本而重要的因素，无论是在军事力量的增强还是经济发展的加速上，都发挥了重要的作用。进入 21 世纪，随着知识创新、技术创新、管理创新、社会组织创新和文化创新成为推动全球经济发展的首要力量，全球知识经济深入发展和世界劳动分工日益表现为全球价值链上的衔接。而知识创新、技术创新、管理创新、社会组织创新和文化创新都必须依赖科学技术的发展，从而，科技实力在综合国力中的重要地位更加突出。同时，国家之间、企业之间竞争的前沿阵地已从产品和服务领域向科学技术的研究与发展以及对用以进行技术创新的科学技术成果筛选的阶段前移。而在当今世界所有的发明、技术创新、文化创新甚至

---

❶ 一个国家的知识产权实力对该国科技的驱动力，主要是通过知识产权对研究和发展投资成果提供保护而使研发投资取得高额投资回报来实现的。因为研发投资高额回报会对进一步投资研发产生激励；而其对经济发展的推动力，主要是通过知识产权密集性产业或知识密集型产业发展及其对其他上下游和辅助经济部门的带动实现的。

商业模式创新成果被置于全球知识产权法律保护之下的背景下，国家间科技领先的竞争演变成争夺领先的科技成果的所有权、垄断权的竞争，即在全球获取领先科技成果的知识产权的竞争。国家间在科技实力上的较量，尽管其基础依然是其科学技术发展投入、主攻方向选择和有效进行相关资源配置等方面的实力，但重点已经转向在全球市场上获取知识产权实力的较量。从这个意义上讲，全球范围内国家间科技实力竞争的关键已经主要集中和表现在知识产权实力的竞争上。或者说，一个国家在全球市场上的知识产权实力已经成为国家科技实力的首要达成的目标，即战略制高点。

国家选择科学技术发展主攻方向和有效进行相关资源配置等方面的实力，无疑是国家参与国际科技实力较量的基础。但在随着国际知识产权保护强化和全球知识经济快速发展的今天，这一基础的巩固和壮大，已经离不开其知识产权实力提供的重要保障。科技创新成果只有通过法律程序形成知识产权，才能转化为受到法律保护的权利。而科技创新成果也只有在体现为知识产权之后，其本身蕴含的技术优势才能转变为竞争优势，其被赋予的制造、销售等排他性权利才能转化为开拓市场的手段和对产品市场的掌控权，最终其才能在市场上得到更大的应用与发展。而在知识产权保护下，一个国家可通过知识产权对其科技成果在市场上的更大应用所发展出来的领先或高端产业进行控制，以达到获取巨额经济回报的目的。进而，它可以依靠这些巨额经济回报进一步扩大其科学技术的研究与发展以及用以进行技术创新的科学技术成果筛选的投资。不仅如此，一个国家的科技创新成果经法律程序形成知识产权后，其依靠受到法律保护的权利还能够控制科学技术的研究与发展方向以及用以进行技术创新的科学技术成果筛选的技术发展空间。从上述意义上讲，一个国家知识产权的实力是其国家科技实力巩固和发展的根本保障力量。而这种保障力量通过激励国家加大科技投入，而最终表现为对国家科技实力提升的驱动上。总之，国家知识产权实力不仅是国家科技实力要达成的目标，也是其发展的主要手段。

2. 以版权为代表的国家知识产权实力是国家文化软实力的根本驱动力和重要体现

Joseph Nye 1990 年在《变化的世界权力性质》一书中将综合国力区分为硬实力

和软实力❶。硬实力是指一个国家的经济、军事和科技实力，软实力则是指一个国家的文化影响力（包括意识形态和政治价值的吸引力）、民族精神和社会文化的感召力、政治动员的能力和运作国际组织的能力等。一国家软实力的提升是一种文化积淀和能量积聚的最终结果。可见，文化在国家软实力中具有极其重要的地位。而文化软实力就是一个国家因其文化而拥有的，对国内社会和国际社会的凝聚力、吸引力和动员力。

从国际发展来看，美国依靠影视、流行音乐、学术科学、世界著名学府、新闻传媒、文化艺术等文化领域的优势，在全球传播体现美国文化价值和意识形态的各种版权产品，使世界各地的人们都受到了美国价值观的影响，从而使其文化成为其软实力的重要来源。而信息技术革命带来的国际互联网的普及应用和英语作为国际语言相结合，使美国文化在全球的扩张更是如虎添翼。日本当前文化产品已超越制造业成为最大出口产品，进而从经济大国发展为文化大国。印度的流行文化对全世界都具有巨大的吸引力，在电影的数量上，印度是世界第一电影大国。韩国凭借影视文化在国内的巨大成功，在东亚乃至全球掀起了巨大的韩国影视文化热。这些国家都基于自身丰富的民族文化特点，发展出了对国际社会具有强大吸引力的、有利于塑造和提升自身良好国际形象的文化软实力。

在当今社会，文化软实力主要是由文化（创意）产业创造出来的。国家间发展文化创意产业的竞争，实际上是其相互间致力于增强自身软实力的文化创新竞争。但广播电视、电影、报纸、杂志、出版、音乐等领域通过文化创新和发展文化创意产业所取得的对国际社会具有吸引力的、蕴含先进文化价值和人文魅力的文化产品，始终离不开版权的保护。因此，任何国家依靠文化（创意）产业主动创造和提升一国的文化软实力，就必须加入国际优质版权的竞争之中。

由于优质国际版权也往往蕴含巨大市场价值和开发潜力，因此，国家间文化创新的竞争及其最大的激励始终与国际版权及其最大价值化的竞争相联系。同样，国家间学术科学领导权的竞争实际上也体现在对国际学术界具有巨大影响力的优质版权的竞争。而一个国家拥有国际版权的数量、质量及其进一步开发的能力，就是其

---

❶ Nye, Joseph S., Jr.. The Changing Nature of World Power [J]. Political Science Quarterly. v. 105, no. 2, 1990, p. 177.

以版权为代表的国家知识产权实力。因此，以版权为代表的国家知识产权实力，实际上是一个国家文化软实力创造和提升的根本驱动力。

在当前文化创意产业发展中，充分依靠版权保护建立健全版权商业化运转机制，来扩大以版权为代表的国家知识产权实力，不仅会增强国际社会对该国知识产权保护制度的认同感，而且也能够使该国对文化创新产生最大的激励，并在国际版权保护制度下扩大其优秀文化创意产品在全世界的广泛流传。而一国优秀文化创意产品在世界的广泛而深入流传，必将增强其对国际社会的影响力，进而也有利于其塑造出备受国际社会欢迎的良好国际形象。因此，以版权为代表的国家知识产权实力，也是国家文化软实力的重要体现。

3. 国家知识产权实力是国家经济实力中的核心和战略力量

随着经济全球化的深入发展，跨国公司主导的国际产业分工由传统的产业间分工、产业内分工进一步深化为产品内工序（任务）分工：特定产品的生产过程（任务）被拆分为不同的生产价值链环节，分散到具有不同要素优势的国家和地区进行，进而形成了按产品全球价值链环节❶分工的世界生产体系。在这种世界劳动分工格局下，发达国家的跨国公司首先通过基础研究获取基础专利掌控尖端产业技术，并发动和引领新兴高技术产业迅速形成和扩大；接着，在对产品的供应和销售渠道进行控制的情况下，依靠专利使用费和许可证生产将产品制造和组装等劳动密集型工序或任务转移到发展中国家❷，以获取高附加价值增量，从而形成了从设计、产品开发、生产制造、营销、交货、消费、售后服务到最后循环利用等各种增值活动乃至整个产业发展方向均由其控制的全球一体化生产网络体系。

随着这种世界劳动分工格局的发展，发达国家依靠其跨国公司专利和品牌等知识产权垄断获得高额、超额利润和市场竞争优势，并掌控着产品全球链的核心环节，

---

❶ 全球价值链是指为实现商品或服务价值而连接生产、销售、回收处理等过程的全球性跨企业网络组织，涉及从原料采购和运输，半成品和成品的生产和分销，直至最终消费和回收处理的整个过程。包括所有参与者和生产销售等活动的组织及其价值和利润分配。

❷ 发达国家的跨国公司既有把位于产品生命周期中较后期阶段的标准化产品阶段的产品整体性地向其他国家转移，也有将在生命周期中处于较前期阶段易于进行标准化生产、规模经济效益显著或对生产制造过程中的工资成本比较敏感的生产制造环节向其他国家转移，但无论怎样转移，都离不开运用知识产权对产品的供应和销售渠道进行控制。

而发展中国家则因处于技术劣势而被置于低端的被支配分工地位，并有可能长期陷入低端的"比较优势陷阱"。

经济实力是综合国力最重要的表现。但在当今新型的世界分工下，一个国家的经济实力已不能完全或不主要取决于其经济总量❶，而是要更多地取决于其全球价值链分工中所承接任务（工序）的重要性❷。而世界各国能否在全球价值链的研究与开发、设计和销售渠道等核心环节的控制竞争中胜出，关键在于能否争取对全球价值链进行控制的知识产权。因而，一个国家在产品全球链的核心环节——拥有专利和品牌等知识产权的数量和质量，直接关系到其经济实力的大小。而一个国家在产品全球链的核心环节——拥有专利和品牌等知识产权的实力，无疑是国家知识产权实力的根本体现。因此，从这个意义上讲，国家知识产权实力是国家经济实力的核心力量。

国家知识产权实力是国家经济实力的核心力量，还可直接从无形资本在国家财富中的地位得到证实。因为知识产权在经济中的地位，通常表现在无形资产在国家财富中的地位。根据世界银行 2006 年发表的报告❸，国家财富可来源于自然资产、生产资产和无形资产；低收入、中等收入和高收入国家财富中分别有 59%、68% 和 80% 来自无形资产，而世界财富中平均有 78% 来自无形资产；一个国家的无形资产的数量和质量决定着其生产资产和自然资产的收入创造潜力，从而在国家财富创造

---

❶　美国兰德智库的 Treverton 和 Jones 在其《测度国家实力》（*Measuring National Power*）中指出，国内生产总值只提供了国家经济实力有限的图景，它根本不提及经济结构以及经济是由领先部门引领还是由衰退部门主导。伦敦经济学院的 Cox 在《权力转移、经济变迁和西方衰落?》（*Power Shifts*，*Economic Change and the Decline of the West?*）一文中指出，判断国家实力不仅要考虑经济规模，也要看竞争力和跨国公司的表现。

❷　Dedrick、Kraemere 和 Linden 2009 年研究了苹果手机的产业价值链，发现美国进口一部在中国组装的苹果手机的价值为 178.96 美元，其中日本生产的闪存和屏幕价值 59 美元，韩国制造的信息处理器和相关零部件价值 23 美元，在中国组装环节的费用只有 6.5 美元，相当于分享 3.6% 的价值。这意味着真正对中国经济实力有意义的并不是其从美国那里获得的 178.96 美元出口价值，而是仅仅为其中的 3.6% 的价值，即 6.5 美元。因此，中国在全球价值链中仅处于非常低的位置，国际贸易统计数据夸大了中国在世界贸易或经济体中的地位。最近 Michael Beckley 在 2011 年《国际安全》（*International Security*）（第 36 卷第 3 期）发表的《*China's Century? Why America's Edge Will Endure*》一文就认为用 GDP、贸易和外债等指标衡量一国的实力在经济全球化的今天可能会提供非常不全面的结论，如中国 80% 的高技术产品出口是外资企业生产的并且均处于低端，进而指出，与 1991 年的中国和美国的实力对比相比较，现在的美国比那时美国相对中国的实力更强，突出地表现为更加富裕、更具创新和更强军事实力；全球化和霸权并没有削弱美国的力量，反而加强了其从霸主地位所获得的竞争优势，同时全球化也使得其能够利用这些优势来吸引经济活动并操纵国际制度来实现其利益。

❸　World Bank. Where is the Wealth of Nations? Measuring Capital for 21st Century, Washington DC, 2006.

中发挥着主导作用。

一国经济实力的强大关键在于在全球创新系统中对领先产业的占有。当今的新型世界劳动分工体系，也使培育战略性新兴产业和控制全球价值链的竞争成为世界各国竞争的前沿。发达国家为了巩固和增强其国家经济实力，必须积极依靠基础研究获取的尖端产业技术突破，不断培育战略性新兴产业，并依赖专利和品牌等知识产权建立有利于其利益最大化的全球价值链分工体系。而发展中国家为摆脱陷入低端的"比较优势陷阱"，更必须不断依靠技术和品牌创新，努力从劳动密集型环节向技术密集型环节快速升级。因此，无论发达国家还是发展中国家，拥有核心技术专利和品牌等知识产权都是取得对全球链的核心环节、核心业务和销售渠道控制权的前提。唯有如此，发达国家才能依靠其对产品全球链的核心环节掌控，进一步增强其在世界上的经济影响力；唯有如此，发展中国家才能依此进入产品全球链的高端，进一步扩大其经济发展的主动权和话语权。因此，无论发达国家还是发展中国家，取得核心技术专利和品牌等知识产权在其经济发展中都具有突出的战略重要性。从这个意义上讲，国家知识产权实力是国家经济实力的战略力量。

4. 国家知识产权实力实际上代表着其对世界科技发展的控制力

在经济全球化的大环境下，以跨国公司在全球科技资源密集和优势地区建立研发机构为代表的科技全球化趋势愈发明显。跨国公司的全球研发机构凭借优厚的工资待遇和品牌优势等将东道国的优秀科技人员纳入其在世界范围构建的技术创新系统之中，并在世界各国通过国际知识产权制度将其在全球范围内取得的技术创新成果转化为知识产权，以完成对全球高端市场的控制。在这种情况下，一个国家中被纳入到跨国公司全球创新体系的科技力量在综合国力的形成和提升中就难以发挥作用，由这一部分科技力量所创造的知识产权因被跨国公司总部所在国控制也难以成为其国家知识产权实力的一部分。而大多数跨国公司总部所在的发达国家在这一过程中就可以依靠国外的科技资源来创造知识产权，并反过来依靠这些国外创造的知识产权来加强对全球科技活动的控制。

因此，科技全球化带来的知识产权创造国和所有（控制）国家的分离，将会增大跨国公司总部集中发达国家的知识产权实力，以及其对全球科技发展的控制力。从这个意义上讲，国家知识产权实力实际上表征其对世界科技发展的控制力。

5. 国家知识产权实力很大程度上代表着其对世界经济的控制力

在当今按产品全球价值链环节分工的世界生产体系中，发达国家依赖基础专利培育和战略性新兴产业的发展，在这些产业进入较成熟的阶段后依靠其全球的专利等知识产权布局，根据其利益最大化的原则，在全球建立起从设计、产品开发、生产制造、营销、交货、消费、售后服务到最后循环利用等各种增值活动的全球一体化生产网络体系。正如前面指出，发达国家建立和实现对该全球一体化生产网络体系进行控制的基础，是其在全球市场上拥有的核心技术的专利和品牌。实际上，该全球一体化生产网络体系建立的过程，也就是发达国家，特别是处于世界经济霸权中心的发达国家完成对世界经济进行控制的过程。

从 20 世纪 80 年代后的世界经济发展历史来看，美国等世界经济强国凭借国际知识产权保护制度在全球构筑起强大的知识产权实力，控制着世界创新的龙头，并将全球价值链上较容易转移的环节扩散到发展中国家，从而在世界经济发展中保持着长期的领先优势，并通过知识控制实体、软件控制硬件、研发控制生产和标准控制市场的方式形成对全球经济的强大控制力。因此，发达国家的经济实力归根结底表现为对全球经济的强大控制力。而这种控制的基础和源泉又来自其在全球拥有的知识产权实力。从这个意义上讲，国家知识产权实力很大程度上就代表着其对世界经济的控制力。

应指出的是，国际产业按其工序或任务转移本身，并不一定能给发展中国家带来所需要的高科技、高附加值生产力因素以及自主创新的活力；而发达国家的领先地位反而随着发展中国家对其高技术品的大量出口而使自身在全球价值链中的高端地位得到进一步巩固和强化。

6. 国家知识产权实力是全球化背景下将国家科技实力、文化软实力转化为经济实力的驱动力

首先，全球范围内国家间在全球市场上的知识产权实力的较量，实际上是占据科技实力竞争的战略制高点的较量。通过掌握战略性新兴产业的核心技术知识产权并通过控制销售完成品牌的塑造，国家的科技实力就能够在国家知识产权实力的保障下，充分地展现为国家的经济实力，即其领先的科技成果就能成功地转化为来自

全球市场的巨额经济回报。而国家为继续提升其经济实力，就必须将从全球市场上的巨额经济回报中的一部分投入到新的科学技术研发以及用以培育出战略性新兴产业的科学技术成果的筛选上，从而又进入了国家知识产权实力争夺的下一个循环。在上述循环中，国家知识产权实力始终是全球化背景下国家科技实力能否有效转化为国家经济实力的关键。

其次，当今社会，广播电视、电影、报纸、杂志、出版、音乐等文化创意产业健康发展，始终离不开版权创造和版权商业化的驱动。正如前所述，充分依靠版权保护建立健全版权商业化运转机制，来扩大以版权为代表的国家知识产权实力，将不仅在国际版权保护制度下扩大一国文化在全世界的传播，也能够激励文化创意产业的发展。同样，文化创意产业的发展，也会带来更多优质版权的创造，从而进一步增大一国文化在世界的传播，并对国际社会产生更大的文化吸引力。因此，以版权为代表的国家知识产权实力在国家文化软实力转化为经济实力的过程中起着有效的驱动作用❶。

综上所述，经济全球化背景下，国家知识产权实力不仅是国家科技实力要夺取的战略制高点，文化软实力的重要组成部分❷，国家经济实力的核心和战略力量，而且很大程度上还代表着对全球科技和经济的控制力量。同时，知识产权实力也是国家科技实力、文化软实力转化为经济实力的驱动力量。因此，一个国家的知识产权实力是决定其能否参与以及多大程度上参与分享科技和经济全球化"红利"❸ 的

---

❶ 澳大利亚一份最新发表报告指出，版权产业已经取代其制造业成为最重要的经济产业之一，占其 GDP 的 7.1%，而美国这一数据已达到 11.4%（见：Australian Copyright Council. *The Economic Contribution of Australia's Copyright Industries*（2002—2014））。广播电视、电影、报刊、出版、音乐等部门依靠版权保护和经营得以发展的同时，其产品出口又是各国输出价值观和文化吸引力的重要途径。

❷ 从以下数据可揭示我国文化软实力与发达国家的差距：全球 50 家文化媒体公司掌握了当今世界 95% 的文化市场，传播于世界各地的新闻 90% 以上由美国和其他西方国家垄断；全球 75% 的新闻节目是英语节目，80% 以上的科技信息用英文表达，几乎 100% 的软件代码用英文写成；学术评估体系、人文和自然科学领域的七大文摘都由西方发达国家掌握（见熊澄宇 2014 年发表在《求是》杂志 18 期的《在交流和创新中增强文化自信》一文）。

❸ 红利（Divident）最初是用于股份公司给股份持有者的分红。后来被世界银行等国际组织用于描述有利的人口结构给国家经济发展带来的好处，这种好处被称为"人口红利"。它是指一个国家的劳动年龄人口占总人口比重较大，抚养率比较低，为经济发展创造了有利的人口条件，整个国家的经济成高储蓄、高投资和高增长的局面。因此，文中的知识产权"红利"是指称知识产权优势所带的竞争优势、市场机会或发展空间等好处。知识产权红利实质是凭借知识产权优势并通过市场交易而最终从产品中获得的高附加价值来实现，与人口红利主要依靠供给上的要素成本优势不同，知识产权红利主要依靠经营上的主动权和交易上的谈判优势，实际上来自于控制或主导市场的能力。

关键因素。国家知识产权实力中的上述角色，也决定了全球化背景下其在巩固和提升国家生存、发展以及在国际事务中影响或强制他国实施本国意愿的能力中处于其他力量难以替代的地位。

综上所述，国家知识产权实力是综合国力的重要组成部分，它是综合国力形成和发展的重要保障和驱动力量。从国家知识产权实力与科技和经济势力的关系看（见图2-3），它是沟通科技实力、文化软实力与经济实力的桥梁，并在发挥上述沟通作用中成为科技实力和文化软实力发展的驱动力与经济实力的推动力，换言之，国家知识产权实力是科技和经济全球化深入发展背景下国家科技实力、文化软实力发展及将其转化为经济实力的核心驱动力。正是国家知识产权实力具有这种作用，使之成为综合国力中的重要保障和驱动力量。

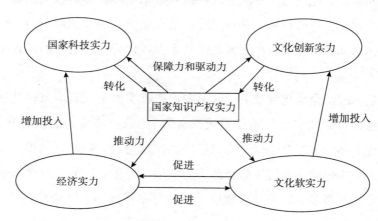

图2-3　国家知识产权实力与科技、经济与文化软实力间的关系

三、国家知识产权实力的构成和形成过程

通常，一个国家的知识产权活动通常都包括知识产权创造、运用、保护和管理四个方面。因而，国家知识产权实力显然也可以相应地分为国家知识产权创造实力、知识产权管理实力、知识产权保护实力和知识产权运用实力。

知识产权创造既需要直接用于专利等知识产权创造的资金、人力的直接投入，也需要良好的知识产权创造环境。同时，知识产权创造的过程也是一个知识产权创造投入转化为知识产权产出的过程，因此，一国知识产权创造实力实际上可进一步分解为知识产权创造投入实力和知识产权创造产出实力。而知识产权创造投入既包括用于知识产权创造的资金、人力的直接投入（又称硬性投入），也包括知识产权保护、政府研发支持、融资便利性等知识产权创造环境。

知识产权保护力度构成激励知识产权创造的重要环境或政策框架的变量之一。一个国家的知识产权保护实力往往反映在其知识产权保护的强度或力度上。因此，一个国家知识产权保护实力可用其知识产权保护力度来表征。另外，需要指出的是，知识产权保护水平不仅是影响知识产权创造的资金、人力和物力等直接投入的重要因素，而且也是影响知识产权商业化的重要因素，不仅关系到知识产权创造产出，而且还关系到知识产权的绩效。

知识产权管理主要体现为智力创造成果产权化过程的权利界定和管理。因而，一国知识产权管理实力可以理解为将智力创造成果产权化的能力；一国的知识产权管理实力越强，将技术创新成果以及基于这些成果所形成的商业信誉产权化的实力就越强。因而，知识产权管理实力可以认为是一个国家的政府通过审查、核准等手段将科技创新成果转为可作为市场保护和开拓工具的知识产权的实力。

一国知识产权运用的实力往往体现为知识产权创造国家财富和提升国家竞争力的实力。知识产权创造国家财富和提升国家竞争力的实力基于知识产权产出对国内经济发展、国际贸易竞争力和全球经济影响力、能源环境可持续发展乃至对国际知识产权事务影响力的贡献。因而，知识产权的运用实力可用其知识产权产出的国内经济发展、国际贸易竞争力和国际经济影响力、能源环境可持续发展乃至对国际知识产权事务影响力的效应来表征。

参照兰德国力框架，我们也可将国家知识产权实力理解为包括知识产权创造投入、知识产权创造产出和知识产权的绩效（包括国内外经济、可持续发展和国际知识产权事务影响力）的生产过程。其中，兰德国力框架中的国力资源对应于研究和发展投入等知识产权创造的直接投入；而知识产权保护强度、经济开放度等知识产权创造环境因其所反映出的是政府将知识产权直接投入转化为知识产权创造产出的机制或能力，对应于上述框架的政府调控能力。知识产权创造产出对应于上述框架中的经济国力，而将知识产权的经济、可持续发展和国际知识产权事务影响力对应于上述框架中的军事国力。因此，以兰德综合国力生产过程框架为参照，我们将国家知识产权实力各构成部分（要素）及其内部联系总结为图2－4。

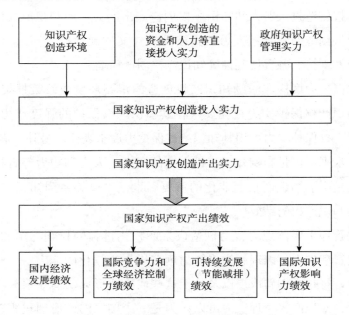

图2－4　国家知识产权实力的构成要素和形成过程

按照图2－4所显示的逻辑关系，国家知识产权实力形成的过程，就是一个国家知识产权创造投入实力有效转化为知识产权产出实力，知识产权产出实力有效转化为知识产权对国内经济发展、国际贸易竞争力和全球经济影响力、能源环境可持续发展乃至对国际知识产权事务影响力的贡献的过程。而我们将知识产权的这些贡献又称为知识产权绩效。

因此，一个国家知识产权实力形成的过程就是其知识产权投入实力转化为知识产权产出实力、知识产权产出实力再转化为知识产权绩效的过程。因此，我们将上述国家知识产权实力分析框架称为知识产权"投入实力——产出实力——绩效表现"框架。需要指出的是，知识产权绩效最终也会反过来影响到知识产权的投入，包括直接投入、企业家精神的氛围和政府对人力和资金等投入的激励等环境因素。因此，国家知识产权实力形成的动态过程实际上是其知识产权创造"投入实力——产出实力——绩效表现"循环的过程。

各国拥有知识产权的数量与质量，以及在各经济部门或行业的分布不同，决定其依赖知识产权获取经济社会可持续发展绩效（增加国家财富和提升国家竞争力）的能力差异，而各国知识产权数量和质量差异又取决于知识创造投入的多寡及其经济部门和行业分布。而上述差异实际上是各国知识产权"投入实力——产出实力——绩效表现"循环过程所产生的。因此，知识产权强国作为在世界知识产权创造、运用、保护和管理总体水平上处于领先，在全球竞争中主要依赖知识产权实力和优势取得相对强势地位，知识产权制度先进、管理体系高效，对全球知识产权事务发展具有引领作用和重要影响的国家，其必然是建立在知识产权"投入实力——产出实力——绩效表现"良性循环的基础之上的。正是在这一意义上，建立在知识产权创造"投入实力——产出实力——绩效表现"分析框架上的国家知识产权实力综合评价指标体系，也就是知识产权强国综合评价指标体系。

第三章

国家创新能力分析框架和评价体系的可借鉴性

进入 21 世纪，随着世界经济从传统工业经济向知识经济转变，决定一个国家国际竞争力的关键因素在于其创新能力。20 世纪 80 年代提出的国家创新系统理论，通过解释知识概念转化为促进经济增长的商品过程，以期揭示不同国家之间为何存在科技成就转为经济增长的能力或创新能力的差异[1]。1999 年经济合作与发展组织（OECD）在《管理创新系统》的报告中提出：创新是不同主体和机构间复杂的、互相作用的结果；技术变革并不以一个完美的线性方式出现，而是系统内部各要素之间的互相作用和反馈的结果；这一系统的核心是企业，是企业组织生产和创新、获取外部知识的方式；外部知识的主要来源则是别的企业、公共或私有的研究机构、大学和中介组织；国家创新能力（Innovative Capacity）是一个国家创造性地管理知识以应对市场需求和社会需要的能力[2]。Furman 等人（2002）将其定义为一个国家长期产生创新技术流并使之商业化的能力[3]。北欧部长理事会（Nordic Council of Ministers，2009）则把它定义为创造新的、有价值的创新性解决方案的能力，并认为国家的创新能力将取决于政治上设计良好的框架条件和企业对这些影响创新的框架条件的利用[4]；国家创新能力高低反映了其国家创新系统发展水平和有效运作状况。

知识产权是那些独特的、增值的人类智力创造成果的法律权利体现。创新是一个从新的思想概念产生到将新产品、工艺投向市场的全过程。知识产权通过向新的思想概念提供法律保护为其进一步开发进而将技术优势成功地转化为市场优势提供了刺激，从而也为新的思想概念成功形成新产品或工艺并发展出新市场提供了驱动

---

[1] Christophe Freeman 1987 年在《技术政策与经济绩效：日本国家创新系统的经验》（张宇轩译，东南大学出版社 2008 年版）中，首次提出了"国家创新系统"概念。他认为"国家创新系统"是"有公共部门和私营部门中的各种机构组成的网络，这些机构的活动和相互作用促进了新技术的开发、引进、改进和扩散"。他还强调，一国的经济跨越仅靠自由竞争的市场经济是不够的，并根据日本的经验强调了在国家干预下加快建立国家创新系统速度的重要性。

[2] Organization for Economic Cooperation and Development. (1999). Managing national innovation systems. Paris：OECD.

[3] Furman, Jeffrey L.；Porter, Michael E.；Stern, Scott, "The Determinants of National Innovation Capacity", Research Policy 31 (2002)，pp. 899 – 933.

[4] Nordic Council of Ministers，Nordic Innovation Monitor 2009.

力。不过，知识产权对技术创新的这种驱动机制，是构成国家创新系统有效运作的一部分。知识产权引导、激励和协调创新活动与创新资源合理配置，进而参与不同创新主体互动协作的过程，也是国家创新系统成功驱动创新并使之实现经济和社会价值的过程。此外，最近有研究表明，在产业层次上创新系统的理论也可同样应用于以版权商业化为中心的文化创意产业发展的研究❶。

现有的国家创新能力的分析框架和评价指标体系，虽重在强调不同经济体之间因创新能力引起的经济增长的质量差异，但其也关注创新能力的决定性因素以及创新能力不同对经济绩效差异解释的重要性。从前述的知识产权强国的基本含义来看，要评价知识产权强国，其关键也在于揭示不同家国拥有的全球范围内的知识产权对其经济绩效的影响。因而，借鉴现有的国家创新能力的分析框架和评价指标体系，无疑对知识产权强国评价指标体系构建具有重要的启示意义。

---

❶　Stuart Cunningham, et al. From 'Culture' to 'Knowledge'：An Innovation Systems Approach to the Content Industries.

国家创新能力分析框架：竞争力和投入－过程－产出导向

国家创新能力概念是由 Suarez－Villa 于 1990 年[1]在测度国家的发明水平和创新潜力时首次提出来的。从发明和创新的联系角度，他认为，国家层面上创新能力能体现出发明活动随时间的变化，能够反映出其与教育、知识产权制度和法律等发明主要驱动因素的关系，因而，测度创新能力可对经济活动中的发明动态提供重要的知识，并为政策制定者或学术界理解发明、技术和竞争力的变化并采取相应的行动提供参考。Furman 等人进一步提出，国家创新能力是一个国家创新系统将知识转化为创新的现实和潜在能力，是一种驱动长期经济增长和财富创造的能力，或者说创新能力是国家经济绩效的基本驱动力，它测量的是对维持创新活动或创新活动可持续性的制度结构和支持系统的整体效率。因此，国家创新能力要反映的是创新过程的根本性决定因素，而不仅仅是创新的产出水平或者说不只是已实现了的创新产出水平的测度，而是决定一个国家创新努力的程度和成功的根本性条件、投资和政策（如高水平的科技资源、鼓励创新投资和活动的政策和创新导向的国内产业集群）等[2]。由于 Furman 等人的国家创新能力分析框架基本上成为后来研究国家创新能力必须参考的分析模型，因此下面着重对 Furman 等人的国家创新能力分析框架进行归纳。加之，Furman 等人的国家创新能力分析框架为世界经济论坛 2002—2003 年的

---

[1] Suarez－Villa, L. Invention, inventive learning and innovative capacity. Behavioral Science［J］. 1990, 35 (4)：290－310.

[2] Stern, S.；Porter, M. and Furman, J.. The determinants of national innovative capacity［J］. Research Policy, 31 (2002)：899－933.

《全球竞争力报告》所采用，并且 Porter 的国家竞争优势"钻石模型"构成了该分析框架的内核，因此，本书将其分析框架又称为竞争力导向国家创新能力分析框架。

一、竞争力导向国家创新能力分析框架的基本内容

竞争力导向国家创新能力分析框架（图 3-1）主要建立在以 Paul Romer 为代表的新经济增长理论❶、Porter 的国家竞争优势理论和国家创新系统理论的基础上。该框架认为国家创新能力由四大要素决定。第一大要素是创新基础设施（Common Innovation Infrastructure）。创新基础设施是一个国家整体经济层面支持创新的各种跨部门的政策和投资的集合。它包括促进科学和技术进步的人力和资金投入，培育创新的公共政策和经济整体的技术复杂性水平。创新基础设施的基础是参与创新的科学家和工程师群体。强大的创新基础设施建立在基础研究卓越的基础之上；很多新的商业技术来自于基础研究的根本性突破，进而政府的研究资助构成了国家科技进步必不可少的部分。跨部门的创新政策包括知识产权保护、创新税收刺激政策、鼓励创新竞争的反垄断以及对外贸易和投资的开放政策。强大的创新基础设施往往需要一个国家经过几十年的投资和政策促进。而对于发展中国家来讲，拥有充足且适当的研发人才以建立技术知识的吸收能力，对其创新能力来讲是首要的。

第二大要素是产业集群的创新环境（Environment for Innovation in Industrial Clusters）。创新基础设施提供了创新的基本条件，但引入和商业化创新最终还是需要企业。而企业引入和创新必须以产业集群为依托。这些集群在新技术发展和商业化过程中提供了高质量和专业化的人才、良好的投资和竞争环境、高质量的支撑企业和配套服务。从而，产业集群为企业提供了一个地方性的创新环境。在这个环境中，企业可以聚集到创新商业化所需要的配件及其服务，重要的投入供应商、合伙人和其他关系都可以加入创新过程，并转化为区别于其他地方企业的竞争优势。正是产业集群给企业带来了这种优势，就使得专业化生产会在有利于产业集群出现的

---

❶　根据新增长理论，技术创新及知识积累和人力资本是经济增长的发动机；而创新活动本身受到经济体内部各主体相互作用及各种制度安排的影响；R&D、教育等方面的公共资助可以提高创新激励，进而影响经济的长期增长。上述作用机制、制度安排和公共政策都是决定国家创新能力的重要因素。

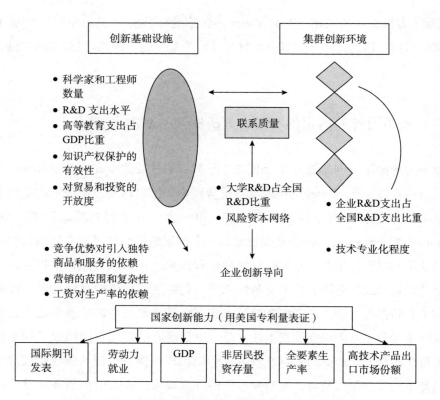

图 3-1 竞争力导向的国家创新能力分析框架

区位或地方更快地发展起来，并形成推动经济发展的优势产业，并导致区域间的不平衡发展。

第三大要素是创新基础设施和产业集群间的联系质量（The Quality of Linkages）。国家创新基础设施与产业集群之间的联系对于创新而言是至关重要的，并且相互间是促进的关系。强大的集群改善了公共基础设施并从中受益。强有力的联系可使得科学技术研究的最新成果在国内得到应用而不是很快地流向其他国家。而在这种联系中，大学与产业间的互动发挥了积极作用。

第四大要素是企业的创新取向。创新基础设施提供的良好环境是否能激励企业R&D 投资和其他创新行为，关键在于企业的创新取向。

Furman 等人以美国专利局的专利授权为创新产出，研究得出，OECD 国家之间创新能力的差异，建立在非常多样化的因素之上：研发投入（人力及资金）、研发生产率与政策的影响（知识产权保护和经济开放度）、企业部门的研发支出、技术专业化程度、大学研发经费的支出以及累积的专利存量，并且高技术产品出口也受到创新能力的影响。此外，他们还发现 OECD 国家间创新能力的差异性逐渐减小并呈现趋同的趋势。

胡美智等人[1]针对中国、韩国和新加坡的研究发现，不同于 OECD 国家创新能力广泛地建立在各种要素投入的基础上，这些国家的创新能力只局限于累积的知识能力（专利存量）、企业研发支出、专业研发人才的充分提供，特别是政府部门的研发补助经费对高技术产业发展的乘数效应。

二、投入－过程－产出导向国家创新能力分析框架

创新过程是一个科学研究、技术发明和企业家之间相互作用，共同推进新的、有用的知识生产、扩散和使用，提高经济绩效的过程。相应地，国家创新系统也可以根据其系统中不同部分对创新的功能或作用，分为创新投入子系统、创新投入转化为创新智力成果的子系统和创新智力成果的经济产出（经济绩效）子系统。Faber等人[2]基于上述国家创新能力分析框架在预测各国高技术产业市场份额的精确性不足，以及创新产品销售额比美国专利授权量更能表征各国创新能力的认识，从国家创新系统的结构和功能出发，提出了结构－功能分析方法的"投入－过程－产出"国家创新能力分析框架。其基本理论如下（图 3－2）。

国家创新系统分为两大类变量：第一大类是与企业内部及其创新过程有关的变量；第二大类是与创新基础设施（企业外围并促使其创新）有关的变量。这两类变量代表国家创新系统的结构方面。这意味着创新企业的创新行为取决于其自身的决策，但可供其选择的集合是由法律、健康法规、补贴、税收、公共支出等创新激励政策和知识产权保护制度所决定的，并且其创新决策受到微观经济条件（市场条件、竞争、价格等）和宏观经济条件（财富、通货膨胀和开放性）的影响。

[1] Hu, M. C. , Mathews, J. A. Innovative capacity in East Asia[J]. Research Policy,2005,34(9):1322－1349.

[2] Faber, J. & Hesen, A. B. Innovation capabilities of European nations: Cross－national analyses of patents and sales of product innovations[J]. Research Policy,2004,33(3):193－207.

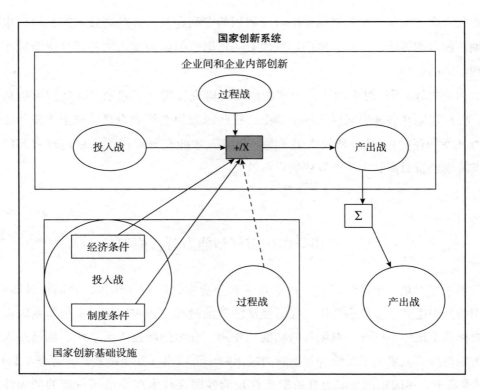

图 3 - 2   投入—过程—产出导向国家创新能力分析框架

国家创新系统的功能方面，企业所从事的创新可看作由创新投入所策动的、导致产品或工艺创新等变量为代表产出的转化过程。将国家创新系统的结构和功能结合起来看，上述创新系统的两大变量又可分为投入变量、转化/过程变量和产出变量。

创新过程大致可理解为从创新投入到形成专利，再从专利到重大改进或新产品销售的三阶段过程。从企业层面来看，投入变量主要有 R&D 活动及后续创新有关的人力、物力投入，过程变量主要有创新过程面临的困难和外部信息和合作的利用，产出变量主要有专利授权与重大改进和新产品销售。

支持创新的政策大多数是在国家层面上形成并实施的，并构成国家创新基础设施。创新基础设施层面的投入变量一般包括经济条件、制度条件和企业家文化。经济条件包括国家经济的产业结构、产业组织结构、经济繁荣度、对外市场开放度等；制度条件包括风险资本、公司税收、公共 R&D 支出等在内的创新活动的资金可获得性和财税政策刺激，R&D 人员的可获得性等。企业家文化主要是指在劳动人口对企业家精神的认同性。

最后，Faber 等人用了与 Furman 等人的前述研究相同的解释变量，发现这些变量对国家间以专利授权表征的国家创新能力差异的解释度达到了 97%，与 Furman 等人所得出的 96% 解释度几乎无差异。但不同的是，Furman 等人发现私人 R&D 融资对专利授权有显著影响，而 Faber 等人分析显示国家的制度和经济基础设施决定企业的创新活动，并且超过了私人 R&D 融资等变量对国家专利授权差异的解释能力。

此外，Faber 等人认为，由于专利授权只涉及需要获得专利保护的创新活动，因而，重大改进和新产品销售额比专利授权能更好地表征国家创新能力，并得出国家创新产品相对销售额（企业重大改进和新产品销售额占总销售额的百分比）差异的 78% 可由宏观经济条件、国家经济结构和创新及相关活动解释，并指出，对外经济开放度对专利和国家创新产品相对销售额的影响反向。对外经济开放度比较高会降低国内企业创新产品相对销售额，但能推进企业通过专利寻求市场保护的努力。

第二节

国家创新能力的评价指标体系：欧盟创新计分卡

一、欧盟创新计分卡的由来

欧盟委员会认为，国家创新能力是一国人民生活水平的决定性因素。欧盟创新计分卡（European Innovation Scoreboard，EIS）正是基于这一看法，欧盟委员会与联合研究中心合作，根据 2000 年里斯本欧盟理事会提出的为应对全球化和知识经济时代的挑战并倡导创新导向的政策，建立国家创新能力综合评价指标体系的要求，推出了欧盟创新计分卡，以为提升欧盟成员国的创新能力提供决策依据。欧盟委员会自 2000 年首次推出"欧洲创新记分卡"以来，已经连续 14 个年度评价并发布其各成员国的创新绩效，并已成为最具影响力的国家创新能力指数。特别是 2010 年以来，欧盟创新计分卡❶改为创新联盟计分卡后，欧盟将美日和"金砖"等经济体也纳入了其评估体系，尝试基于其成员国与美日和"金砖"等经济体的创新绩效的比较，以从更广的视野对欧盟创新的现状、专利、R&D 投入、成果转化机制等方面绩效的发展方向及其与美日差距进行评估，并为欧盟创新战略和政策调整提供的重要

---

❶ 2010 年 3 月欧盟理事会公布《欧盟 2020 战略》，提出要实现智慧型、可持续性和包容性增长，并将建立"创新联盟"，以突出创新引领经济社会发展的战略定位后，欧盟创新计分卡，也改称为创新联盟计分卡（Innovation Union Scoreboard，IUS）。但本文仍然以欧盟创新计分卡称之。

依据。从目前的情况来看，EIS 经过不断的修改和完善，已经形成了较为成熟稳定的评价指标和方法，并成为具有重要国际影响的国家创新能力评价指标体系，其评价结果也成为欧盟乃至美日和金砖国家等经济体衡量自身创新能力表现的重要参考。

表3-1　2013 年欧洲创新计分卡指标体系

大类/维度/指标	数据来源	涵盖年份
1. 创新驱动力		
1.1 人力资源		
1.1.1 每千年龄 29～34 人口中新博士生毕业人数	欧洲统计局	2006—2010
1.1.2 年龄 29～34 人口中完成高等教育人数占比	欧洲统计局	2007—2011
1.1.2 年龄 20～24 人口中完成高中教育人数占比	欧洲统计局	2007—2011
1.2 开放、杰出和具有吸引力的研究系统		
1.2.1 每百万人口拥有国际科学论文合作数量	Science - Metrics	2007—2011
1.2.2 世界前 10% 高引用科技论文占论文总量比	Science - Metrics	2004—2008
1.2.3 非欧洲博士生占所有博士生比重	欧洲统计局	2006—2008
1.3 资助和支持		
1.3.1 公共 R&D 支出占 GDP 比重	欧洲统计局	2007—2011
1.3.1 风险资本投资占 GDP 比重	欧洲统计局	2007—2011
2. 企业活动		
2.1 企业投资		
2.1.1 企业 R&D 支出占 GDP 比重	欧洲统计局	2007—2011
2.1.2 非创新支出占营业额的比重	欧洲统计局	2006，2008，2010
2.2 联系与企业家精神		
2.2.1 中小企业开展内部创新的比例	欧洲统计局	2006，2008，2010
2.2.2 与其他企业开展创新合作的中小企业占比	欧洲统计局	2006，2008，2010
2.2.3 每百万人口拥有的公私联合出版物数量	托马斯·路透	2007，2011
2.3 知识财产		
2.3.1 每 10 亿 GDP（PPS 欧元）PCT 申请量	欧洲统计局	2005，2009
2.3.2 每 10 亿 GDP（PPS 欧元）社会挑战（环境有关和健康）领域 PCT 申请量	欧洲统计局	2005，2009
2.3.3 每 10 亿 GDP（PPS 欧元）欧盟商标量	欧洲统计局	2007，2011
2.3.4 每 10 亿 GDP（PPS 欧元）欧盟设计量	欧洲统计局	2007，2011

大类/维度/指标	数据来源	涵盖年份
3. 创新产出		
3.1 创新企业		
3.1.1 引入产品或工艺创新的中小企业占比	欧洲统计局	2006，2008，2010
3.1.2 引入营销或组织创新的中小企业占比	欧洲统计局	2006，2008，2010
3.1.3 高成长创新企业数	N/A	N/A
3.2 经济效应		
3.2.1 知识密集制造和服务活动就业占总就业比重	欧洲统计局	2007，2011
3.2.2 中高和高技术产品出口对贸易平衡贡献	联合国	2007，2011
3.2.3 知识密集型服务出口占服务出口比重	欧洲统计局	2006，2010
3.2.4 市场新产品和企业新产品销售额占营业额比重	欧洲统计局	2006，2008，2010
3.2.5 国外许可和专利收入占 GDP 比重	欧洲统计局	2007，2011

二、当前欧盟创新计分卡所采用的评价指标体系及其特点

创新计分卡原来是用于衡量组织创新能力的指标体系❶，主要是从创新审计（Innovation Audit）的角度，将各项构成组织创新能力的概念可操作化，进而建立可量化的指标，并建立可据以衡量结果的指数，以了解创新能力的现状、变化和趋势，以为组织制定战略规划提供参考。因而，欧盟创新计分卡是创新计分卡在国家层面的运用。EIS 在探索创新计分卡在国家层面的运用，并为找出各国创新系统中最普遍、最典型并可量化比较的指标体系进行了大量的尝试。2013 年的 EIS（IUS）的评价指标和方法是在经过 2005 年和 2008 年两次较大修改后确定下来的，但与之前的评价指标相比还是有一定的调整。

欧盟指出，创新是应用创意发明（如新科技）并使之扩散，以提供消费者新产品、新服务或新工艺的过程，其目的是要提升国家竞争力。2013 年的创新评价指标

---

❶ Chiesa, V., Coughlan, P., & Voss, C. A. Development of a Technical Innovation Audit［J］. *The Journal of Products Innovation Management*, 1996, 13（1）：105 – 136.

体系为更全面反映创新活动过程和不同维度❶，共有三大类并反映 8 个维度的 24 个指标的构成（表 2 - 1）。其中，三大类指标分别是创新驱动力（Innovation Enablers）、企业活动（Firm Activities）和创新产出（Outputs）。创新驱动力主要是指外在于企业的创新绩效驱动力，并区分为三个不同的维度：人力资源，"开放、杰出和有吸引力"的研究系统，以及资助和支持。因而，创新驱动力的三大维度实际上反映的是国家创新基础设施，或国家发挥创新能力所需要的创新环境。企业活动是指企业层面上的创新能力，并区分为以下三个维度：企业创新投资、联系和企业家精神与创新过程的所有知识产权产出。产出是指企业创新的效应，又区分为两个维度：创新者发展和经济效应。

可见，EIS（IUS）在评价指标体系设计上一定程度地参考了竞争力导向和投入 - 产出导向的国家创新能力分析框架。该指标体系首先把创新看作一个投入 - 产出的系统，并重视企业在投入转换为产出的中间过程中的核心作用，进而形成了创新驱动力、企业创新活动和创新产出三部分组成的一级指标体系。其中，创新驱动力反映企业创新可从外部获得的社会人力资源、研究系统支撑和财政金融支持状况；企业活动主要从创新过程的角度考察企业创新状况，旨在反映企业的创新投入、与企业合作开展创新的情况以及拥有的知识产权状况；创新产出旨在反映企业创新活动的产出，包括从事创新的企业的普遍性以及创新所带的国内就业、国际竞争力、许可收入等经济效应。特别值得指出的是，EIS（IUS）将 PCT 申请、商标和设计等知识产权资产作为企业创新活动的一部分，反映出其仅仅将专利等知识产权看作创新过程的中间产品而不是创新的结果，并且只将创新的效应视为创新产出的思想，即获取知识财产只是创新过程的一部分，创新的真正目的是造福社会。

不过，尽管 EIS（IUS）在评价指标体系设计上一定程度地参考了竞争力导向和投入 - 产出导向的国家创新能力分析框架，但其对创新的理解比上述两大框架要宽（前者主要用专利授权来表征国家创新能力，而后者用重大改进和新产品销售额占企业产品销售额比重来表征），因而较好地体现了 Schumpeter 的创新思想。Schumpeter 在《经济发展》一书中认为，创新就是要"建立一种新的生产函数"，即"生产要

---

❶ Sajeva, M., Gatelli, D., Tarantola, S., & Hollanders, H. *Methodology report on European innovation scorecard* 2005. European Union, European Commission：Enterprise Directorate - general, European Commission.

素的重新组合"，就是要把一种从来没有的关于生产要素和生产条件的"新组合"引入生产体系中去，以实现对生产要素或生产条件的"新组合"。Schumpeter 进一步明确指出"创新"的五种情况：①采用一种新的产品；②采用一种新的生产方法；③开辟一个新的市场；④控制原材料或半制成品的一种新的供应来源；⑤实现任何一种造成垄断地位或打破垄断地位的工业新组织。这五种创新可概括为产品创新、技术创新、市场创新、资源配置创新、组织创新。因此，EIS（IUS）评价指标既反映产品或工艺创新与技术创新，也体现市场创新和组织创新的指标，因此，超越了竞争力导向和投入－产出导向的国家创新能力分析框架对创新的较狭义的理解。再结合其将 PCT 申请、商标和设计等知识产权资产作为企业创新活动的中间产品，可以看出 EIS（IUS）较好地体现了 Schumpeter 提出的"创新是生产过程中内生的"与"创新必须能够创造出新的价值"的思想。

因此，概括地讲，EIS（IUS）在评价指标体系设计上具有以下特点：①技术创新和非技术创新并重。如在指标选取上不仅考虑了产品或工艺创新的指标，还考虑了企业通过与外部公共研究机构、其他企业合作开展创新；不仅考虑了制造业创新，而且也将以营销和组织创新为重要内容的服务业创新纳入其中。②突出创新内涵。如在资助和支持维度上，将原来的公共 R&D 支出占 R&D 支出的比重，改为公共 R&D 支出占 GDP 的比重，就更好地反映了公共研发支持的力度。将原"中高和高技术产品出口占商品出口的比重"改为对"中高和高技术产品出口贸易平衡贡献"，就更好地反映了中高和高技术产品内分工全球发展以及创新在全球价值链控制中的重要性。③突出创新创造价值或社会经济绩效的思想。创新的目的是创造经济价值和促进经济发展。因此，创新扩散或社会经济溢出对创新的经济价值的实现尤为重要。如在指标选取上，将知识产权或财产作为创新中间产品处理而将创新的经济效应作为创新产出，就较好地体现了创新创造价值的思想。

第三节

国家创新能力分析框架和评价体系的可借鉴性

无论是竞争力导向的国家创新能力分析框架，投入－过程－产出导向的国家创新能力分析框架，还是欧盟创新计分卡，都将专利或知识产权理解为国家经济绩效的中间变量。上述理论分析框架所体现的变量之间的关系和评价指标体系所折射出来的指标设计理念对科学设计知识产权强国综合评价指标体系具有重要参考价值。

一、上述国家创新能力分析框架和评价体系的共同性方面

从比较竞争力导向与投入－过程－产出导向的国家创新能力分析框架，以及欧盟国家创新能力评价体系（欧盟创新计分卡）来看，它们之间存在着以下共性。

（1）强调科技活动高效转化为经济绩效的突出重要性。

无论是竞争力导向的国家创新能力分析框架，投入－过程－产出导向的国家创新能力分析框架，还是欧盟创新计分卡，都始终将经济绩效视作一国创新能力所要达成的目标或依归。例如，竞争力导向的国家创新能力分析框架强调全要素生产率和国际出口竞争力；投入－过程－产出导向的国家创新能力分析框架重视创新产品销售额作为国家创新能力测度指标的重要性；欧盟创新计分卡将经济效应作为创新产出的最终表现。

（2）强调创新投入向创新产出的转化能力。

无论是竞争力导向的国家创新能力分析框架，投入－过程－产出导向的国家创新能力分析框架，还是欧盟创新计分卡，都始终强调创新投入向创新产出的转化能力。上述分析框架或评估体系对创新投入的界定略有差别，如竞争力导向的国家创新能力分析框架中将创新基础设施视为创新投入的重要部分；投入－过程－产出导向的国家创新能力分析框架重视以企业为中心的创新投入，而将国家创新基础设施看作是影响创新过程的因素；欧盟创新计分卡将创新驱动力和企业活动看作是创新投入。可见，上述分析框架和评估指标体系对创新投入界定的差异，关键在于是否将制度或政策因素视为创新投入的组成部分，但它们都将揭示各国创新投入转化为创新产出能力是否存在差异以及这种差异的可能原因作为自己的任务。

（3）强调企业在产、官、学、研互动中的核心角色。

无论是竞争力导向的国家创新能力分析框架，投入－过程－产出导向的国家创新能力分析框架，还是欧盟创新计分卡，都始终强调企业在产、官、学、研互动中的核心角色。无论是经济绩效还是创新投入转化创新产出的能力，背后实际上是企业技术选择、技术商业化运用和创造财富的能力。国家创新基础设施与各种制度设计和政策措施，通过促进产、官、学、研之间的高效互动，目的均在于加强加快知识向企业流动并增强企业吸收和商业化应用能力。如竞争力导向的国家创新能力分析框架重视企业在创新集群中的互动及其与科学基础设施等的联系，强调以企业为核心的创新环境优化；投入－过程－产出导向的国家创新能力分析框架则将企业创新投入、创新产出和经济绩效置于分析的中心，强调企业在创造经济绩效中的核心角色；欧盟创新计分卡则极为重视企业创新活动状况的评估。

二、上述国家创新能力分析框架和评价体系的差异性方面

从比较竞争力导向与投入－过程－产出导向的国家创新能力分析框架，以及欧盟国家创新能力评价体系（欧盟创新计分卡）来看，它们之间存在着以下差异性。

（1）研究视角差异。

竞争力导向国家创新能力分析框架，与投入－过程－产出导向的国家创新能力

分析框架的主要差异是研究视角的差异。这种研究视角的差异体现在创新的经济绩效的理解上。前者更多地从宏观经济的视角来理解创新对国际竞争力、GDP 增长的贡献；后者分析的视角始终集中在以企业创新为中心的投入－过程－产出循环，其所关注的创新的经济绩效也以企业重大改进和新产品销售额占总销售额的百分比来反映，因而，更强调国家创新能力的微观基础的重要性，当然微观层面创新的经济绩效良好汇总到宏观层面也一定会表现为国家总体经济状况较为健康。欧盟创新计分卡从一开始就以指导提升欧盟成员国提升创新能力的决策为目的，其指标设计中之所以特别强调中小企业创新和企业家精神❶，是因为欧盟委员会认为这两个方面相对于美国国家创新系统来讲是其成员国较为薄弱的部分。

（2）基于的国情不同。

竞争力导向国家创新能力分析框架，与投入－过程－产出导向的国家创新能力分析框架对国家创新系统理解上的差异，是由于这两个分析框架提出者基于的国情不同导致的。竞争力导向国家创新能力分析框架强调创新集群与企业和公、私人的科技机构联系，主要反映的是美国国家创新系统的某些重要特征；而投入－过程－产出导向的国家创新能力分析框架重视创新投入到创新产出再到经济绩效提升，基本是为了解决欧盟国家长期存在的基础研究成果难以转化为商业化运用的现实问题。当然，欧盟创新计分卡的指标设计，更是为了解决欧盟与美国创新能力的差距问题。

（3）政策取向不同。

考虑到竞争力导向与投入－过程－产出导向的国家创新能力分析框架，以及欧盟国家创新能力评价体系间存在着研究视角和国情因素差异的影响，它们给决策者提供的政策取向，显然是有差异的。竞争力导向国家创新能力分析框架的政策取向要为创新转变为国家竞争力提供决策指导；而投入－过程－产出导向的国家创新能力分析框架的政策取向是要强调创新投入子系统、创新投入转化为创新智力成果子系统和创新智力成果的经济产出（经济绩效）子系统的优化和有效衔接；欧盟创新计分卡的政策取向在于提升中小企业为代表的企业创新活力。

---

❶ 根据美国小企业管理局资助的一项研究，大企业和小企业之间突破性发明和一般性发明，其分布的不对称性程度让人惊讶：在最具有影响力的 1% 专利当中，小企业专利是大企业专利的两倍。另外小企业在美国最具创新公司名单中占比超过 60%。而欧盟国家常认为中小企业创新活力不足。

三、上述国家创新能力分析框架和评价体系的可借鉴性

通过上述分析，我们认为上述国家创新能力分析框架和评价体系，对知识产权强国评价指标体系的构建具有重要的借鉴意义。❶

（1）强调经济绩效和国际影响力导向。

知识产权作为创新性智力成果的一种权利，通过构建起技术发明－产业－消费者组成的市场结构，形成对创新性智力成果商业化的控制力，在企业微观层次上是为了提升企业的经营绩效（利润等），在宏观层次上是为了提升国家在世界市场的竞争力、影响力乃至控制力。因而，结合上述国家创新能力分析框架和评价体系对科技活动高效转化为经济绩效的强调，以及前述的知识产权强国的基本内涵和主要特征，我们对知识产权强国评价指标体系的构建将以一国知识产权活动转化为其经济绩效和国际影响力为依归。

（2）强调投入向产出、产出向经济绩效和国际影响力转化的过程性。

一国知识产权活动的规模和质量转化为经济绩效和国际影响力是有一个过程的。首先是知识产权从哪些活动中来，其次是知识产权对后续经济活动有哪些价值或作用。为此，结合上述国家创新能力分析框架和评价体系对创新投入向创新产出的转化能力的强调，以及前述的知识产权强国的基本内涵和主要特征，我们在知识产权强国评价指标体系的构建中，将一国知识产权活动转化为其经济绩效和国际影响力理解为知识产权创造投入向知识产权产出、知识产权产出向经济绩效和国际影响力转化的过程，以期揭示不同国家在识产权创造投入向知识产权产出、知识产权产出向经济绩效和国际影响力方面的特征。

---

❶ 国家创新能力强调的是创新活动的质量，即主要考察的创新活动对生产率和竞争力的重要性，是从质的方面对创新活动的考察，而对创新活动规模这一因素缺乏关注。而知识产权强国评价不仅要考察知识产权活动的质量，也要关注知识产权活动的规模。但后面我们假设，若没有知识产权活动的质量的提高，仅仅将知识产权活动的规模扩大，会导致知识产权活动的规模报酬递减。也就是说在我们的知识产权强国评价指标设计中认为质量还是比规模更为重要的因素。正是基于这一认识，我们认为上述国家创新能力分析框架和评价体系具有重要借鉴意义。

（3）强调以企业为核心的知识产权活动规律。

知识产权是企业经营的工具。离开企业，任何专利都不可能转变为对经济发展和社会进步具有促进作用的新产品和新生产方法。一切知识产权活动规律都必须从企业经营需要层面才能得到理解。因此，结合上述国家创新能力分析框架和评价体系对企业在产、官、学、研之间互动中的核心角色的强调，以及前述的知识产权强国的基本内涵和主要特征，我们在知识产权强国评价指标体系的构建中，尽可能充分体现出企业知识产权创造、保护、管理和运用等方面的知识产权活动及其背后的经营战略需要方面的内容。

（4）观照国情。

我国是一个处于快速崛起中的新兴大国。我国研究知识产权强国的目的，不仅仅为了揭示美国等发达国家知识产权活动有哪些优势，而是要从我国经济崛起的视角探讨如何发展知识产权活动，以为我国企业成长和国家参与国际事务创造良好的战略运作空间。基于这一考虑，我们在知识产权强国评价指标体系的构建中，尽可能考虑发展中的追赶大国的知识产权创造、保护、管理和运用等方面应重视的内容。

第四章

知识产权强国的评价指标体系构建

为更好地启动知识产权强国建设，就需要对目前世界上各国知识产权实力进行客观公正的评价，以全面了解世界各国在知识产权实力较量中的地位：哪些是知识产权强国，它们都有什么样的共同特征？其国家知识产权实力都有哪些新的变化？像我们这样发展中大国，与它们相比差距主要在哪些方面？应如何缩小与它们的差距？

为解决这些问题，就必须选择和确定有代表性的重要指标❶，建立一套能够较好地反映知识产权强国基本特征的各个方面的评价指标体系，并能运用科学、合理的数学方法对其进行评估、分析，从而把我国与知识产权强国之间的差距转化为易判别、可分解和能操作的具体指标上的差距。此外，还可以基于以上评价结果，及时发现制约和影响我国知识产权实力提升的主要指标、薄弱环节及可能原因，以为提出相应的对策措施提供分析依据。

基于上述内容，本章拟立足国家知识产权实力的构成要素，从国家知识产权创造的投入实力、产出实力和绩效表现三大方面出发，按照科学性、系统性和可操作性等原则，建立一套基本能够反映知识产权强国基本特征各个方面的评价指标体系。

---

❶ 这些指标既要兼顾规模和数量（侧重大国的含义），更要考虑质量、发展水平和效应（侧重强国的含义）。

第一节

知识产权强国综合指标评价体系构建的原则

知识产权强国评价中最为基础，也是最为关键的是要建立一套能够客观、准确地反映知识产权强国基本特征的评价指标体系并采用科学、合理的数学方法，对世界各国知识产权实力进行综合评价、分析和研究。为较好反映知识产权强国基本特征的各个方面，知识产权强国评价指标体系构建应保证指标体系中的指标具有科学性、代表性和系统性，并能构成一个相互间存在有机联系的统一整体。同时，根据前面确定的知识产权强国的定性标准，选取的具体指标要有确定的内涵并能较好地与之相对应和进行测度，进而能对其总体特征进行全面定量刻画。为此，该指标体系构建应遵循以下重要原则。

（1）系统性和层次性相结合的原则。

系统性通常是指要从整体性出发看待事物。知识产权强国是具有知识产权数量、质量和结构综合优势并能够成功地将这种综合优势转化为国内经济实力和全球竞争中强势地位的国家。要反映知识产权强国这些内容或方面，指标体系的构建必须要以知识产权创造"投入－产出－绩效"良性循环为基础。因而，知识产权强国指标体系构建，必须按照系统性原则的要求，将知识产权创造"投入－产出－绩效"良性循环视为一个整体，在明确各个指标逻辑关系的基础上，要使指标体系能够全面、科学、准确地描述和反映知识产权创造"投入－产出－绩效"良性循环的各个方面和内在联系。

层次性是指系统和子系统之间的包含和生存关系。认识系统问题需要将一个大系统分解为多个层次子系统，由整体到局部，由抽象到具体，由表及里逐步深入，分层递进。知识产权创造"投入－产出－绩效"循环构成的大系统，又可以进一步分为知识产权创造投入、知识产权创造产出、知识产权绩效三个子系统。

系统性与层次性相结合的原则就是既要考虑到系统的整体性和特征，又能将该系统分成几个层次，便于分析，使各评价指标能够表达不同层次评价指标的从属关系和相互作用。上层指标是下层指标的综合，指导下层指标的建立；下层指标是上层指标的分解，从而构成一个有序、系统的层次结构，也便于综合评价、分析和研究。

（2）科学性和可得性相结合的原则。

指标体系的设置是否科学合理直接关系到评价的质量。在指标体系构建中，选择的具体指标应有科学的理论根据，指标的含义要明确，要能够科学、客观地反映知识产权强国的内涵和基本特征。在满足科学性的基础上，又要注意指标体系的可得性。所选取的指标要考虑国际通用性。即，在当前不大可能通过国内外权威专家问卷来获取软性指标的情况下，指标的设计应考虑国际权威数据的可获得性。此外，指标和数学方法的统计、计算、比较和分析要方便易懂，以保证评价工作能够顺利进行并有足够的评价可信度。

（3）完备性和代表性相结合的原则。

知识产权强国评价指标体系所选择的指标既要尽量从各个不同角度全面完整地反映知识产权强国各个方面的基本特征和综合状况，又要力求精简，使指标具有代表性。即，同一层次的各项指标要能各自说明该层次的某一方面、各有侧重，尽可能不互相重叠或成为相互包含的因果关系，以尽可能少的指标体现出知识产权强国的各基本特征，从而使知识产权强国评价指标体系既能反映研究对象的全面性，同时又能做到刻画不同侧面或因素的指标也相对均衡。

（4）政策相关性和国际可比性相结合的原则。

政策相关性要求指标对决策者有支持和指导作用。即指标的设计应涵盖后发国家知识产权强国建设需要，或要能够反映国家知识产权战略推进的各个主要方面，即应涵盖知识产权的创造、保护、利用、管理等方面。建立知识产权强国评价指标体系的目的就是对我国知识产权强国建设工作进行监测和指导，以建成知识产权强国。而在考虑指标政策相关性的同时，也必然要考虑指标的国际可比性，确保指标能够同其他国家，特别是知识产权强国的相应指标进行比较，以找出差距。

上述四大原则是为保证对知识产权强国进行评价提出来的。它们之间既具有相对的独立性，又是一个相互联系、相互影响的有机整体。因此，需要从整体着眼统筹协调它们之间的关系，并将之贯穿于知识产权强国评价的整个过程。

第二节

知识产权强国综合指标评价体系框架

知识产权强国综合评价指标体系框架又可称为知识产权强国指数框架（图4-1）。从前面的知识产权强国评价的理论基础来看，知识产权强国指数实际上就是国家知识产权实力综合指数。

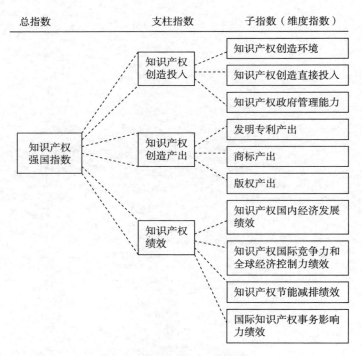

图4-1 知识产权强国指数框架

一、知识产权强国评价的基本假设

采用综合指数方法对知识产权强国或各国知识产权实力进行评价，其基于以下基本假设。

① 国家之间的比较仅仅是国家创新系统之间的比较，而不考虑地理规模和人口甚至经济发展阶段方面的差异。

② 知识产权强国建立在知识产权"创造投入－创造产出－经济社会可持续发展绩效"良性循环的基础之上。

③ 在评价指标体系中既要兼顾规模、数量（大国的含义）和地位的指标，更要考虑质量、结构和效应（强国的含义）的指标。

④ 知识产权活动规模是国家知识产权实力的重要构成部分，但一个国家知识产权活动达到一定规模之后，对该国知识产权实力的影响呈递减的趋势。

⑤ 知识产权活动规模基本可以反映一个国家经济活动的规模，即：随着一国经济活动规模的扩大，知识产权活动的规模也扩大。

⑥ 知识产权强国与工业或经济强国一样，既有全面强势型的，也有局部强势型的。前者为在整个国民经济和社会发展的几乎各个方面，知识产权活动都具有强势地位和重要影响的国家，如当今的美国、德国和日本；后者为在国民经济行业和社会发展的某些方面，（某些类型的）知识产权活动都具有强势地位和重要影响的国家，如当今的瑞士、瑞典等。

⑦ 一国在全球市场上的竞争优势主要取决于其知识产权优势；一国在全球的经济实力主要取决于其在国内外市场上的知识产权实力。

二、知识产权强国综合指标评价体系

为构建知识产权强国指数，知识产权强国评价指标可分为支柱层、维度层和基础层三个层次，其中，支柱层有三个一级指标（又称三大支柱），维度层有 10 个二级指标（十大维度），基础层有 59 个三级指标（表 4 – 1）。三大支柱分别是知识产权创造投入支柱、知识产权创造产出支柱和知识产权绩效支柱。它们分别用于比较各国知识产权创造投入排名或差距、知识产权创造产出排名或差距与知识产权对经济、可持续发展（节能减排）和国际知识产权事务影响力排名或差距。此外，为比较各国将给定的知识产权创造投入转化为知识产权创造产出的效率，我们参照《全球创新指数报告》❶ 将各国知识产权创造效率指数定义为其知识产权创造产出指数与知识产权创造投入指数的比率；同样，为了比较各国知识产权对经济、可持续发展和国际知识产权事务影响力，我们也将知识产权绩效影响度指数定义为各国知识产权绩效指数与知识产权创造产出指数的比率。

表 4 – 1　知识产权强国评价指标体系

一级指标	二级指标	三级指标	数据来源	涵盖年份
1. 知识产权创造投入	1.1 知识产权创造环境	1.1.1 知识产权保护强度	世界经济论坛	2000—2010
		1.1.2 经济开放度	世界银行	2000—2010
		1.1.3 政府研发支持度	UNESCO	2000—2010
		1.1.4 风险资本可获得性	世界经济论坛	2000—2010
		1.1.5 每百人互联网用户数	世界银行	2000—2010
		1.1.6 专利规费吸引度	Park 等	
	1.2 知识产权创造直接投入	1.2.1 国内 R&D 总支出（GERD）	UNESCO	2000—2010
		1.2.2 国内 R&D 支出占 GDP 的比重	UNESCO	2000—2010
		1.2.3 研究人员数量	UNESCO	2000—2010
		1.2.4 每百万从业人员研究员人数	UNESCO	2000—2010
		1.2.5 企业 R&D 资金占 R&D 总支出比重	UNESCO	2000—2010
		1.2.6 企业研究人员占全部研究人员的比重	UNESCO	2000—2010
		1.2.7 专利等专有权许可费支出	世界银行和 OECD	2000—2010
		1.2.8 专利等专有权许可费支出占 GDP 的比重	世界银行	2000—2010
		1.2.9 受过高等教育的劳动力人数	UNESCO	2000—2010
		1.2.10 受过高等教育的劳动力人数占劳动力的比重	UNESCO	2000—2010

---

❶ 欧洲工商管理学院（INSEAD）与世界知识产权组织（WIPO）联合发布的 2012 年《全球创新指数（GII）：加强创新联系，促进全球增长》中将创新效率指数作为创新产出指数和创新投入指数的比率。

一级指标	二级指标	三级指标	数据来源	涵盖年份
1. 知识产权创造投入	1.3 政府知识产权管理能力	1.3.1 专利审查员的数量	各国专利局网站	2000—2010
		1.3.2 每百件发明专利申请审查员数量	各国专利局网站、WIPO	2000—2010
2. 知识产权创造产出	2.1 发明专利产出（国内外申请、授权和海外有效专利方面）	2.1.1 国内外发明专利申请量	WIPO	2000—2010
		2.1.2 每千名研究人员国内外发明专利申请量	WIPO	2000—2010
		2.1.3 PCT 申请量	WIPO	2000—2010
		2.1.4 每千名研究人员 PCT 申请量	WIPO、世界银行	2000—2010
		2.1.5 重要领域 PCT 申请量份额	WIPO	2000—2010
		2.1.6 全球 PCT 申请 100 强企业占比	WIPO	2000—2010
		2.1.7 国内外发明专利授权量	WIPO、世界银行	2000—2010
		2.1.8 每亿美元 GDP 国内外发明专利授权量	OECD	2000—2010
		2.1.9 三方专利拥有量	OECD	2000—2010
		2.1.10 每 10 亿美元 GDP 三方专利拥有量	WIPO	2000—2010
		2.1.11 国外有效发明专利量	WIPO、世界银行	2000—2010
		2.1.12 每亿美元 GNI 国外有效发明专利量	WIPO	2000—2010
	2.2 商标产出（从国内注册、马德里商标注册和最佳全球品牌方面）	2.2.1 国内外商标注册量	WIPO、世界银行	2000—2010
		2.2.2 每亿美元 GDP 国内外商标注册量	WIPO	2000—2010
		2.2.3 马德里商标注册量	WIPO、世界银行	2000—2010
		2.2.4 每亿美元 GDP 马德里商标注册量	BrandZ 全球品牌 100	2000—2010
		2.2.5 最佳全球品牌 100 强企业（BrandZ100）占比	UNESCO	2000—2010
	2.3 版权产出（从电影和科技文章方面）	2.3.1 国产电影量	UNESCO	2000—2010
		2.3.2 每百万人口国产电影量	世界银行	2000—2010
		2.3.3 科技文章数量	世界银行	2000—2010
		2.3.4 每百万研究人员国内居民科技文章量	UNIDO	2000—2010

一级指标	二级指标	三级指标	数据来源	涵盖年份
3. 知识产权绩效	3.1 国内经济发展绩效	3.1.1 中高技术产业增加值（按1995年或2000年购买平价计算，单位为亿美元）	UNIDO	1998、2005、2009
		3.1.2 劳均GDP（按1990年购买平价计算）	世界银行	2000—2010
		3.1.3 劳均GDP增长率	世界银行	2000—2010
		3.1.4 中高技术产业增加值占制造业的比重	UNIDO	1998、2005、2009
	3.2 国际竞争力和全球经济控制力绩效	3.2.1 高技术产品出口全球份额	世界银行	2000—2010
		3.2.2 高技术产品出口相对优势指数	世界银行	2000—2010
		3.2.3 每百万美元高技术产品出口企业研发支出	UNCTAD	2000—2010
		3.2.4 版权密集型产品出口全球份额	UNCTAD	2000—2010
		3.2.5 版权密集型产品出口相对优势指数	世界银行	2000—2010
		3.2.6 专利权等权利许可费收入全球份额	世界银行	2000—2010
		3.2.7 专利权等权利许可出口相对优势指数	世界银行	2000—2010
		3.2.8 外向FDI存量全球份额	世界投资报告	2000—2010
	3.3 节能减排绩效	3.3.1 每百万美元能源使用量（公吨）	世界银行	2000—2010
		3.3.2 每百万美元能源使用量下降率	世界银行	2000—2010
		3.3.3 每百万美元GDP二氧化碳排放量（公吨）	世界银行	2000—2010
		3.3.4 每百万美元GDP二氧化碳排放量下降率	世界银行	2000—2010
	国际知识产权事务影响力绩效	3.4.1 本国接受国外专利和商标申请的世界平均份额	WIPO	2000—2010
		3.4.2 PCT申请国际检索报告全球份额	WIPO	2000—2010
		3.4.3 参与WIPO管辖的国际条约数量	WIPO	2000—2010
		3.4.4 成员国对WIPO的财政贡献	WIPO	2000—2010

注：各指标的具体含义和数据来源除了本章下面的解释外，请参考本报告最后的附表1。表中数据来源中所提到的国际机构的数据库分别是 WIPO DATASTAT、World Bank DATABASE，UNCTAD STATDATA，UNESCOSTAT 和 OECDSTAT。

1. 知识产权创造投入支柱构成维度及其组成指标

知识产权创造投入支柱包括知识产权创造环境、知识产权创造直接投入和政府知识产权管理能力三个维度。现将构成维度及其组成指标分别说明如下。

（1）知识产权创造环境维度。

只有存在一个适当的知识产权创造环境，企业和其他主体才能将研究和发展、人力资本等直接的资金和人力等投入最大可能地转化为知识产权产出和运用（应用）绩效。知识产权创造环境指数旨在通过评估知识产权保护强度、经济开放度、政府研发支持度、风险资本可得性、每百人互联网用户数和专利规费吸引度六个与知识产权创造密切相关的指标，来捕捉一个国家知识创造环境的发展情况。

① 知识产权保护强度。该指标采用自世界经济论坛各年发布的《全球竞争力报告》。该指标数值来自世界经济论坛每年在来自全世界代表性企业的数千名高管中对各国知识产权保护状况的调查。该方法对各国知识产权保护强度的评估，与 Ginarte 等人❶基于各国知识产权立法状况的评分法、美国商务委员会的综合评分法❷得到的知识产权保护强度评估相比，其优点是反映了各国企业实际上所感受的、对其知识产权创造投入真正具有激励作用的知识产权保护状况。世界经济论坛对各国保护程度按 1~7 的顺序进行排序，1 表示保护水平最低，7 表示水平最高。

② 经济开放度。该指标是指市场经济下一国经济在贸易和投资领域对外开放的程度。一国企业一般只在国内外市场上依靠模仿或低成本难以生存或发展的情况下，才会运用知识产权去获得竞争优势。一个国家在市场和投资上对外越开放，其企业在国内市场或投资领域上所面临的国际竞争才会越激烈。该指标根据商品和服务进出口贸易额与国内生产总值（GDP）的比值，以及直接投资额与国内生产总值（GDP）的比值的加权平均来计算。

③ 政府研发支持度。研究和发展投入是发明专利产出最重要的投入。而政府采取补贴或直接出资等方式对企业或高校的研究和发展活动的支持，是政府为激励企

---

❶ Ginarte, J. C. and W. G. Park (1997), Determinants of patent rights: A cross – national study. Research Policy, Volume 26 (3), pp. 283 – 301.

❷ The U. S. Chamber of Commerce's Global Intellectual Property Center, Measuring Momentum: GIPC International IP Index, First Edition, December 2012.

业或高校进行研究和发展活动，进而发明活动的重要工具。根据 Grupp 的研究❶，政府对企业或高校研究和发展活动起到激励作用的，只是政府对企业或高校研究和发展活动有干预作用的、政府在企业或高校执行研究和发展中出资的部分，而不是政府对政府研究机构的研究和发展投入。因此，政府研发支持度就是指一国政府用于企业或高校研发活动的支出总量（不含政府执行的研发支出部分）占国内生产总值（GDP）的比重。

④ 风险资本可得性。风险资本是新技术公司资金的主要来源，它在促进由这类公司创造的知识产权的创造上发挥着重要作用。该指标也是采用自世界经济论坛各年发布的《全球竞争力报告》。该指标数值来自世界经济论坛每年在来自全世界代表性企业的数千名高管中对各国风险资本可得性的调查。世界经济论坛按照 1~7 的顺序衡量各国风险资本可获得性程度，1 表示非常困难，7 表示非常容易。

⑤ 每百人互联网用户数。该指标是反映一个国家互联网普及率的指标。这里我们用该指标来衡量一国信息化水平和一个国家信息技术基础设施的发展状况。互联网的出现大大加快了全球可编码知识和技术信息的扩散，从而为具有吸收能力的国家基于不断涌现的新知识和技术信息进行发明专利等知识产权的创造提供了可能。

⑥ 专利规费吸引度。该指标用发明人或发明申请人在一国专利局提交一件专利申请所需支付的申请费以及获得授权后所需支付的维持费用与该国 GDP 的比值来反映。这里，专利规费包括专利申请费和专利维持费用，而各国 GDP 可反映其市场规模的大小。已有研究表明，专利规费（Patenting Fees）对专利需求具有明显的影响：专利规费每降低 10%，就会带来专利申请增加 3%~5%❷。通常专利申请费比专利维持费低得多，当前除了美国和瑞士外，专利维持费会随着专利维持年限的延长而提高。但是，专利是保护新产品市场的工具，企业或其他主体考虑申请或不申请、维持或不维持还会考虑申请受理国的市场规模：市场规模越大，企业专利申

---

❶ Hariolf Grupp, Science, High Technology and the Competitiveness of EU Countries. Cambridge Journal of Economics 1995, 19, 209–223.

❷ de Rassenfosse, G., B. van Pottelsberghe de la Potterie, 2007. 'Per un pugno di dollari: A First Look at the Price Elasticity of Patents', Oxford Review of Economic Policy, 23 (4), 588–604.

请或维持费用相对于市场规模的比率就越低；而企业专利申请或维持费用相对于市场规模的比率越低，企业进一步申请或维持专利的积极性就越高❶。另外，在市场规模一定的情况下，提高专利申请费用会降低专利申请的数量，提升新专利申请的质量。

（2）知识产权创造直接投入维度。

知识产权创造产出除了要有良好的知识产权创造环境外，还需要企业和其他主体在研究和发展上的资金和人力等投入。下面分别从衡量投入规模的绝对量和衡量投入水平和结构相对量两个方面设计了 10 个方面的知识产权创造直接投入指标。它们分别为：

① 国内 R&D 总支出（GERD）。它用来衡量一个国家国内研究和发展活动投入规模。R&D 支出代表创新过程中的投入，而专利代表着创新的一种类型的产出。有研究表明，不管发达国家，还是发展中国家，国内 R&D 总支出和专利申请之间存在着正相关关系，而且企业 R&D 总支出增加带来的专利申请增加，比国内 R&D 总支出增加更为明显❷。Zvi Griliches 在 1990 年指出，不同部门、企业和产业之间，R&D 与专利数量之间均呈现出明显的正相关关系：专利数量随着 R&D 支出的增加而增加❸。另外也有研究表明，一个国家的国内 R&D 支出与国外专利授权数量存在着较强的对数线性关系。

② 国内 R&D 支出占 GDP 的比重。国际上通常用该指标来反映一国 R&D 投入水平。一般而言，一个国家国内 R&D 支出占 GDP 的比重越高，其经济发展就越依赖以知识产权为代表的智力创造成果的生产和运用。因其反映的是以 GDP 衡量一个国家用于研发活动的财力水平，因而，该指标可以充分显示一个国家的创新活动在其整个经济活动中的地位。

③ 研究人员数量（全时当量）。该指标用来衡量一个国家国内研究和发展活

---

❶　Gaetan de Rassenfosse & Bruno van Pottelsberghe de la Potterie, On the Price Elasticity of Demand for Patents, Oxford Bulletin of Economics and Statistics, 2012, 74, pp. 58 – 77.

❷　Prodan, Influence of Research and Development Expenditures on Number of Patent Applications: Selected Case Studies in OECD countries and Central Europe, 1981 – 2001, Applied Econometrics and International Development, 2005, Vol. 5, No. 4.

❸　Griliches Z（1990）: Patent Statistics as Economic Indicators: A survey, Journal of Economic Literature", Vol. XXVIII, December, pp. 1661 – 1707.

动人力资源投入规模。研究人员被认为是研发体系的中心要素。指参与新知识、新产品、新流程、新方法或新系统的概念成形或创造，以及相关项目管理的专业人员。有研究指出，研究人员数量也与专利申请数量之间存在着明显的正相关❶。根据 OECD 统计，我国研究人员总量自 2000 年超过日本成为仅次于美国的第二大国家。

④ 每百万从业人员研究员人数（全时当量）。该指标用来衡量一个国家国内研究和发展活动人力资源投入强度。根据 OECD 统计，日本的研究人员在就业总人数中的比例最高，美国和欧盟次之，中国因就业人员基数大而相对较低。从东亚来看，2010 年中国、日本和韩国每百万从业人员中研究员人数折合全时当量人员分别为 3356 人年、14039 人年和 14068 人年，日本和韩国是中国的四倍多❷。

⑤ 企业 R&D 资金占 R&D 总支出比重。企业是创新的主体，也是知识产权创造的主体。该指标用来衡量一个国家 R&D 经费中企业出资的比重，其所反映的是一个国家中企业研究和发展活动在一个国家的整个研发活动中的相对活跃性。另外，R&D 经费来源通常包括企业、高等教育、政府、非盈利组织和来自国外的资金，因而，该指标可以在一定程度上表征一个国家 R&D 经费来源的结构。

⑥ 企业研究人员占全部研究人员的比重。该指标用来衡量一个国家 R&D 活动中企业研究人员在全国研究和发展活动中的重要性。R&D 投入一般有企业、高等教育、政府和非盈利组织四个执行机构。企业研究人员也是企业研究和发展活动的从事者，因而可从一个层面间接反映企业所执行 R&D 活动的情况。同时，该指标也可表征一个国家企业研究和发展活动在整个研发活动中的相对重要性。

⑦ 专利等专有权许可费支出。该指标用于衡量一个国家为学习和吸收外国专利等软性技术而向国外专利技术拥有者支付的费用。从韩国的技术追赶来看，大量的专利等专有权许可费支出，可提高其在前沿技术领域进行创造改进型专利的能力。

---

❶ Jérôme Danguy, Gaétan de Rassenfosse and Bruno van Pottelsberghe de la Potterie, The R&D – patent Relationship: An Industry Perspective, ECARES, Working Paper 2010 – 038.
　　Soete, L. and S. Wyatt (1983), 'The Use of Foreign Patenting as an Internationally Comparable Science and Technology Output Indicator', Scientometrics, 5 (1): 31 – 54.
❷ 数据来自 OCED 主要科技指标数据库。

因而，该指标可反映一个国家在学习和吸收国外先进技术上的投入规模❶。

⑧ 专利等专有权许可费支出占 GDP 的比重。该指标用于衡量一个国家在学习和吸收外国专利等软性技术上的投入强度。

⑨ 受过高等教育的劳动力人数。该指标用于衡量一个国家高技能劳动力的数量。由于从事文学、艺术创造和其他智力创造活动的劳动者基本上都来自受过高等教育的劳动力群体。是以，该指标是从高技能劳动力这一侧面，来反映从事非专利创造活动，如文学、艺术创造或其他知识产权创造活动的人力资源投入规模。

⑩ 受过高等教育的劳动力人数占劳动力的比重。该指标是从高技能劳动力这一侧面，来反映从事非专利创造活动，如文学、艺术创造或其他知识产权创造活动的人力资源投入强度。另外，该指标也从一个侧面反映了各国向其大学适龄人口提供高等教育的能力。

（3）政府知识产权管理能力维度。

知识产权创造投入支柱的第三大维度是政府知识产权管理能力。由于商标和版权管理的国际可比指标缺乏，这里主要比较的是各国专利管理的能力。下面的指标分别用于衡量政府知识产权管理投入的规模和强度。

① 专利审查员的数量。在目前世界主要专利局都存在着专利申请审查积压现象的情况下，该指标表征各国专利局在专利申请和授权管理上的投入规模。专利审查员是专门从事发明专利申请审查的人员。中国、美国、欧洲、日本和韩国五大知识产权局在五大知识产权局网站公开其专利审查人员（不含管理人）数量。有研究指出，决定美国专利授权数量的唯一因素是专利局雇佣的审查员数量的多少❷。因此，

---

❶ 多项研究表明，专利等专有权许可费支出也与外国直接投资存在着正相关关系。这种正相关关系有可能来自跨国公司不同国家子公司之间的技术许可活动，即跨国公司子公司不同国家之间的技术许可，往往表现为东道国对专利等专有权许可费的支出。不过，跨国公司的进入也有可能导致国内市场的竞争更为激烈，而这种更为激烈的国内市场竞争环境也有可能导致本土企业更多的技术学习支出。我们更应当关注的是这个意义上的专利等专有权许可费支出与外国直接投资间的正相关关系。这种正相关关系意味着，专利等专有权许可费支出也从一个侧面反映了外国直接投资对东道国知识产权创造投入的影响，即东道国必须更加努力地学习和吸收国外的先进技术。当然也有许多研究指出，跨国公司在很多情况下不仅会利用不同国家子公司之间的技术许可来达到避税的目的，有时也会利用技术许可对东道国产业进行控制，甚至还通过加强对物质、人力资本等稀缺资源的争夺，来抑制东道国企业技术创新能力。但韩国等国家技术追赶的经验更多表明其研究和发展支出与专利等专有权许可费支出间存在着正相关关系。

❷ Zvi Griliches, 1989. Patents: Recent Trends and Puzzles, Brookings Papers: Microeconomics, pp. 291 - 330.

通常，从各国专利局自身比较而言，专利审查员越多，其就拥有越大的专利申请和授权管理能力。

② 每百件发明专利申请审查员数量。该指标用于表征各国专利局在专利申请和授权管理上的投入强度。各国专利局发明专利申请量一定的情况下，专利审查员数量越多，每个审查员平均审查专利申请量就越少，每件专利申请平均从受理到授权的周期就可能越短，专利申请审查积压就越少。以此类推，每百件发明专利申请审查员数量越多，则每件专利申请平均从受理到授权的周期就可能越短，专利申请审查积压就越少，进而，与其他国家专利局相比较而言，一国专利局在专利管理上的相对能力越强。

2. 知识产权创造产出支柱构成维度及其组成指标

知识产权创造产出支柱包括发明专利产出、商标产出和版权产出三个维度。现将构成维度及其组成指标分别说明如下。

（1）发明专利产出维度。

发明专利产出是知识产权创造产出支柱第一大维度。下面分别从申请、授权和有效专利三个方面的指标来考察各国发明专利产出状况。反映发明专利申请方面的指标共有六个，分别是国内外发明专利申请量、每千名研究人员国内外发明专利申请量、PCT 申请量、每千名研究人员 PCT 申请量、重要领域 PCT 申请量份额与全球 PCT 申请 100 强企业占比。反映发明专利授权方面的指标共有四个，分别是国内外发明专利授权量、每亿美元 GDP 国内外发明专利授权量、三方专利拥有量和每 10 亿美元 GDP 三方专利拥有量。由于各国国内有效发明专利数量难以获得，我们用各国在国外拥有有效发明专利数量来反映各国在国外拥有的、可供作为市场保护或开拓工具的专利数量。因而，反映有效发明专利方面的指标共有两个，分别是国外有效发明专利量、每亿美元 GNI 有效发明专利量。具体地讲：

① 国内外发明专利申请量。该指标衡量一个国家研究人员或发明人在全球范围内所提交的专利申请规模。它反映一个国家研究人员或发明人在全球范围内专利申请的活跃程度。一件发明可以同时向多个国家提交专利申请。国内外发明专利申请量与研究人员或发明人创造的发明数量之间并不存在着必然一一对应的关系，而是一个国家在全球范围内专利申请活动规模的反映。国内外发明专利申请量中既可能

存在着低质量的专利申请，也可能存在着高质量的专利申请。因此，该指标与下一个指标所反映的均是各国发明专利申请活动上的数量方面的特征。

② 每千名研究人员国内外发明专利申请量。该指标衡量一个国家研究人员或发明人在全球范围内所提交的专利申请强度。它反映一个国家在全球范围内发明专利申请活动的效率。

③ PCT 申请量。该指标衡量一个国家研究人员或发明人在全球范围内所提交的 PCT 发明专利申请规模。PCT 专利申请量，指的是各国研究人员或发明人通过《专利合作条约》向境外申请的专利数量。它反映一个国家研究人员或发明人从事 PCT 发明专利申请的活跃程度。PCT 发明专利申请往往代表着高质量的发明专利申请或处于全球技术前沿的高质量发明。因此，该指标和下一个指标所反映的均是各国发明专利申请活动上的质量方面的特征。

④ 每千名研究人员 PCT 申请量。该指标衡量一个国家研究人员或发明人在全球范围内所提交的 PCT 发明专利申请的强度。它反映一个国家 PCT 或高质量发明专利申请活动的效率。

⑤ 重要领域 PCT 申请量份额。该指标衡量一个国家在重要领域 PCT 申请中的地位。这些重要技术领域包括信息和通信、生物、医疗和医药技术，以及环境（气候变化减缓和环境）和能源相关技术。这些技术是驱动当前和未来世界经济增长和经济结构调整的关键技术。因此，各国在这些重要技术领域世界 PCT 申请量的份额，反映了其在这些领域的科技竞争力量在全球竞争格局中的地位。

⑥ 全球 PCT 申请 100 强企业占比。该指标用于反映一个国家参与全球竞争的企业与其他国家相比在全球前沿技术领域高质量专利申请中的地位，或一国具有国际竞争力的跨国经营主体与其他国家相比在全球 PCT 申请竞争中所处的地位。企业崛起是一国崛起的基础性力量。一个国家参与全球竞争的企业在全球前沿技术领域高质量专利申请中的地位，在某种程度上可以反映一个国家在全球前沿技术领域高质量专利申请中的地位，进而影响到其在国际知识产权事务上的话语权。因而，前一指标和该指标都是反映各国在全球发明专利申请活动中的地位或影响力的指标。

⑦ 国内外发明专利授权量。该指标衡量一个国家在全球范围内的专利授权规模。它反映一个国家研究人员或发明人在全球范围内专利授权的活跃程度。因此，该指标与下一个指标所反映的均是各国发明专利授权活动上的数量方面的特征。

⑧ 每亿美元 GDP 国内外发明专利授权量。该指标衡量一个国家在全球范围内专利授权的强度。它表征一个国家经济活动和国内外发明专利授权之间的关系，或该指标基于 GDP 来反映一国在全球范围内发明专利授权活动的水平。

⑨ 三方专利授权量。该指标用衡量一个国家在全球范围内所获得的高质量专利授权规模。在日本、欧盟及美国三大市场获得授权的专利即为三方专利。通常，三方专利往往代表着有可能带来可观经济收益的高价值或高质量专利。因此，三方授权量在各国的分布情况反映了其重要科技竞争力量在国际竞争格局中的位置。该指标与下一个指标所反映的均是各国发明专利授权活动上的质量方面的特征。

⑩ 每 10 亿美元 GDP 三方专利授权量。该指标衡量一个国家在全球范围内所获得的高质量专利授权强度。

⑪ 国外有效发明专利量。该指标用于衡量一个国家在海外市场上所拥有的专利权数量。国外有效专利的数量比国外专利授权量更能准确地反映一个国家在国外对专利权的实际拥有量。

⑫ 每亿美元 GNI 国外有效发明专利量。该指标衡量一个国家在海外市场上所拥有的专利权强度。与 GDP（国内生产总值）相比，GNI（国民收入）一般只计算本国常住居民所生产的最终产品价值，因而包括了一个国家来自海外的直接投资等投资的收入。而知识产权优势是企业跨国经营的重要优势。该指标基于 GNI 来反映一个国家在海外市场所拥有的专利权的水平，更能显示一国海外知识产权优势与其国民收入之间的关系。

（2）商标产出维度。

商标产出是知识产权创造产出的第二大维度。下面从国内外商标注册量和马德里商标注册量两个方面的指标来考察各国商标产出状况。

① 国内外商标注册量。该指标衡量一个国家企业在全球范围内所拥有的商标注册规模。它反映一个国家企业在全球范围内所从事的商标注册活动的活跃程度。一件商标可以同时向多个国家提交注册申请并有可能在多个国家获得注册。国内外商标注册量中既可能存在着低价值的商标注册，也可能存在着高价值的商标注册。因此，该指标与下一个指标所反映的均是各国企业商标注册活动上的数量方面的特征。

② 每亿美元 GDP 国内外商标注册量。该指标衡量一个国家企业在全球范围内进行的商标注册活动的强度。它表征一个国家经济活动和国内外商标注册之间的关

系，或该指标基于 GDP 来反映一国在全球范围内从事商标注册活动的水平。

③ 马德里商标注册量。该指标衡量一个国家企业在马德里联盟成员国间所进行的商标注册活动的规模。马德里商标注册量往往代表着高价值的商标注册，或享有较高声誉商标的注册。因此，该指标和下一个指标所反映的均是各国商标注册活动上的质量方面的特征。

④ 每亿美元 GDP 马德里商标注册量。该指标衡量一个国家企业在马德里联盟成员国间所进行的商标注册活动的强度。它表征一个国家经济活动和马德里商标注册之间的关系，或该指标基于 GDP 来反映一国企业马德里商标注册活动的水平。

⑤ 最佳全球品牌 100 强企业占比。最佳全球品牌价值 Top100 排名是由品牌调查公司华通明略（Millward Brown Optimor）每年发布，且其排名较重视科技品牌。该指标用于反映一个国家最有品牌影响力的企业与其他国家相比在全球最具价值品牌竞争中的地位，或一国具有国际竞争力的跨国经营主体与其他国家相比在全球最具价值品牌竞争中所处的地位。想要控制全球（国际）销售网络，离不开具有全球影响力的品牌。一个国家最有品牌影响力的企业在全球最具价值品牌竞争中所处的地位，在某种程度上可以反映一个国家在全球经济竞争中的地位，进而影响到其在国际知识产权事务上的话语权。

（3）版权产出维度。

版权产出是知识产权创造产出的第三大维度。下面从国产电影量和科技文章量两个方面的指标来考察各国版权产出状况。

① 国产电影量。该指标衡量一个国家电影制作活动的规模。优秀的国产电影往往能够发挥宣传一个国家灿烂的民族文化、塑造国家良好形象的作用，进而有助于提高一个国家的文化软实力。

② 每百万人口国内电影量。该指标衡量一个国家电影制作活动相对其人口规模的发展水平。

③ 科技文章数量。该指标衡量一个国家科技版权创造产出的规模。通常，研究人员以在同行评审期刊上发表论文的方式来公布并证实其研究成果。一个国家在不同科学领域发表论文的数量反映出其研究投入的规模与广度以及相对于其他国家的领先程度。因此，该指标与下一个指标所反映的均是各国科技版权创造产出在数量方面的特征。

④ 每百万人研究人员科技文章量。该指标衡量一个国家科技版权创造产出相对其研究人员的发展水平。它反映一个国家研究人员科技版权创造活动的效率。

3. 知识产权创造产出支柱构成维度及其组成指标

知识产权绩效包括知识产权的国内经济发展、国际竞争力和全球经济控制力、节能减排与国际知识产权事务影响力绩效四个维度。现将构成维度及其组成指标分别说明如下。

（1）国内经济发展绩效维度。

国内经济发展绩效是知识产权绩效的第一大维度。下面分别从中高技术产业增加值、劳动生产率和中高技术产业增加值占制造业的比重三个方面的指标来考察各国知识产权的国内经济发展绩效状况。其中，中高技术产业增加值着重描述知识产权在创造产业经济租金上的数量或规模方面的特征，而劳动生产率和中高技术产业增加值占制造业的比重用于描述知识产权在创造产业经济租金上的质量或发展水平方面的特征。

① 中高技术产业增加值。该指标衡量中高技术产业依靠知识产权创造经济租金的规模。一个国家的经济发展主要得益于能够创造新产品和新工艺、刺激其他行业、扩大生产力以及带来高薪工作机会的知识密集型或知识产权密集型产业。中高技术产业发展对知识产权的依赖要明显高于低技术产业。一般来讲，工业化的过程依循从原料型的低级技术到中高级技术的提升道路。技术密集型的产业结构对增长和发展更为有利。中高技术产业技术复杂性程度相对较高，从而其生产率持续增长的空间也更大并且还有对其他经济部门较强的溢出效应。在其他条件相同的情况下，中高技术产业对经济发展的贡献主要是依靠知识产权创造出更多的经济租金来实现的。从统计学的意义上看，这种租金大小可用产业增加值多少来观察。

② 劳均 GDP。该指标衡量知识产权基于经济租金创造给整体经济带来的劳均产出的影响。这里使用该指标来表征知识产权基于经济租金创造对于劳动生产率的贡献。

③ 劳均 GDP 增长率。该指标衡量知识产权基于经济租金创造对于劳动生产率增长的贡献。一个国家的劳均 GDP 越低，其劳均 GDP 增长率就有可能越高。

④ 中高技术产业增加值占制造业的比重。该指标用于衡量一个国家制造业产业

结构优化程度与产业技术含量或复杂度状况。该比重越高，则一国的工业结构的技术就越复杂，该国的工业也就越有竞争力。

（2）国际竞争力和全球经济控制力绩效维度。

国际竞争力和全球经济控制力绩效是知识产权绩效的第二大维度。下面分别从高技术产品、版权密集型产品、专利权等权利许可费收入和外向 FDI 存量四个方面的指标来考察各国知识产权的国际竞争力和全球经济控制力绩效状况。

① 高技术产品出口全球份额。国际市场份额占有率指标是指一国出口总额占世界出口总额的比值。该指标即高技术产品在全球高技术产品出口市场上的份额占有率，它是衡量一个国家高技术产品出口国际竞争力的指标之一。高技术产品出口总值反映了一个国家参与国际市场竞争的高技术产品的生产能力。一个国家在世界高技术产品出口市场上占据的份额越大，其出口变化对世界高技术产品市场的价格影响也有可能越大。因而，高技术产品全球出口市场份额占有率，反映的是一个国家高技术产品出口在全球高技术产品出口贸易中的地位。该指标着重反映知识产权在高技术产品出口国际竞争力绩效上的数量或规模方面的特征。

② 高技术产品出口相对优势指数。该指标反映了一国高技术产品出口与世界高技术产品平均出口水平比较看来的相对优势，它剔除了国家总量波动和世界总量波动的影响，较好地反映了该产品的相对优势。一般认为，当该指数大于 1 时，该国在高技术产品出口上有比较优势，取值越大比较优势也越大；当该指数小于 1 时，则处于比较劣势。

③ 每百万美元高技术产品出口企业研发支出。该指标用来衡量一个国家出口的高技术产品在全球价值链分工中所处的价值阶梯（即其出口的是高端产品还是低端产品）❶。其意义为，一个国家每百万美元高技术产品出口分摊的企业研究和发展经费越高，意味着其出口的高技术产品越处于高端，其所出口的单位高技术产品所创造的增加值也越高；反之亦然。可见，该指标可以衡量一个国家出口高技术产品的质量和所在的价值阶梯。同时，考虑到企业研究和发展的中间产出是专利等知识产

---

❶ 联合国工业发展组织在 2002—2003 年《工业发展报告：通过创新和学习参与竞争》中用每百万美元高技术产品出口研发支出作为衡量参与全球生产系统或价值链分工程度的指标。由于企业执行的研究和发展才会直接反映到技术创新上，因此，我们将联合国工业发展组织的上述指标改为每百万美元高技术产品出口企业研发支出。

权，是以，该指标可以从一个侧面反映一个国家依靠知识产权对国际高技术产品市场的控制能力。

由于高技术产品出口相对优势指数与每百万美元高技术产品出口企业研发支出，分别考察的一个国家高技术产品出口的专业化水平和出口产品的质量或所在的价值阶梯高低，因此，这两个指标实际上考察的是知识产权在高技术产品出口竞争力绩效上的质量或发展水平方面的特征。

④ 版权密集型产品出口全球份额。该指标即为版权密集型产品在全球版权密集型产品出口市场上的占有率，它是衡量一个国家版权密集型产品出口的国际竞争力的指标之一。版权产品包括电影等声像制品、图书报纸等出版印刷品、油画和摄影。版权密集型产品出口总值反映了一个国家参与国际市场竞争的版权密集型产品的生产能力。因而，版权密集型产品全球出口市场份额占有率，反映的是一个国家版权密集型产品出口对全球版权密集型产品出口贸易中的地位。该指标反映知识产权在版权密集型产品出口国际竞争力绩效上的数量或规模方面的特征。

⑤ 版权密集型产品出口相对优势指数。该指标用来衡量一国版权密集型产品出口与世界版权密集型产品平均出口水平比较看来的相对优势。一般认为，当该指数大于 1 时，该国在版权密集型产品出口上有比较优势，取值越大比较优势也越大；当该指数小于 1 时，则处于比较劣势。该指标反映知识产权在版权密集型产品出口国际竞争力绩效上的发展水平方面的特征。

⑥ 专利权等权利许可费收入全球份额。该指标即为专利权等权利许可出口在全球专利权等权利许可出口市场上的占有率，它是衡量一个国家专利权等权利许可出口的国际竞争力的指标之一。一个国家在世界专利权等权利许可出口市场上占据的份额越大，其技术或品牌竞争力就越强。因而，专利权等权利许可出口在全球专利权等权利许可出口市场上的份额，反映的是一个国家专利权等权利许可出口贸易中的地位。该指标着重反映知识产权在专利权等权利许可出口国际竞争力绩效上的数量或规模方面的特征。

⑦ 专利权等权利许可出口相对优势指数。该指标用来衡量一国专利权等权利许可出口与世界专利权等权利许可平均出口水平比较看来的相对优势。一般认为，当该指数大于 1 时，该国在专利权等权利许可出口上有比较优势，取值越大比较优势也越大；当该指数小于 1 时，则处于比较劣势。该指标反映知识产权在专利权等权

利许可出口国际竞争力绩效上的发展水平方面的特征。

⑧ 外向 FDI 存量全球份额。该指标用来衡量一国对全球经济的控制力或影响力。FDI 被定义为一国居民（从广义的法律意义上说，包括企业）对他国企业享有持久利益并存在某种程度的影响力的投资❶，并认为 FDI 存量是衡量 MNE 活动的良好指标并且能够在制定公共政策时使用。以邓宁（Dunning）代表❷认为跨国公司成功开展国际性经营活动，离不开所有权优势、区位优势和内部化优势。所有权优势是对跨国公司所拥有某些独特的、可持续的优势，它是跨国公司成功开展国际性经营活动的先决条件。跨国公司的所有权优势越明显，越有利于其海外业务开发过程中优势地位的建立，也会拥有较好的投资绩效。由于跨国公司的所有权优势往往离不开技术和品牌优势，因此，知识产权对其开展国际性经营活动是必不可少的无形资产及其竞争优势的来源。具有知识产权优势的国家也是积极从事对外直接投资的国家。因此，该指标着重反映知识产权全球经济控制力或影响力的绩效。

（3）能源环境可持续性绩效维度。

环境能源可持续性绩效是知识产权绩效的第三大维度。知识产权对环境能源可持续性的贡献集中体现在能源使用效率和二氧化碳排放强度两个方面。

① 每百万美元 GDP 能源使用量（公吨）。该指标是衡量一个国家能源使用效率的指标。通常，衡量一个国家或地区的能源使用效率的指标可用单位国内生产总值的能源消耗量表示。中国已是世界上能源消费第二大国❸。按照购买力评价（PPP）计算的每百万美元 GDP 的能耗标准比较，我国比世界平均水平高三倍，比日本高九倍，比 OECD 国家高四倍❹。我国单位能源碳排放也高于 OECD 国家和世界平均水平（大约分别高 40% 和 30%）。这种高耗能、高碳强度和快速经济增长的组合，预计会产生持续增长的排放量。坚持节能优先的方针，努力降低能源消耗，提高能源

---

❶ Jeffrey H. Lowe, "Direct investment, 2007 – 2009: Detailed historical – cost positions and related financial and income flows," Survey of Current Business, vol. 90 (September 2010), p. 57.

❷ Dunning, J., 1995, Reappraising the Eclectic Paradigm in an Age of Alliance Capitalism, Journal of International Business Studies, 26, 461 –491.

❸ 崔民选，王军生，陈义和. 能源蓝皮书：中国能源发展报告 2012 ［M］. 北京：社会科学文献出版社，2012.

❹ 卡拉罗·卡罗，努埃莱·马塞蒂. 缩减碳排放：中国应在何时开始 ［J］. 董金鹏编译. 新产经，2012 (6).

利用效率，是实现经济增长方式转变，从根本上缓解能源约束，减轻环境压力，实现全面建设小康社会目标和可持续发展的必然选择。一个国家能源使用效率与其能源领域体现为知识产权的科技成果应用和推广水平密切相关。能源使用效率的提高离不开能源领域科技成果的知识产权化和知识产权的商业化。因此，该指标着重反映知识产权在能源使用效率上的绩效。

② 每百万美元 GDP 能源使用量下降率。该指标衡量一个国家能源使用效率的年增长率。每百万美元 GDP 能源使用量越高，其 GDP 能源使用量的下降潜力就越大。一个国家能源使用效率的提高与其能源领域体现为知识产权的科技成果的商业化和应用推广能力密切相关。因此，该指标着重反映知识产权在能源使用效率提高上的绩效。

③ 每百万美元 GDP 二氧化碳排放量（公吨）。该指标是衡量一个国家二氧化碳排放强度的指标。中国温室气体排放量已居世界第二，预计到 2025 年前后，中国的温室气体排放量很可能超过美国，成为全球温室气体第一大排放国[1]。单位 GDP 二氧化碳排放量一般由两部分组成：ⓐ能源强度，其定义是单位经济活动所消耗的能源量；ⓑ能源供应的碳排放强度，其定义是每单位能源消耗量所产生的碳排放量。即，一国的单位 GDP 二氧化碳排放量与其能源使用效率密切相关。同时，一个国家的单位 GDP 二氧化碳排放与其能源和环境领域体现为知识产权的科技成果的应用和推广水平密切相关。因此，该指标着重反映知识产权在应对碳排放强度上的绩效。

④ 每百万美元 GDP 二氧化碳排放量下降率。该指标衡量一个国家能源使用效率的年增长率。通常，一个国家每百万美元 GDP 二氧化碳排放量越高，其 GDP 二氧化碳排放量下降的潜力越大。2009 年我国政府承诺，到 2020 年二氧化碳排放强度（二氧化碳/单位国内生产总值 GDP）将在 2005 年水平基础上下降 40%—45%。2011 年 3 月发布的"十二五"规划提出，要在 2011—2015 年间，将碳排放强度要降低 17%。二氧化碳排放强度的下降与其能源和环境领域体现为知识产权的科技成果的商业化和引用推广能力密切相关。因此，该指标着重反映知识产权在二氧化碳排放强度下降上的绩效。

---

❶ 郜若素. 郜若素气候变化报告［M］. 北京：社会科学文献出版社，2009.

（4）国际知识产权事务影响力绩效维度。

国际知识产权事务影响力绩效是知识产权绩效的第四大维度。知识产权对环境能源可持续性的贡献集中体现在受理国外知识产权申请吸引力、PCT 申请国际检索实力、国际条约参与度与对 WIPO 的财政贡献四个方面。

① 国外专利和商标申请受理量世界占比。该指标的含义为一国接受非居民发明专利和商标申请量占世界所有国家受理非居民专利和商标申请量的比重。该指标衡量一国市场对其他国家发明专利和商标申请的吸引力。该指标用于表征该国在全球发明专利和商标保护中的地位。

② PCT 申请国际检索报告全球份额。该指标的含义为一国审查员按照 PCT 申请人检索请求所完成的检索报告占世界所有国家审查员按照 PCT 申请人检索请求所完成的检索报告的比重。该指标衡量一国专利局在 PCT 发明专利申请国际检索服务中的地位。

③ 参与 WIPO 管辖的国际条约数量。该指标反映一国签署的 WIPO 管辖的并具有法律约束力的国际条约的数量。该指标衡量一国对国际知识产权协定的参与度或参与国际知识产权协定的积极性。

④ 成员国对 WIPO 的财政贡献。该指标反映一国积极通过增加对 WIPO 财政预算的贡献，来扩大其国际影响的努力程度。

总之，上述内容是对构成知识产权强国评价指标体系中各大维度及其指标的详细解释和说明。

第三节

知识产权强国综合指标评价体系的检验

指标体系是对知识产权强国进行综合评价的基础。指标体系又是由多个单项指标构成的，每一个指标的正确性和完整性非常重要，如果单个指标设计不合理或者数据存在问题，不能按照指标体系设计的要求，不能独立反映某一方面的特征，就会破坏整个指标体系的完整性，导致评价结果不尽科学。因此，需要对评价指标体系进行检验。

一、单项指标检验

单项指标检验主要是对已收集相关数据的各指标进行完整性、一致性、波动性和极端值检验，以判断这些指标是否符合要求，达到指标体系设计的目的。

（1）完整性和一致性检验。

知识产权强国评价指标体系由众多指标组成。对指标的完整性和一致性检验，就是详细核对每一个指标的内涵界定和数据来源，保证选取的每一个指标都是统计体系中公认的指标，核算范围清楚、意义明确、得到普遍应用的指标。另外，尽量保证同一个指标的数据采集来源相同，并保证指标数据的真实性和一致性。对于价值指标，牵涉不同的货币单位，都采用购买力平价折合成某年不变价的美元进行统计。

（2）区分度或波动性检验。

构成指标体系的每一个指标都应具有其具体的功能和独特的作用，能够从不同的侧面对知识产权强国基本特征进行反映，因此，各个指标应该具有一定的区分度或波动性。区分度或波动性是指在其他指标不变的情况下，一个指标的变动能够对测度结果都有所影响，或者一个指标在各样本的观察值上具有一定的波动幅度，具有区分度（差别性）。当某个指标的不同评价个体的表现非常接近，其变化对综合评价结果都有所影响，就不能起到影响评价结果的效果，就不宜纳入评价体系。

（3）极端值检验。

极端值（Extreme Values，极大值或极小值）是指在统计上个别数据与大多数数据偏差很大，使得同一个指标对不同个体的波动幅度太大，出现这种情况的一种可能是评价对象之间本来就存在巨大差距，还有可能是数据收集、整理过程中产生的误差。极端值的存在对知识产权强国的综合评价是不利的，特别是知识产权强国指数一般采用综合加权法，其得分由各层下级指标得分加权而成，即综合指数得分是通过层层加权的方法最终得到的。如果某个（些）指标出现极大值或极小值，根据下面的极大极小值方法的指标标准化公式计算得分，会出现各样本得分过分偏向于1或0，结果其评价得分的分布很不均衡，进而最终影响到知识产权强国综合评价结果。对于指标是否可能出现极端值，可选择适当的定量方法进行判定并对其进行处理。

（4）指标相关性检验。

知识产权强国指标体系为了充分反映知识产权强国的内涵和基本特征，指标体系设计应尽可能内容全面、指标完整。这样的好处是可以避免指标太少造成信息不充分，从而能够尽可能详细地从不同方面反映知识产权强国的内涵和基本特征，还可以避免由于指标太少而出现个别指标异常波动对综合评价结果产生非正常影响，从而可使得评价结果更为稳定和科学。

不过，在构建指标体系的过程中，指标的选择尽管是根据知识产权强国的内涵和基本特征并依据层次分析方法确定的，但也不可避免地带有一定的主观性，指标与指标之间可能或多或少存在着过高的相关性问题，即不同的指标之间包含着相同的信息，进而有可能导致很多信息在评价指标体系中重复出现的现象。特别是当两个指标反映的内容非常接近或者性质相同，那么，它们都被纳入评价指标体系中，就会出现指标重叠、信息重复。所以先要对各个指标的相关性进行分析，当判定存在显著相关的情况时，就需要采用一定的方法进行处理，尽可能使各指标反映评价对象的不同侧面。

另外，在综合评价指标体系中，相关关系不仅只有反映两个指标之间的相关性问题，还存在着复相关性问题，即研究的一个变量与另外一组变量之间的相关程度。当出现这种情形时，也应采用一定的方法进行处理。

第四节

知识产权强国指数的计算步骤和方法

知识产权强国指数计算主要分为以下步骤。

1. 国家样本的选择

参与知识产权强国综合评价的国家共有 47 个。它们分别是瑞士、瑞典、美国、英国、以色列、芬兰、加拿大、丹麦、澳大利亚、荷兰、德国、日本、法国、新西兰、挪威、比利时、意大利、奥地利、西班牙、新加坡、韩国、俄罗斯、爱尔兰、斯洛文尼亚、希腊、中国、波兰、捷克、匈牙利、印度、冰岛、巴西、葡萄牙、土耳其、阿根廷、斯洛伐克、墨西哥、南非、爱沙尼亚、智利、罗马尼亚、立陶宛、拉脱维亚、印度尼西亚、塞浦路斯、卢森堡、马耳他。上述 47 国涵盖 G20 中的 19 个（沙特阿拉伯除外）、五大金砖国家和其他 23 个世界上有研发活动的国家。其中，亚洲国家包括中国、韩国、日本、印度、印度尼西亚、新加坡六国。

之所以选择上述国家，其原因有以下几个方面：①这些国家都是 OECD 主要科技指标统计中关注的国家。OECD 为关注全球科技发展，除了其成员国外，还新增加了包括在上述国家中的非 OECD 成员国。②除了印度尼西亚外，其他 46 个国家均为《欧洲全球创新计分榜》（*Global Innovation Scoreboad*）的排行国家[1]。③这 47 个国家人口占世界的 65%，研发支出占世界的 85%，PCT 申请量占世界的 99%。因此，

---

[1] Archibugi, Daniele and Denni, M. and Filippetti, Andrea (2009) The Global Innovation Scoreboard 2008: The Dynamics of the Innovative Performances of Countries. Working Paper. European Commission, Brussels, Belgium.

涵盖了全球市场的主要竞争者和国际知识产权活动的主要参与者，进而，可保持较广泛的国际可比性或产生较广泛的国际影响。④上述国家也大多为早先（1998 年）瑞士国际管理学院《世界竞争力年报》所选择的 46 个国家中的成员。

同时，将国家样本确定为 47 个，也有以下考虑。

（1）提高我国国际话语权的需要。

科学而权威的统计分析结论，可以引起国际社会的高度关注，并让更多的国家关注中国对世界的贡献，进而也可以提高我国对国际知识产权事务的影响力。

（2）提高"负责任的利益攸关方"大国形象的需要。

负责任的大国，必然是积极和适度参与全球事务讨论和处理的大国。国际知识产权保护已经成为全球知识经济发展和关系联合国千年发展目标的重要议题。通过适当的方式，积极回应国际社会对中国知识产权事业发展的关注，无疑是表现我国作为"负责任的利益攸关方"的大国形象的重要方面。

（3）较好展现我国与其他强国或大国差距的需要。

只有清晰地认识到我国与世界强国所存在的客观差距，才有可能制定出比较切合实际的追赶战略。

此外，也应需要指出的是，下面在进行国别比较时，选择与我国人口或经济规模和经济发展道路可能比较相似的国家，可能对我国有关公共政策的讨论更有帮助。

2. 数据来源

权威的数据来源是知识产权强国评价的基础。知识产权强国评价指标体系中 59 个指标的具体数据来源如表 4 - 1 所示。除了专利费用、审查员数量等若干指标缺乏从现有研究或各国网站上获得外，其他指标的数据本报告尽量采用国际或权威机构统一发布的数据。同时需要指出的是，该指标体系中的表征绝对量的指标均可从其来源直接获得，而表征发展水平、结构或效率等的相对量指标是由构成其分母和分子的基础指标计算而得，如国内 R&D 支出占 GDP 的比重、劳均 GDP、每百万美元 GDP 能源使用量、每百万美元 GDP 二氧化碳排放量等。表 4 - 1 标出了构成这些相对量指标分母和分子的基础指标的来源。另外，在涉及 GDP 的相对量指标计算中，从国际可比性出发，统一购买力以平价计算的 GDP（绝大多数情形为 2005 年不变价）数据为基础。

此外，在数据收集过程中还常常出现以下两种情形：①部分指标相同年份的数据因发布时间不同而存在着差异。如联合国工业发展组织发布的各国中高技术产业增加值，有时或有些国家同一年份的数据在其各年度的《工业发展报告》中的数据有差异。为了减少这种误差，我们尽量采用最新数据，即同一个数据按发布时间顺序，采用最新发布的数据。②年份之间数据变动很大。这主要表现从世界知识产权组织网站获得各国商标注册数量上。如某些国家在本国的商标注册数量在特定时间段上会出现上、中、下年份间这样的现象先为数千件，接着为几十件，然后重新回到数千件。这种现象我们认为既有可能是统计失误，也可能是实际情况，但我们根据事物的一般发展趋势，将中间年份的数据用前一年的数据来替换。

3. 缺失数据处理

部分国家某些年份指标数据存在着缺失的情况，需要对缺失数据进行补救。为了尽可能地保证数据的完整性，我们参照 2010 年欧盟创新计分卡的缺失数据处理方法进行补救处理。当所有年份数据都缺失时，则该指标不参与指数计算并在下层指数加总到上层指数时忽略（表4－2）。

表4－2　缺失数据的补救方法

数据缺失情形	2010 年	2009 年	2008 年	2007 年	2006 年
1. 最新年份（如2010年）	缺	150	120	110	105
用最近 1 年的数据	150	150	120	110	105
2. 中间年份	150	缺	120	110	105
用前 1 年数据替代	150	120	120	110	105
3. 起始阶段	150	130	120	缺	缺
用最近 1 年数据替代	150	130	120	120	120
4. 中间双年份	150	缺	缺	110	105
用最近 1 年数据替代	150	150	110	110	105
5. 中间三年份	150	缺	缺	缺	105
用最近 1 年数据替代	150	150	150 或 105	105	105

其他比较常见的弥补方法还有：①插值法。对于某些指标在 2000—2010 年某些年份的数据缺失，采用等差序列的方法进行插值，用于弥补中间年份空缺数据。②趋势法。对于部分指标缺失最新年度数据的情形，可用线性或者曲线拟合历史数

据，按平均最小误差法选定最佳趋势线，以趋势方程预测，用以弥补最新年度数据。③类似国家替代法。当某个国家缺失某个指标在整个评价范围内的数据，处理的方法是找到与这个国家同一地区、相同发展水平、相同经济体制的国家，将这些国家这个指标的平均水平作为这个国家的替代数据。但这些方法可能更为精确，但不如上述《欧盟创新计分卡》所采用补救方法简便。因此，我们在缺失数据的补救上借鉴的是上述《欧盟创新计分卡》所采用的方法。

另外需要指出的是，联合国工业发展组织发布的各国中高技术产业增加值占制造业的比重的数据只有 1998 年、2005 年和 2009 年这三年。我们根据上述方法，2000—2002 年该指标的数据用 1998 年，2003—2007 年的数据用 2005 年，2007—2008 与 2010 年的数据用 2010 年。

4. 规模指标数据的预处理

对于规模类指标，如国内 R&D 支出总量、国内外专利申请量等表示一个国家研究和发展、国内外专利申请等活动规模的指标，虽然其并不反映一个国家的发展水平，但与经济活动规模有可能存在着对数线性关系，因而，为在一定程度上消除这些规模类指标数据分布上所存在的不平衡性，在进行指标数据的标准化处理之前，分别采取以 10 为底取对数进行数据预处理。需要指出的是，当某（些）国家某几个规模类指标的数据为零，为了对数处理具有数学意义，我们用 1 来代替 0 来处理。

5. 极端值处理

判别指标数据是否存在极端值，主要是根据指标的数据分布的离散状况来进行的；指标数据在不同样本间具有一定的分布特征，每一个数据与它们均值的距离都符合一定的规律，这与样本数据的标准差有关系。Rodriguez 和 Soeparwata[1] 识别了两种极端值：正和负的极端值。正的极端值是指那些大于均值和两倍标准差之和的指标数值。负的极端值是指那些小于均值和两倍标准差之差的指标数值。它们可采用以下方法来对各国间呈高度偏态分布度的数据进行转化：对于数据分布出现正的

---

[1] Rodriguez V., Soeparwata A., ASEAN Benchmarking in Terms of Science, Technology and Innovation from 1999 to 2009. Scientometrics, 2012, 92 (2)：549－573.

极端值的情形，其极端值可用均值和两倍标准差之和来替代；对于数据分布存在负的极端值的情形，其极端值可用均值和两倍标准差之差来替代。不过，需指出的是，在我们的评价指标的数据分布中，仅存在着正的极端值情形。当这种情形出现时，我们用上述方法进行数据转化。

6. 指标的标准化处理

在知识产权强国评价指标体系中，基础层的各个指标不仅计量单位和量纲不同，而且数值往往也相差较大，因而不能直接进行计算，必须先对各指标进行标准化处理，将其变换为无量纲的指数化数值或分值后，才能进行综合计算。我们这里采用联合国《人类发展报告》中人类发展指数计算所用的极大极小值方法来对指标进行标准化处理。

（1）当指标为正向指标（指标值增加对评价目标有正面影响）时，j 国 i 指标数据标准化后的值 X_{ij} 为：

$$X_{ij} = \frac{x_{ij} - x_{\min}}{x_{\max} - x_{\min}}$$

其中，x_{ij} 是指 i 指标 j 国的数值；X_{ij} 是指 j 国 i 指标数据标准化后的数值；$x_{\max}$ 是指研究年份所有国家中 i 指标的最大数值，$x_{\min}$ 是研究年份所有国家中 i 指标的最小数值。

（2）当指标为逆向指标（指标值增加对对评价目标有负面影响）时，j 国 i 指标数据标准化后的值 X_{ij} 为：

$$X_{ij} = \frac{x_{\max} - x_{ij}}{x_{\max} - x_{\min}}$$

其中，x_{ij} 是指 i 指标 j 国的数值；X_{ij} 是指 j 国 i 指标数据标准化后的数值；$x_{\max}$ 是指 i 指标的最大数值，$x_{\min}$ 是 i 指标的最小数值。在 59 个基础指标中，只有每百万美元 GDP 能源消耗量和每百万美元 GDP 二氧化碳排放量是逆指标，其他 57 个均为正指标。通过上述数据标准化处理后，每个指标的数值都在 0 和 1 之间。

7. 指标权重的确定

指标权重是各指标在综合评价指标体系中对评价目标所起作用的大小程度。指标权重值的确定直接影响知识产权强国综合评价的结果，权重值的变动可能引起被评价对象排位的改变。所以，科学合理地确定各指标的权重是关系到评价结果科学性的关键问题。

在比较国内外赋权方法优劣的基础上，特别是借鉴欧盟《欧洲创新计分卡》和《全球创新计分卡》的经验做法，在总体上基于"逐级（层）等权法"进行权重分配的基础上，依据不同方面或指标的重要性差异略有微调。

（1）三大支柱及其各维度的权重的确定。

三大支柱的权重均为 1/3。其各维度的权重确定如下：

① 知识产权创造投入支柱上，不仅其三大维度的权重都相等（均 1/3），而且其各维度所构成指标的权重也都相等，即 1/n（n 为各维度所构成指标的个数）。② 知识产权创造产出支柱上，其三大维度的权重分配如下：发明专利产出权重为 0.4（考虑到发明专利更加重要），商标和版权产出的权重分别为 0.3。③ 知识产权绩效支柱上，其四大维度的权重都相等（均 1/4）。

（2）知识产权创造产出支柱三大维度下级层次的权重的确定。

① 发明专利产出维度又分为发明专利申请、发明专利授权和海外有效专利三个方面，其每个方面的权重也均相等，即均为 1/3。接下来，在发明专利申请方面，反映产出数量、质量和地位的各个侧面的权重也相等，即均为 1/3，进而，其各侧面下层指标的权重也相等（均为 1/2）。在发明专利申请方面，反映产出数量、质量和地位的各个侧面的权重也相等，即均为 1/3，进而，其各侧面下层指标的权重也相等（均为 1/2）；在在发明专利授权方面，反映产出数量和质量侧面的权重也相等，即均为 1/2；进而，其各侧面下层指标的权重也相等（均为 1/2）；在海外有效专利方面，其下指标的权重也相等（即均为 1/2）。

② 商标产出维度又分为国内外注册、马德里注册和最佳全球品牌 100 企业占比三个方面，其每个方面的权重也均相等，即均为 1/3。接下来，国内外注册和马德里注册方面各自的下层指标的权重也相等（均为 1/2）。

③ 版权产出维度又分为国产电影和科技论文两方面，其权重均相同（为 1/2），它们各自下层指标的权重也相等（均为 1/2）。

（3）知识产权绩效支柱四大维度下级层次的权重的确定。

① 国内经济发展绩效维度又分中高技术产业增加值、劳动生产率及其增长率与中高技术产业增加值占制造业的比重三个方面，其每个方面的权重也均相等，即均

为1/3。对于劳动生产率及其增长率方面，考虑到劳动生产率更为重要，因而对于反映劳动生产率给以2/3的权重，而劳动生产率增长率权重为1/3。

② 国际经济绩效维度又分反映高技术产品出口竞争力、版权产品出口竞争力、专利等特许权许可出口竞争力和全球经济控制力四个方面，其每个方面的权重也均相等，即均为1/4。接下来，反映高技术产品出口竞争力的三个指标（全球份额、相对优势指数和高技术产品出口企业研发强度）的权重也均相等，即均为1/3；反映版权产品和专利等特许权许可出口各自国际竞争力的两个指标（全球份额和相对优势指数）的权重也均相等，即均为1/2。

③ 能源环境可持续性绩效维度又分能源和环境可持续性两个方面，其权重均相同（为1/2），它们各自下层指标的权重分别为：能源使用效率指标权重为2/3，能源使用效率增长率为1/3（因为能源效率高的国家其效率增长较难）；碳强度指标权重为2/3，碳强度下降率为1/3（因为碳强度低的国家其强度下降较难）。

④ 国际知识产权事务影响力绩效维度又分国际专利和商标申请吸引度、PCT国际检索报告份额、国际协定参与度和WIPO预算收入贡献度四个方面，其权重均相同（为1/4）。

8. 知识产权强国指数计算

在各指标的权重确定后，就可以对知识产权强国指数进行计算。其计算步骤和公式如下：

第一步，计算各个支柱的指数

$$PI_i = \sum w_{ij} PI_{ij}$$

$$\sum w_{ij} = 1$$

其中，PI_i指的是一个国家第i个支柱综合指数的分值，其中PI_{ij}是该国家第i支柱第j维度的评价分值，w_{ij}为该国家第i支柱第j维度的权重，而各支柱下各维度的评价分值也可依此类推而得。

$$PI = \sum w_i PI_i$$

$$\sum w_i = 1$$

其中，PI（Power Index）指的是一个国家的知识产权强国或实力指数，其中PI_i是

第 i 个支柱的评价分值，w_i 为该支柱的权重，而各支柱的评价分值也可依此类推而得。

根据上述计算公式，对某个国家的知识产权强国综合指数进行评价时，由于各指标的权重已经确定，只要遵循上述步骤和计算公式，按照层次分析方法从下到上逐层进行计算，就可以得到各个国家的知识产权强国指数的分值，而在取得该分值之后就可以对所有参评国家的知识产权强国指数进行排序、比较和分析。

9. 评价时段和知识产权强国的判定方法

根据研究数据资料的可获得性，我们将评价时段界定为2000—2010年。因为2001年我国加入世界贸易组织，以及可获得国际统计最新数据截至2010年，因此，从对加入前后我国知识产权实力的变化进行对比的角度，我们将研究的起始年定为2000年，截止年定为2010年。

根据上述指标体系和综合评价结果，我们将进行以下两项工作。

① 各国排位梯队划分。在对各国排位所属于梯队予以划分的基础上，将位于前列的国家确定为知识产权强国。

② 指标动态变化趋势分析。根据一个国家某个指标（方面）❶、维度和支柱的排位的变化，对比2000年、2005年和2010年数据，判断其该指标、方面、维度和支柱的动态变化类型（属于上升、保持和下降），以对其走势做出判断。

10. 知识产权强国指数的解析

知识产权强国指数提供了能够衡量各国知识产权实力的标准。除此之外，我们还可以进一步了解一个国家的强项和弱项，从而可深入了解制约各国知识产权实力提升的因素以及竞争对手的优势和劣势。这就需要从总指数转向各支柱指数，从各支柱指数转向各维度指数，从各维度指数再下层指标了解。图4-2展示了不同指数之间的关系以及知识产权强国指数是如何合成的。该图可为深入解读知识产权指数及其构成提供向导。

---

❶ 发明专利产出维度的综合指数是通过申请、授权和有效专利三个方面的综合指数计算而得，商标产出维度的综合指数是通过国内外注册与马德里注册两个方面的综合指数计算而得，版权产出维度的综合指数是根据国产电影和科技论文两个方面的综合指数计算而得。

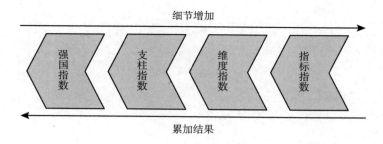

细节增加

强国指数　支柱指数　维度指数　指标指数

累加结果

图 4 - 2　知识产权强国指数解析

11. 知识产权创造产出效率和知识产权绩效影响度指数

前述指出，知识产权创造效率衡量的是知识产权创造投入转化为知识产权创造产出的水平；它是对各国知识产权创造过程效率高低的评价。对于低产出效率的国家，其公共政策的重点将是如何增加知识产权创造产出；对于高产出效率的国家，其公共政策的方向是如何增加知识产权创造投入。

同理，知识产权绩效影响度衡量的是知识产权创造产出转化为知识产权绩效的水平，它是对各国知识产权创造产出转化为知识产权绩效水平高低的评价。对于低绩效影响度的国家，其公共政策的重点将是如何增加知识产权绩效；对于高绩效影响度的国家，其公共政策的方向是如何增加知识产权创造产出。

通过知识产权创造效率和知识产权绩效影响度的分析，可更好地把握我国在知识产权创造与知识产权绩效上与知识产权强国的差距，进而对于我国知识产权强国建设具有重要意义。

第五章

知识产权强国综合评价结果与分析

为更好地启动知识产权强国建设，需要对目前世界上各国知识产权实力进行客观公正的评价，以全面了解世界各国在知识产权实力较量中的地位：哪些国家是知识产权强国？其国家知识产权实力都有哪些新的变化？他们都有什么样的共同特征？根据前述的知识产权强国综合评价指标体系和知识产权强国综合指数计算方法，我们对2000—2010年世界上47个国家的知识产权强国综合指数（Composite Power Index of Intellectual Property）及三支柱指数（知识产权创造投入指数、知识产权创造产出指数、知识产权绩效指数）进行了初步测算。下面对知识产权强国指数（Power Index of Intellectual Property）及三支柱指数的排名、分值及其变动情况进行分析，目的在于找出中国与知识产权强国在知识产权实力上的差距，为我国建设知识产权强国的公共政策制定提供重要参考。

第一节

各国知识产权强国综合指数排名、分值及其变化

综合指标评价法得出的综合指数分值或最终评分是一个直观总括的评分，它可直接用于国家排名或对它们进行比较。现在来看各国知识产权强国综合指数排名、分值及其变化。

一、各国知识产权强国综合指数排名及其变化

如表5-1所示，2010年知识产权强国综合指数排名前十的国家分别是美国、日本、德国、法国、瑞士、瑞典、英国、芬兰、韩国和荷兰；中国排名第十四位，位列丹麦、加拿大和西班牙之后；排名最后的10个国家分别是希腊、南非、塞浦路斯、马耳他、阿根廷、冰岛、立陶宛、罗马尼亚、拉脱维亚和印度尼西亚，其他国家的排名介于中国和冰岛之间，其中除中国之外的其他金砖国家俄罗斯、巴西、印度和南非分别位列第26、33、35和39位。现在来看47个国家知识产权强国综合指数的排名变化：

（1）排名前五的国家中，美、日、德、法始终位列其中，只有英国被瑞士取代。

如表5-1所示，2010年位居前五的知识产权强国综合指数排名动态为：2000—2010年美国始终保持排名第一；日本先从2000年第五位上升到2001年的第

三位，并于 2009 年取代德国成为排名第二的国家；德国从 2000 年的排名第二到 2010 年下降为排名第三；法国从 2000 年的第三位下降到 2010 年的第四位；英国排名第五，从 2006 年开始被瑞士取代。

表 5 – 1　各国知识产权强国综合指数的排名及其变化

年份 国家	2000	2001	2002	2003	2004	2005	2006	2007	2008	2009	2010	变化
美国	1	1	1	1	1	1	1	1	1	1	1	0
日本	5	3	3	3	3	3	3	3	3	3	2	3
德国	2	2	2	2	2	2	2	2	2	2	3	– 1
法国	3	4	5	5	4	4	4	4	4	4	4	– 1
瑞士	7	7	7	7	7	7	5	5	5	5	5	2
瑞典	6	6	6	6	6	6	6	7	6	6	6	0
英国	4	5	4	4	5	5	7	6	7	7	7	– 3
芬兰	8	8	8	8	9	9	9	9	9	8	8	0
韩国	15	15	15	13	13	11	11	10	10	10	9	6
荷兰	10	10	10	9	8	8	8	8	8	9	10	0
丹麦	9	9	9	10	10	10	10	11	11	11	11	– 2
加拿大	11	12	11	12	12	12	12	12	12	12	12	– 1
西班牙	12	11	12	11	11	13	14	13	13	13	13	– 1
中国	23	22	22	23	23	22	23	22	21	16	14	9
意大利	14	14	14	14	15	15	15	16	15	15	15	– 1
奥地利	13	13	13	15	14	14	13	14	14	14	16	– 3
爱尔兰	17	19	16	17	19	20	20	19	19	20	17	0
新加坡	16	16	18	18	17	18	17	15	16	18	18	– 2
比利时	20	18	19	16	16	16	16	17	17	17	19	1
澳大利亚	19	17	17	19	18	19	19	20	18	19	20	– 1
以色列	18	20	20	20	20	17	18	18	20	21	21	– 3
葡萄牙	24	24	24	25	25	24	24	23	23	23	22	2
卢森堡	25	25	25	22	22	25	21	21	22	22	23	2
挪威	21	21	21	21	21	21	22	24	24	24	24	– 3
匈牙利	30	27	27	29	27	26	26	25	27	26	25	5
俄罗斯	31	30	28	26	28	28	27	27	25	27	26	5
捷克	29	29	29	28	26	23	25	26	26	25	27	2
爱沙尼亚	42	37	40	40	33	29	28	28	29	30	28	14
波兰	33	35	36	36	37	37	35	36	33	31	29	4
斯洛文尼亚	32	34	34	31	31	33	36	37	31	29	30	2

年份 国家	2000	2001	2002	2003	2004	2005	2006	2007	2008	2009	2010	变化
新西兰	22	23	23	24	24	27	29	29	28	28	31	-7
墨西哥	28	28	30	30	32	34	31	34	35	33	32	-4
巴西	34	31	33	35	36	36	39	31	36	34	33	1
土耳其	40	38	35	33	30	30	30	33	37	36	34	6
印度	41	39	39	37	39	38	37	39	40	37	35	6
智利	35	33	31	32	35	35	40	40	38	38	36	-1
斯洛伐克	38	41	37	39	34	31	32	35	32	32	37	1
希腊	26	26	26	27	29	32	33	32	34	35	38	-12
南非	27	32	32	34	38	39	38	38	39	41	39	-12
塞浦路斯	43	42	43	43	44	44	43	43	42	39	40	-3
马耳他	46	46	46	46	47	47	46	46	45	43	41	-5
阿根廷	36	36	38	38	42	41	41	41	43	42	42	-6
冰岛	39	43	41	41	41	40	34	30	30	44	43	-5
立陶宛	37	40	42	42	40	42	42	42	41	44	44	-7
罗马尼亚	44	44	44	44	43	43	45	44	44	45	45	-1
拉脱维亚	45	45	45	45	45	45	44	45	46	46	46	-1
印度尼西亚	47	47	47	47	46	46	47	47	47	47	47	0

注：表格最后一栏是指 2010 年与 2000 年相比排名的变化，当数值为正时表示排名位次上升，当数值为负数时表示排名位次下降。

（2）2010 年与 2000 年相比，排名上升的国家共有 17 个。

其中，排名上升最多的是爱沙尼亚，上升了 14 位；其次是中国，上升了九位；再者韩国、土耳其和印度三国均上升了六位；接着匈牙利和俄罗斯两国上升了五位；日本和波兰上升了三位和四位；瑞士、葡萄牙、卢森堡、捷克和斯洛文尼亚五个国家上升了两位；比利时、巴西和斯洛伐克上升一位。可见，金砖五国中除了南非以外，排名位次均有上升，特别是中国和印度表现更为突出，东欧的多数转型国家名次提升表现较佳。

（3）2010 年与 2000 年相比，排名下降的国家共有 24 个。

其中，排名下降最多的是希腊和南非，下降了 12 位；其次是新西兰和立陶宛，下降了七位；再者阿根廷下降了六位；接着马耳他和冰岛下降了五位；墨西哥下降了四位；英国、奥地利、以色列、挪威和塞浦路斯五个国家下降了三位；丹麦和新加坡下降了两位；而德国、法国、加拿大、西班牙、意大利、澳大利亚、智利、罗马尼亚和拉脱维亚九个国家下降了一位。

（4）2010 年与 2000 年相比，排名相同的国家共有六个。

这六个国家分别是美国、瑞典、芬兰、荷兰、爱尔兰和印度尼西亚，其中，印度尼西亚始终排名在最后。另外，图 5 - 1 反映了 47 个国家 2005 年与 2000 年相比，以及 2010 年与 2005 年相比排名的变化。

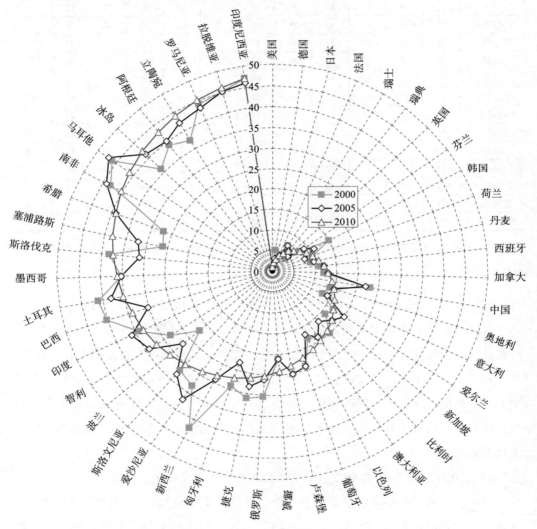

图 5 - 1　2000、2005 和 2010 年各国知识产权强国综合指数排名比较

二、各国知识产权强国综合指数分值及其变化

如表 5 - 2 示，47 国的知识产权强国综合指数的平均值从 2000 年的 0.373 下降到 2010 年的 0.362，表明该 47 国的知识产权实力整体上略有下降。另外，从图 5 - 2 中，也可发现该 47 个国家的综合指数分布呈阶梯状。正是根据这种阶梯状分布特征，我们可以将这 47 个国家分为不同类型的国家。

表 5 - 2　各国知识产权强国综合指数的分值

年份\国家	2000	2001	2002	2003	2004	2005	2006	2007	2008	2009	2010	变化	变异系数
美国	0.744	0.743	0.739	0.74	0.739	0.744	0.733	0.729	0.734	0.722	0.709	- 0.035	0.015
德国	0.688	0.683	0.679	0.681	0.674	0.682	0.68	0.681	0.677	0.679	0.650	- 0.038	0.014
日本	0.63	0.648	0.645	0.649	0.655	0.665	0.665	0.66	0.653	0.652	0.643	0.013	0.016
法国	0.625	0.624	0.615	0.615	0.613	0.616	0.603	0.609	0.602	0.602	0.583	- 0.042	0.020
瑞士	0.6	0.597	0.589	0.599	0.602	0.604	0.606	0.611	0.606	0.602	0.582	- 0.018	0.014
瑞典	0.632	0.626	0.611	0.612	0.621	0.626	0.612	0.602	0.595	0.587	0.567	- 0.065	0.032
英国	0.626	0.625	0.622	0.621	0.617	0.614	0.598	0.596	0.577	0.569	0.546	- 0.08	0.044
芬兰	0.552	0.544	0.538	0.534	0.536	0.552	0.544	0.544	0.538	0.542	0.527	- 0.025	0.014
韩国	0.465	0.478	0.472	0.487	0.491	0.5	0.512	0.534	0.525	0.53	0.521	0.056	0.049
荷兰	0.55	0.544	0.529	0.534	0.536	0.56	0.555	0.561	0.557	0.546	0.52	- 0.03	0.025
丹麦	0.558	0.551	0.537	0.524	0.53	0.544	0.532	0.523	0.514	0.522	0.491	- 0.067	0.035
西班牙	0.505	0.513	0.502	0.508	0.503	0.498	0.49	0.496	0.497	0.501	0.489	- 0.016	0.014
加拿大	0.507	0.508	0.503	0.492	0.489	0.493	0.492	0.489	0.492	0.493	0.482	- 0.025	0.016
中国	0.377	0.398	0.401	0.4	0.397	0.397	0.401	0.416	0.432	0.459	0.472	0.095	0.070
奥地利	0.511	0.515	0.5	0.487	0.494	0.496	0.497	0.497	0.491	0.496	0.468	- 0.043	0.025
意大利	0.503	0.509	0.501	0.492	0.48	0.48	0.479	0.472	0.486	0.482	0.467	- 0.036	0.027
爱尔兰	0.458	0.454	0.463	0.464	0.464	0.454	0.452	0.46	0.455	0.459	0.449	- 0.009	0.011
新加坡	0.47	0.461	0.454	0.455	0.471	0.474	0.471	0.489	0.467	0.46	0.446	- 0.024	0.025
比利时	0.462	0.464	0.458	0.475	0.48	0.474	0.475	0.469	0.471	0.465	0.444	- 0.018	0.022
澳大利亚	0.457	0.455	0.453	0.45	0.459	0.455	0.446	0.446	0.45	0.453	0.437	- 0.02	0.014
以色列	0.449	0.434	0.428	0.43	0.449	0.462	0.455	0.456	0.442	0.433	0.418	- 0.031	0.031
葡萄牙	0.385	0.395	0.384	0.388	0.391	0.393	0.405	0.403	0.412	0.415	0.404	0.019	0.027

年份\国家	2000	2001	2002	2003	2004	2005	2006	2007	2008	2009	2010	变化	变异系数
卢森堡	0.4	0.405	0.389	0.424	0.431	0.401	0.427	0.45	0.433	0.433	0.403	0.003	0.045
挪威	0.424	0.425	0.43	0.419	0.426	0.422	0.417	0.41	0.404	0.415	0.391	−0.033	0.027
俄罗斯	0.328	0.345	0.351	0.358	0.372	0.377	0.377	0.379	0.379	0.365	0.35	0.022	0.047
捷克	0.344	0.35	0.351	0.351	0.376	0.39	0.387	0.38	0.367	0.368	0.343	−0.001	0.048
匈牙利	0.341	0.361	0.356	0.353	0.372	0.371	0.381	0.376	0.358	0.355	0.343	0.002	0.036
新西兰	0.405	0.4	0.397	0.401	0.399	0.378	0.373	0.375	0.371	0.37	0.341	−0.064	0.051
爱沙尼亚	0.294	0.305	0.297	0.298	0.345	0.365	0.383	0.386	0.365	0.352	0.339	0.045	0.104
斯洛文尼亚	0.335	0.332	0.331	0.341	0.346	0.344	0.328	0.331	0.339	0.352	0.333	−0.002	0.022
波兰	0.332	0.329	0.315	0.315	0.318	0.314	0.325	0.325	0.325	0.346	0.331	−0.001	0.029
智利	0.321	0.33	0.338	0.333	0.329	0.318	0.309	0.303	0.306	0.317	0.316	−0.005	0.036
印度	0.279	0.282	0.278	0.305	0.304	0.313	0.321	0.315	0.31	0.317	0.316	0.037	0.053
巴西	0.312	0.323	0.321	0.317	0.315	0.31	0.308	0.329	0.321	0.323	0.315	0.003	0.020
土耳其	0.298	0.296	0.325	0.335	0.366	0.369	0.364	0.339	0.322	0.316	0.314	0.016	0.079
墨西哥	0.346	0.346	0.343	0.332	0.33	0.321	0.326	0.32	0.313	0.31	0.312	−0.034	0.041
斯洛伐克	0.291	0.286	0.3	0.302	0.33	0.35	0.338	0.335	0.339	0.344	0.31	0.019	0.072
塞浦路斯	0.288	0.293	0.284	0.256	0.254	0.262	0.296	0.295	0.294	0.319	0.306	0.018	0.072
希腊	0.358	0.37	0.368	0.36	0.369	0.348	0.333	0.336	0.328	0.323	0.302	−0.056	0.065
南非	0.346	0.325	0.331	0.322	0.307	0.311	0.318	0.314	0.305	0.295	0.3	−0.046	0.047
马耳他	0.207	0.181	0.182	0.183	0.172	0.179	0.195	0.238	0.251	0.285	0.284	0.077	0.200
冰岛	0.306	0.297	0.302	0.3	0.313	0.33	0.353	0.371	0.355	0.321	0.282	−0.024	0.088
阿根廷	0.307	0.297	0.289	0.296	0.288	0.3	0.304	0.305	0.285	0.29	0.279	−0.028	0.031
立陶宛	0.312	0.303	0.296	0.297	0.312	0.316	0.313	0.299	0.296	0.276	0.262	−0.05	0.056
罗马尼亚	0.255	0.253	0.261	0.256	0.276	0.268	0.268	0.264	0.267	0.271	0.247	−0.008	0.033
拉脱维亚	0.246	0.236	0.239	0.252	0.253	0.264	0.275	0.264	0.242	0.226	0.206	−0.04	0.079
印度尼西亚	0.142	0.152	0.151	0.157	0.172	0.174	0.174	0.163	0.156	0.163	0.171	0.029	0.066
47 国平均	0.373	0.373	0.370	0.371	0.377	0.378	0.379	0.380	0.375	0.376	0.362	−0.011	
变异系数	0.327	0.327	0.322	0.320	0.310	0.311	0.300	0.299	0.303	0.299	0.304		

注：表格"变化"一栏是指 2010 年与 2000 年相比指数值的变化，当数值为正时表示指数增大，当数值为负数时表示指数下降。

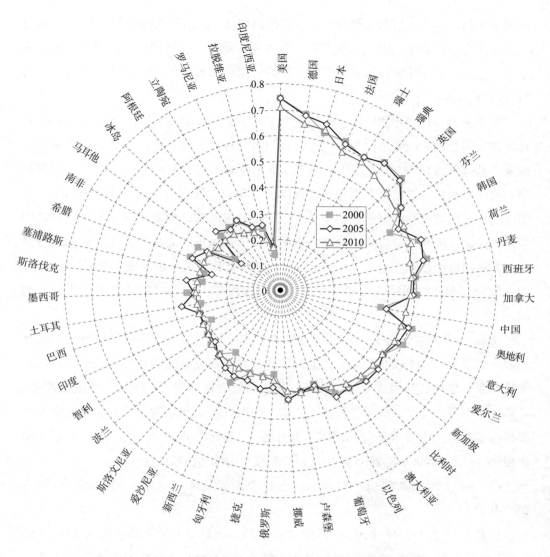

图 5 - 2　2000、2005 和 2010 年各国知识产权强国综合指数分值比较

（1）美国、日本和德国因分值绝大多数年份明显领先其他国家，而宜作为当今世界的知识产权强国；中国处于知识产权中强国家行列。

如表 5 - 2 所示，2010 年 47 个国家知识产权强国综合指数分值的总体平均值为 0.362。我们将上述综合指数分值在该总体平均值以上的国家，分别以 0.1 的间隔区分为以下三类国家：第一类国家三个，分别是美国、日本和德国；第二类国家七个，分别是法国、瑞士、瑞典、英国、芬兰、韩国和荷兰；第三类国家13个，分别是丹麦、加拿大、西班牙、中国、奥地利、意大利、爱尔兰、新加坡、比利时、澳大利亚、以色列、葡萄牙和卢森堡。另外，我们将综合指数分值在该总体平均值以下的24个国家归为一类。

由于美国、日本和德国综合指数绝大多数年份在0.65左右或以上，与其他国家相比处于明显领先或强势地位，因此，我们将其称之为知识产权强国。对于第二类国家，其综合指数均在0.5以上，与第一类相比差距基本在0.3—1.0之间，但其与第三类国家相比，也基本上领先0.3或以上，我们将其称为知识产权次强国家。就第三类国家而言，其综合指数0.3虽落后于第二类国家，但却明显领先绝大多数的第四类国家，因此，可以将其称之为知识产权中强国家。而第四类国家因其综合指数与其他国家相比存在的明显落后或弱势，故将其称之为知识产权欠强国。

（2）知识产权强国综合指数变异系数较大国家中，大多是排名变化比较大的国家。

从表5－2来看，2000—2010年，47个国家知识产权强国综合指数分值的变异系数不是很大，基本在0.2以下，不过该系数数值超过0.05的国家分别是马耳他、爱沙尼亚、冰岛、拉脱维亚、土耳其、塞浦路斯、斯洛伐克、中国、印度尼西亚、希腊、立陶宛、印度、新西兰和韩国。除了印度尼西亚和立陶宛外，其他国家大多都是排名有较大上升或下降的国家。另外图5－1反映了47个国家2005年与2000年相比，以及2010年与2005年相比知识产权强国综合指数的变化。

（3）47个国家的知识产权强国综合指数差异总体上有缩小的趋势，特别是2007年之后。

从表5－2来看，47个国家知识产权强国综合指数分值的变异系数从2000年的0.327一直下降，并于2007年之后基本保持在0.30左右。由于不同年份各国综合指数的变异系数表征的是不同年份各国的综合指数分值的离散程度：变异系数越大，分值离散或差异程度也越大；反之则反是。因此，可以推断，2000年以来，47国的知识产权强国综合指数总体上呈现出差距缩小或趋同态势，2007年后则更为明显。另外，图5－2反映了47个国家2005年与2000年相比，以及2010年与2005年相比知识产权强国综合指数分值的变化。

（4）四大类国家知识产权强国综合指数均值差距明显；次强国与强国的差距总

体上略有拉大，中强国和弱国与强国的差距总体有缩小趋势，也折射出次强国与中强国的差距总体上也在缩小。

从图 5-3 来看，知识产权强国、次强国、中强国和弱国的知识产权强国综合指数均值均呈现出下降的趋势。此外，图 5-3 还显示，知识产权中强国和弱国与强国的上述平均值的比率出现上升的趋势，而次强国与强国的该平均值的比率却出现下降。考虑到知识产权强国、次强国、中强国和欠强国内部的综合指数变异系数分别从 2000 年的 0.083、0.105、0.115 和 0.189 下将到 2010 年的 0.054、0.051、0.067 和 0.155。因此，在上述四类国家内部知识产权强国综合指数差异缩小的趋势下，可以断定，知识产权中强国和弱国与强国之间的该综合指数总体上表现出差异缩小，而次强国与强国间该综合指数在总体上呈现出差异扩大。

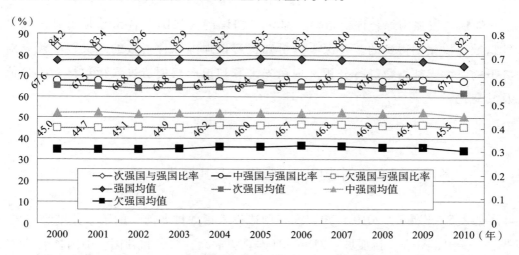

图 5-3　四大类国家知识产权强国综合指数平均值及其与强国指数平均值的比率（%）

各国知识产权创造投入指数排名、分值及其变化

知识产权强国综合评价指标体系中，知识产权强国综合指数是由其三大支柱指数等权相加得到的。要深入分析知识产权强国综合指数的意义，必须要对其下的三大支柱指数进行分析。现在先来看知识产权创造投入指数排名、分值及其变化。

一、各国知识产权创造投入指数排名及其变化

如表 5－3 所示，2010 年知识产权创造投入指数排名前十的国家分别是瑞典、芬兰、美国、丹麦、新加坡、德国、日本、加拿大、法国和韩国；中国排名第 16 位，位列葡萄牙、西班牙、爱尔兰、爱沙尼亚和英国之后；排名最后的 10 个国家分别是墨西哥、希腊、马耳他、斯洛文尼亚、冰岛、土耳其、阿根廷、印度尼西亚、罗马尼亚和拉脱维亚，其他国家的排名介于中国和墨西哥之间，其中除中国之外的其他金砖国家俄罗斯、南非、印度和巴西分别位列第 23、26、34 和 35 位。现在来看 47 个国家知识产权创造投入指数的排名变化：

表5-3 各国知识产权创造投入指数的排名及其变化

年份 国家	2000	2001	2002	2003	2004	2005	2006	2007	2008	2009	2010	变化
瑞典	1	1	1	1	1	1	1	1	1	1	1	0
芬兰	2	2	2	2	2	2	2	2	2	2	2	0
美国	4	3	3	3	3	3	3	3	3	4	3	1
丹麦	3	4	4	4	4	4	4	4	4	3	4	-1
新加坡	7	7	8	6	5	7	6	6	5	5	5	2
德国	5	5	5	5	6	5	5	5	6	6	6	-1
日本	15	14	15	12	9	9	7	7	8	8	7	8
加拿大	13	13	16	16	14	11	13	14	9	7	8	5
法国	11	11	10	10	11	12	14	12	11	9	9	2
韩国	20	17	17	18	18	18	15	10	10	10	10	10
葡萄牙	18	18	18	19	20	19	17	20	15	16	11	7
西班牙	6	6	6	7	7	8	9	8	12	13	12	-6
爱尔兰	14	16	12	14	17	17	18	17	19	15	13	1
爱沙尼亚	36	33	36	31	21	16	19	18	13	12	14	22
英国	9	9	7	8	8	6	8	9	10	11	15	-6
中国	25	27	26	24	27	23	24	23	21	21	16	9
瑞士	12	12	14	11	15	15	11	15	14	14	17	-5
以色列	16	15	13	13	12	13	12	13	16	19	18	-2
奥地利	10	10	11	15	16	14	16	16	18	18	19	-9
荷兰	8	8	9	9	10	10	10	11	17	17	20	-12
澳大利亚	21	20	19	21	19	20	21	21	20	20	21	0
挪威	23	25	24	23	25	25	25	24	23	23	22	1
俄罗斯	27	26	27	26	24	27	26	26	26	26	23	4
比利时	19	19	20	20	22	21	23	22	23	25	24	-5
卢森堡	26	21	21	17	13	22	20	19	22	22	25	1
南非	17	23	25	25	29	30	29	30	27	28	26	-9
新西兰	22	22	22	22	23	24	22	24	25	24	27	-5
匈牙利	38	34	38	38	34	32	30	31	31	32	28	10
捷克	32	32	32	33	30	26	28	28	29	29	29	3
塞浦路斯	30	30	29	36	39	35	33	32	32	27	30	0
立陶宛	28	28	28	28	26	28	27	29	28	31	31	-3
智利	34	35	37	35	38	39	41	41	38	37	32	2
斯洛伐克	39	39	35	41	31	29	31	33	30	30	33	6
印度	40	41	42	40	41	41	39	40	39	39	34	6
巴西	31	31	31	30	32	34	36	37	35	34	35	-4
波兰	37	37	39	39	40	40	35	35	36	33	36	1
意大利	29	29	30	29	33	36	37	36	34	35	37	-8
墨西哥	33	38	33	32	35	37	38	38	40	40	38	-5

年份 国家	2000	2001	2002	2003	2004	2005	2006	2007	2008	2009	2010	变化
希腊	24	24	23	27	28	31	34	34	37	38	39	-15
马耳他	47	47	47	47	47	47	47	45	45	42	40	7
斯洛文尼亚	41	40	40	42	42	42	42	42	41	41	41	0
冰岛	35	36	34	34	37	33	32	27	33	36	42	-7
土耳其	43	43	41	37	36	38	40	39	42	43	43	0
阿根廷	42	42	43	43	43	43	43	43	43	44	44	-2
印度尼西亚	45	45	46	46	45	45	46	47	47	46	45	0
罗马尼亚	44	44	44	44	44	44	44	44	44	45	46	-2
拉脱维亚	46	46	45	45	46	46	45	46	46	47	47	-1

注：表格最后一栏是指 2010 年与 2000 年相比排名的变化，当数值为正时表示排名位次上升，当数值为负数时表示排名位次下降。

（1）排名前五的国家中，瑞典、芬兰、美国和丹麦始终位列其中，只有德国被新加坡取代。

如表 5-3 所示，2010 年位居前五国的知识产权强国综合指数排名动态为：2000—2010 年瑞典和芬兰始终保持排名第一；美国除了 2000 年和 2009 年排名第四外，其他年份均排名第三；丹麦则与美国相反，除了 2000 年和 2009 年排名第三外，其他年份均排名第四；新加坡从 2000 年的排名第七到 2008 年开始取代德国进入排名前五的国家行列。

（2）2010 年与 2000 年相比，排名上升的国家共有 20 个。

其中，排名上升最多的是爱沙尼亚，上升了 22 位；其次是韩国和匈牙利，上升了 10 位；接着中国上升了九位；日本上升了八位；葡萄牙和马耳他均上升了七位；印度和斯洛伐克各上升了六位；加拿大上升了五位；俄罗斯上升了四位；捷克上升了三位；新加坡、法国和智利各上升了两位；美国、爱尔兰、挪威、卢森堡和波兰均前移了一位。可见，金砖五国中除了南非和巴西以外，其他三国排名均有上升，特别是中国和印度表现更为突出，东欧的多数转型国家名次提升也表现不俗。

（3）2010 年与 2000 年相比，排名下降的国家也共有 20 个。

其中，排名下降最多的是希腊，下降了 15 位；其次是荷兰，下降了 12 位；接着，奥地利和南非均下降了八位；意大利下调了八位；冰岛后退了七位；西班牙和英国下降了六位；瑞士、比利时、新西兰和墨西哥均后移了五位；巴西下调了四位；立陶宛后退了三位；以色列、阿根廷和罗马尼亚均下调了两位；最后，丹麦、德国和拉脱维亚均后移了一位。

（4）2010年与2000年相比，排名相同的国家共有七个。

这七个国家分别是瑞典、芬兰、澳大利亚、塞浦路斯、斯洛文尼亚、土耳其和印度尼西亚。另外需指出的是，印度尼西亚、罗马尼亚和拉脱维亚大多年份均排在最后三位。另外，图5-4反映了47个国家2005年与2000年相比，以及2010年与2005年相比排名的变化。

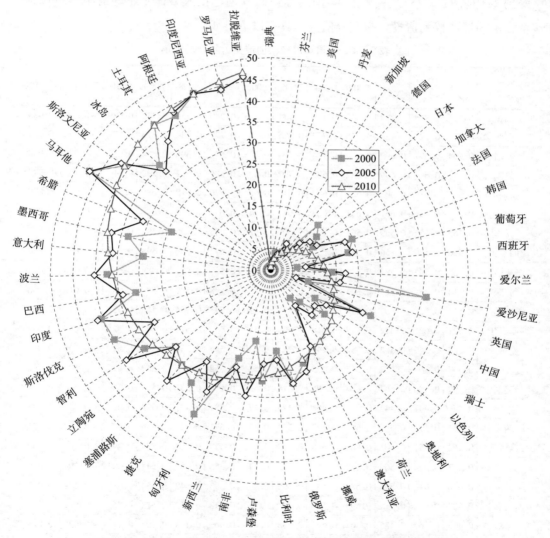

图5-4　2000、2005和2010年各国知识产权创造投入指数排名比较

二、各国知识产权创造投入指数分值及其变化

如表 5 - 4 所示，47 国的知识产权创造投入指数的平均值从 2000 年的 0.462 下降到 2010 年的 0.437，表明该 47 国的知识产权创造投入整体水平略有下降。该 47 个国家知识产权创造投入指数分值分布具有以下特征：

表 5 - 4　各国知识产权创造投入指数的分值

年份 国家	2000	2001	2002	2003	2004	2005	2006	2007	2008	2009	2010	变化	变异系数
瑞典	0.791	0.775	0.773	0.768	0.772	0.771	0.765	0.749	0.758	0.754	0.689	- 0.102	0.035
芬兰	0.73	0.721	0.729	0.725	0.722	0.725	0.73	0.729	0.72	0.713	0.674	- 0.056	0.022
美国	0.704	0.697	0.699	0.7	0.704	0.704	0.693	0.69	0.695	0.684	0.632	- 0.072	0.030
丹麦	0.716	0.695	0.699	0.682	0.681	0.702	0.69	0.685	0.671	0.692	0.61	- 0.106	0.040
新加坡	0.618	0.619	0.602	0.623	0.632	0.617	0.621	0.629	0.618	0.635	0.592	- 0.026	0.020
德国	0.654	0.636	0.637	0.631	0.627	0.63	0.64	0.635	0.613	0.614	0.564	- 0.09	0.037
日本	0.562	0.567	0.559	0.561	0.591	0.602	0.618	0.608	0.596	0.592	0.549	- 0.013	0.040
加拿大	0.566	0.569	0.556	0.552	0.553	0.584	0.569	0.573	0.589	0.593	0.546	- 0.02	0.028
法国	0.583	0.593	0.587	0.578	0.578	0.58	0.567	0.58	0.577	0.588	0.545	- 0.038	0.022
韩国	0.514	0.53	0.511	0.521	0.527	0.529	0.554	0.598	0.599	0.58	0.53	0.016	0.060
葡萄牙	0.517	0.52	0.507	0.519	0.518	0.52	0.536	0.543	0.554	0.556	0.527	0.01	0.031
西班牙	0.621	0.62	0.622	0.617	0.618	0.604	0.592	0.6	0.574	0.564	0.524	- 0.097	0.052
爱尔兰	0.562	0.545	0.564	0.558	0.543	0.54	0.535	0.555	0.531	0.558	0.523	- 0.039	0.025
爱沙尼亚	0.347	0.367	0.353	0.368	0.495	0.542	0.531	0.552	0.558	0.569	0.519	0.172	0.196
英国	0.609	0.606	0.607	0.604	0.605	0.618	0.599	0.6	0.581	0.572	0.515	- 0.094	0.049
中国	0.44	0.441	0.442	0.446	0.458	0.475	0.47	0.481	0.497	0.513	0.51	0.07	0.058
瑞士	0.581	0.57	0.56	0.563	0.552	0.553	0.573	0.571	0.555	0.559	0.507	- 0.074	0.035
以色列	0.562	0.551	0.561	0.561	0.568	0.577	0.573	0.574	0.552	0.538	0.499	- 0.063	0.040
奥地利	0.587	0.594	0.569	0.554	0.55	0.565	0.542	0.556	0.546	0.543	0.491	- 0.096	0.049
荷兰	0.616	0.616	0.595	0.582	0.583	0.593	0.576	0.595	0.549	0.554	0.488	- 0.128	0.063
澳大利亚	0.507	0.502	0.5	0.493	0.52	0.51	0.512	0.513	0.513	0.513	0.465	- 0.042	0.030
挪威	0.472	0.467	0.455	0.461	0.471	0.468	0.466	0.467	0.478	0.492	0.446	- 0.026	0.025
俄罗斯	0.437	0.445	0.437	0.442	0.473	0.464	0.455	0.461	0.46	0.458	0.44	0.003	0.027

年份 国家	2000	2001	2002	2003	2004	2005	2006	2007	2008	2009	2010	变化	变异系数
比利时	0.516	0.513	0.49	0.497	0.489	0.479	0.474	0.495	0.479	0.477	0.437	-0.079	0.044
卢森堡	0.439	0.49	0.486	0.548	0.557	0.477	0.523	0.549	0.494	0.505	0.436	-0.003	0.083
南非	0.541	0.471	0.454	0.445	0.445	0.448	0.445	0.441	0.439	0.448	0.431	-0.11	0.066
新西兰	0.497	0.48	0.472	0.471	0.484	0.474	0.475	0.469	0.475	0.48	0.412	-0.085	0.045
匈牙利	0.342	0.357	0.346	0.342	0.369	0.412	0.432	0.439	0.418	0.418	0.402	0.06	0.098
捷克	0.359	0.367	0.373	0.365	0.409	0.467	0.446	0.458	0.428	0.443	0.395	0.036	0.099
塞浦路斯	0.404	0.41	0.415	0.347	0.336	0.371	0.398	0.408	0.413	0.458	0.386	-0.018	0.086
立陶宛	0.432	0.421	0.436	0.43	0.461	0.462	0.451	0.453	0.437	0.426	0.368	-0.064	0.060
智利	0.349	0.355	0.346	0.35	0.348	0.336	0.33	0.331	0.332	0.367	0.362	0.013	0.036
斯洛伐克	0.311	0.313	0.354	0.326	0.408	0.461	0.424	0.396	0.426	0.426	0.358	0.047	0.136
印度	0.288	0.29	0.285	0.333	0.321	0.325	0.348	0.335	0.332	0.365	0.357	0.069	0.085
巴西	0.362	0.387	0.389	0.386	0.383	0.386	0.373	0.365	0.369	0.374	0.356	-0.006	0.031
波兰	0.345	0.343	0.326	0.34	0.331	0.332	0.374	0.377	0.366	0.388	0.356	0.011	0.060
意大利	0.414	0.414	0.404	0.401	0.371	0.371	0.369	0.369	0.381	0.373	0.347	-0.067	0.057
墨西哥	0.35	0.342	0.372	0.367	0.363	0.353	0.362	0.35	0.328	0.348	0.336	-0.014	0.038
希腊	0.469	0.468	0.465	0.435	0.449	0.423	0.388	0.383	0.365	0.366	0.329	-0.14	0.118
马耳他	0.171	0.165	0.155	0.181	0.159	0.21	0.215	0.256	0.264	0.318	0.308	0.137	0.273
斯洛文尼亚	0.288	0.303	0.309	0.29	0.287	0.293	0.304	0.305	0.315	0.344	0.306	0.018	0.053
冰岛	0.349	0.346	0.36	0.36	0.356	0.399	0.407	0.46	0.399	0.37	0.293	-0.056	0.115
土耳其	0.257	0.263	0.287	0.343	0.359	0.35	0.347	0.344	0.306	0.307	0.287	0.03	0.117
阿根廷	0.281	0.279	0.282	0.275	0.277	0.278	0.3	0.291	0.273	0.279	0.258	-0.023	0.037
印度尼西亚	0.207	0.201	0.193	0.189	0.238	0.238	0.232	0.205	0.194	0.228	0.237	0.03	0.093
罗马尼亚	0.254	0.25	0.245	0.248	0.269	0.269	0.271	0.271	0.272	0.269	0.231	-0.023	0.054
拉脱维亚	0.206	0.19	0.195	0.207	0.205	0.219	0.251	0.245	0.214	0.197	0.151	-0.055	0.130
47国平均	0.462	0.4609	0.4588	0.4593	0.468	0.475	0.475	0.48	0.47	0.477	0.437	-0.026	
变异系数	0.329	0.3226	0.3194	0.3128	0.301	0.29	0.28	0.281	0.287	0.273	0.277		

注：表格"变化"一栏是指 2010 年与 2000 年相比指数值的变化，当数值为正时表示指数增大，当数值为负数时表示指数下降。

（1）瑞典、芬兰、美国和丹麦的分值大多数年份明显领先其他国家，德国和新加坡两国也一直高于日本；排名较靠前的国家中，爱沙尼亚、中国和韩国分值提升。

如表 5 - 4 所示，2000—2010 年，瑞典、芬兰、美国和丹麦知识产权创造投入指数的分值尽管均出现下滑的态势，但不仅保持住 0.6 以上的成绩，而且与其他国家相比在大多年份均处于明显领先地位；德国和新加坡的分值也出现了下降的趋势，但除了 2010 年外，其他年份的分值也均保持在 0.6 以上，不过，德国的分值下降比韩国更快而在 2008 年被新加坡所超过，但它们的分值一直明显高于日本。

2010 年排名前 10 的国家中，只有韩国的知识产权创造投入指数的分值从 2000 年的 0.514 提高至 2010 年的 0.53，总体上处于上升态势。在其他排名较靠前的国家中，爱沙尼亚的分值从 2000 年的 0.347 提高至 2010 年的 0.519，中国的分值也从 2000 年的 0.44 提高至 2010 年的 0.51。可见，爱沙尼亚和中国的分值有明显提升。

（2）知识产权创造投入指数变异系数较大国家中，大多是排名变化比较大的国家。

从表 5 - 4 来看，2000—2010 年，47 个国家知识产权创造投入指数变异系数不是很大，基本在 0.2 以下。不过该系数数值超过 0.05 的国家有马耳他、爱沙尼亚、斯洛伐克、拉脱维亚、希腊、土耳其、冰岛、捷克、匈牙利、印度尼西亚、塞浦路斯、印度、卢森堡、南非、荷兰、韩国、立陶宛、波兰和中国等 23 个国家。其中，除了拉脱维亚、卢森堡、波兰、土耳其、印度尼西亚和塞浦路斯六个国家外，其他国家大多都是排名有较大上升或下降的国家。另外，图 5 - 5 也反映了 47 个国家 2005 年与 2000 年相比，以及 2010 年与 2005 年相比知识产权创造投入指数分值的变化。

（3）47 个国家的知识产权创造投入指数差异总体上有缩小的趋势，特别是 2005 年之后。

从表 5 - 4 来看，47 个国家知识产权创造投入指数分值的变异系数从 2000 年的 0.329 一直下降，并于 2005 年之后基本保持在 0.28 左右。由于不同年份各国投入指数的变异系数表征的是不同年份各国的投入指数分值的离散程度：变异系数越大，分值离散或差异程度也越大；反之则反是。因此，可以推断，2000 年以来，47 国的知识产权创造投入指数总体上呈现出差距缩小或趋同的趋势，2005 年以后则更为明显。另外，图 5 - 5 反映了 47 个国家 2005 年与 2000 年相比，以及 2010 年与 2005 年相比指数分值的变化。

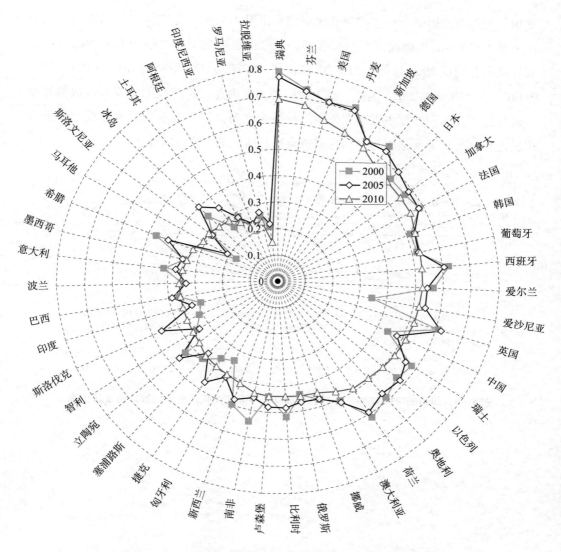

图 5 − 5　2000、2005 和 2010 年各国知识产权创造投入指数分值比较

（4）知识产权强国和次强国知识产权创造投入指数均值差距极小；中强国和欠强国与强国的差距总体上呈缩小势头。

从图 5 − 6 来看，知识产权强国、次强国、中强国和弱国知识产权创造投入指数均值变化具有以下特征：首先，均呈现出下降的趋势；其次，知识产权强国和次强国的差距极小，中强国和弱国与它们的差距依然明显。图 5 − 6 还显示，知识产权中强国、弱国与强国的上述平均值的比率出现上升的趋势，而次强国与强国间均值的比率基本接近1。考虑到知识产权强国、次强国、中强国和欠强国内部的综合指数变异系数分别从2000年的0.113、0.151、0.155和0.275下降到2010年的0.076、0.146、0.138和0.232。因此，在上述四类国家内部知识产权创造投入指数差异缩小的趋势下，知识产权中强国和欠强国与强国之间知识产权创造投入指数总体上表现出差异缩小，而次强国与强国之间该指数总体上的差异继续缩小。

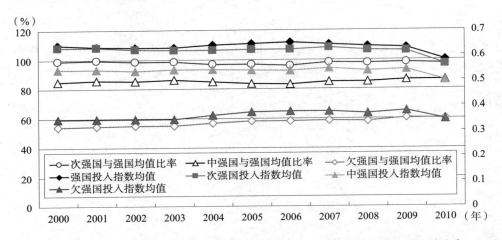

图5-6　2000—2010年知识产权强、次强、中强和欠强国投入指数均值及其比率

第三节

各国知识产权创造产出指数排名、分值及其变化

知识产权创造产出指数排名、分值及其变化，主要考察的是知识产权领域自身的发展动态。

一、各国知识产权创造产出指数排名及其变化

如表 5 – 5 所示，2010 年知识产权强国综合指数排名前十的国家分别是美国、日本、德国、瑞士、法国、韩国、瑞典、荷兰、意大利、英国和中国；排名最后的10 个国家分别是阿根廷、塞浦路斯、爱沙尼亚、墨西哥、拉脱维亚、马耳他、罗马尼亚、斯洛伐克、立陶宛和印度尼西亚，其他国家的排名介于中国和阿根廷之间，其中金砖国家印度、俄罗斯、南非和巴西分别位列第 24、25、30 和 39 位。现在来看 47 个国家知识产权创造产出指数的排名变化。

表 5 – 5 各国知识产权创造产出指数排名及其变化

年份 国家	2000	2001	2002	2003	2004	2005	2006	2007	2008	2009	2010	变化
美国	1	1	1	1	1	2	3	4	1	2	1	0
日本	3	3	2	3	3	4	2	1	3	3	2	1
德国	2	2	3	4	4	1	1	2	2	1	3	– 1
瑞士	4	4	4	2	2	3	4	3	4	4	4	0

年份 国家	2000	2001	2002	2003	2004	2005	2006	2007	2008	2009	2010	变化
法国	5	5	5	5	5	5	5	5	5	5	5	0
韩国	12	12	11	10	10	7	6	6	7	7	6	6
荷兰	9	11	10	8	7	6	7	7	6	6	7	2
意大利	8	8	8	9	9	8	8	9	8	8	8	0
英国	6	7	7	7	8	10	9	8	9	9	9	−3
中国	22	19	21	18	17	18	17	18	14	11	10	12
瑞典	7	6	6	6	6	9	10	10	10	10	11	−4
奥地利	10	9	9	11	11	11	11	11	11	12	12	−2
芬兰	13	13	13	13	13	13	13	13	13	13	13	0
丹麦	11	10	12	12	12	12	12	12	12	14	14	−3
卢森堡	24	25	28	21	21	20	18	19	18	16	15	9
加拿大	14	15	14	14	14	16	16	14	17	15	16	−2
西班牙	15	14	15	15	15	15	15	15	15	18	17	−2
比利时	21	23	22	16	16	14	14	16	16	17	18	3
澳大利亚	16	16	16	17	19	17	19	17	19	19	19	−3
爱尔兰	29	30	31	30	30	27	25	23	22	20	20	9
挪威	19	17	19	23	23	21	21	21	23	22	21	−2
以色列	18	20	20	19	18	19	20	20	20	21	22	−4
斯洛文尼亚	26	28	29	25	22	22	33	33	26	23	23	3
印度	30	27	25	28	28	26	26	25	25	25	24	6
俄罗斯	27	29	26	24	25	23	22	24	24	24	25	2
土耳其	36	34	30	33	32	32	31	34	31	28	26	10
捷克	20	21	17	22	20	24	23	30	28	26	27	−7
新西兰	17	18	18	20	24	28	27	26	27	27	28	−11
波兰	35	35	36	34	33	33	35	36	33	30	29	6
南非	34	36	33	32	36	36	36	40	37	38	30	4
智利	25	26	24	29	29	30	30	32	29	32	31	−6
冰岛	40	41	41	43	41	42	29	22	21	29	32	8
新加坡	33	32	32	31	31	31	32	31	30	33	33	0
匈牙利	28	24	27	27	26	29	28	27	32	31	34	−6
希腊	37	37	35	37	34	35	38	37	36	35	35	2
葡萄牙	38	38	38	39	38	34	34	38	38	37	36	2
巴西	31	33	34	36	35	37	37	28	35	36	37	−6
阿根廷	23	22	23	26	27	25	24	29	34	34	38	−15

年份\国家	2000	2001	2002	2003	2004	2005	2006	2007	2008	2009	2010	变化
塞浦路斯	45	45	45	45	45	45	44	41	42	42	39	6
爱沙尼亚	42	40	42	41	39	39	39	35	39	40	40	2
墨西哥	32	31	37	35	37	38	40	39	40	39	41	-9
拉脱维亚	43	43	43	40	42	41	42	44	41	41	42	1
马耳他	47	46	47	46	47	46	47	45	45	43	43	4
罗马尼亚	41	42	40	42	43	43	43	43	44	45	44	-3
斯洛伐克	39	39	39	38	40	40	41	42	43	44	45	-6
立陶宛	44	44	44	44	44	44	45	46	46	46	46	-2
印度尼西亚	46	47	46	47	46	47	46	47	47	47	47	-1

注：表格最后一栏是指 2010 年与 2000 年相比排名的变化，当数值为正时表示排名位次上升，当数值为负数时表示排名位次下降。

（1）美国、日本、德国、瑞士和法国始终居于前列。

如表 5－5 所示，2010 年位居前五的国家的知识产权创造产出指数排名动态为：美国在经历了 2005—2007 年的三年波动后，又回到了第一名；日本在与美国、德国和瑞士三国竞争多年后还是被美国领先，而德国与瑞士则分属第三和第四；法国则一直保持在第五位。

（2）2010 年与 2000 年相比，排名上升的国家共有 20 个。

其中，排名上升最多的是中国，上升了 12 位；其次是土耳其，上升了 10 位；再者卢森堡和爱尔兰提高了九位；接着是冰岛上升了八位；韩国、印度、波兰和塞浦路斯四国均提高了六位；南非和马耳他上升了四位；比利时和斯洛文尼亚提高了三位；荷兰、俄罗斯、希腊、葡萄牙和爱沙尼亚五国均提高了两位；日本和拉脱维亚上升了一位。可见，金砖五国的排名位次均有上升，特别是中国和印度，表现更为突出。

（3）2010 年与 2000 年相比，排名下降的国家共有 21 个。

其中，排名下降最多的是阿根廷，下降了 15 位；其次是新西兰，下降了 11 位；接着是墨西哥下降九位；捷克下降了七位；巴西、斯洛伐克、匈牙利和智利四国均下降了六位；瑞典和以色列下降了四位；澳大利亚、丹麦、罗马尼亚和英国四国均下降了三位；奥地利、加拿大、立陶宛、挪威和西班牙五个国家下降了两位；而德国和印度尼西亚下降了一位。可见，东欧大多数国家在知识产权创造产出指数排名提升上的表现要比其知识产权创造投入指数要差。

（4）2010年与2000年相比，排名相同的国家共有六个。

这六个国家分别是美国、法国、芬兰、瑞士、新加坡和意大利，其中除了新加坡外，其他五国排名均较靠前。另外，图5-7反映了47个国家2005年与2000年相比，以及2010年与2005年相比知识产权创造产出指数上排名的变化。

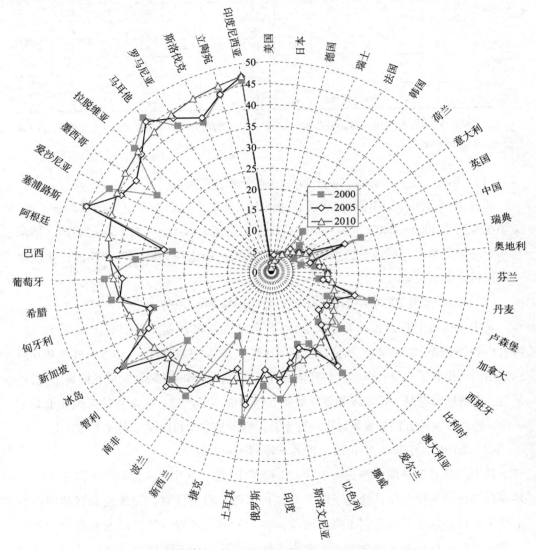

图5-7　2000、2005和2010年各国知识产权产出指数排名比较

二、各国知识产权创造产出指数分值及其变化

如表 5-6 所示，47 国的知识产权创造产出指数的平均值从 2000 年的 0.360 上升到 2007 年的 0.378 后，再次下降到 2010 年的 0.361，表明该 47 国的知识产权创造投入的整体水平经历了一个先上升再回调的过程。该 47 个国家知识产权创造产出指数分值分布具有以下特征：

表 5-6　各国知识产权创造产出指数的分值

年份 国家	2000	2001	2002	2003	2004	2005	2006	2007	2008	2009	2010	变化	变异系数
美国	0.696	0.693	0.693	0.689	0.691	0.697	0.693	0.69	0.687	0.684	0.684	-0.012	0.006
日本	0.661	0.667	0.672	0.674	0.678	0.693	0.694	0.694	0.683	0.683	0.675	0.014	0.016
德国	0.678	0.667	0.654	0.673	0.673	0.704	0.697	0.692	0.685	0.695	0.668	-0.01	0.023
瑞士	0.653	0.652	0.651	0.687	0.688	0.694	0.691	0.69	0.677	0.66	0.656	0.003	0.027
法国	0.58	0.569	0.578	0.578	0.578	0.607	0.595	0.602	0.582	0.575	0.57	-0.01	0.022
韩国	0.464	0.467	0.476	0.489	0.504	0.536	0.545	0.561	0.532	0.538	0.547	0.083	0.069
荷兰	0.48	0.47	0.476	0.517	0.53	0.568	0.539	0.546	0.565	0.553	0.545	0.065	0.068
意大利	0.508	0.513	0.514	0.511	0.524	0.53	0.536	0.512	0.525	0.533	0.514	0.006	0.019
英国	0.543	0.535	0.528	0.522	0.526	0.525	0.521	0.523	0.502	0.501	0.503	-0.04	0.026
中国	0.349	0.368	0.354	0.383	0.398	0.392	0.402	0.399	0.417	0.471	0.492	0.143	0.111
瑞典	0.541	0.543	0.529	0.534	0.543	0.529	0.515	0.51	0.499	0.495	0.492	-0.049	0.038
奥地利	0.474	0.48	0.48	0.467	0.492	0.494	0.493	0.48	0.456	0.462	0.442	-0.032	0.035
芬兰	0.439	0.429	0.435	0.447	0.448	0.447	0.441	0.438	0.435	0.438	0.431	-0.008	0.015
丹麦	0.468	0.471	0.451	0.462	0.468	0.475	0.462	0.457	0.443	0.438	0.424	-0.044	0.035
卢森堡	0.333	0.329	0.319	0.361	0.389	0.383	0.4	0.396	0.407	0.419	0.418	0.085	0.096
加拿大	0.438	0.418	0.424	0.42	0.429	0.419	0.427	0.432	0.411	0.423	0.415	-0.023	0.019
西班牙	0.421	0.429	0.405	0.414	0.426	0.433	0.428	0.423	0.415	0.412	0.407	-0.014	0.022
比利时	0.351	0.343	0.348	0.401	0.425	0.439	0.44	0.414	0.414	0.415	0.403	0.052	0.089
澳大利亚	0.394	0.388	0.398	0.385	0.394	0.403	0.399	0.403	0.394	0.39	0.388	-0.006	0.015
爱尔兰	0.313	0.303	0.305	0.308	0.326	0.325	0.342	0.351	0.363	0.356	0.353	0.04	0.068
挪威	0.376	0.373	0.371	0.356	0.364	0.37	0.363	0.366	0.354	0.353	0.342	-0.034	0.028
以色列	0.377	0.36	0.355	0.376	0.396	0.388	0.383	0.388	0.39	0.355	0.341	-0.036	0.048

年份\国家	2000	2001	2002	2003	2004	2005	2006	2007	2008	2009	2010	变化	变异系数
斯洛文尼亚	0.322	0.308	0.313	0.354	0.367	0.36	0.305	0.305	0.327	0.349	0.335	0.013	0.070
印度	0.311	0.317	0.329	0.324	0.337	0.327	0.333	0.336	0.334	0.34	0.334	0.023	0.027
俄罗斯	0.317	0.308	0.327	0.355	0.352	0.348	0.351	0.343	0.344	0.341	0.334	0.017	0.045
土耳其	0.266	0.279	0.308	0.284	0.296	0.298	0.309	0.304	0.293	0.299	0.287	0.021	0.045
捷克	0.353	0.348	0.373	0.357	0.39	0.344	0.347	0.32	0.309	0.317	0.285	-0.068	0.089
新西兰	0.378	0.373	0.371	0.366	0.352	0.318	0.325	0.331	0.321	0.306	0.284	-0.094	0.092
波兰	0.276	0.278	0.27	0.27	0.282	0.276	0.29	0.287	0.283	0.295	0.281	0.005	0.028
南非	0.276	0.272	0.285	0.288	0.27	0.267	0.276	0.258	0.264	0.259	0.275	-0.001	0.035
智利	0.323	0.326	0.343	0.324	0.335	0.304	0.318	0.314	0.306	0.289	0.273	-0.05	0.064
冰岛	0.236	0.216	0.221	0.189	0.222	0.2	0.32	0.362	0.375	0.298	0.273	0.037	0.247
新加坡	0.28	0.285	0.297	0.297	0.304	0.3	0.305	0.317	0.303	0.283	0.272	-0.008	0.045
匈牙利	0.313	0.342	0.321	0.324	0.346	0.306	0.324	0.328	0.284	0.29	0.267	-0.046	0.078
希腊	0.251	0.264	0.275	0.257	0.276	0.269	0.271	0.282	0.268	0.272	0.264	0.013	0.033
葡萄牙	0.237	0.248	0.245	0.244	0.265	0.274	0.293	0.273	0.261	0.265	0.252	0.015	0.064
巴西	0.285	0.283	0.28	0.265	0.271	0.258	0.274	0.326	0.273	0.269	0.251	-0.034	0.071
阿根廷	0.347	0.345	0.344	0.342	0.339	0.338	0.347	0.32	0.283	0.279	0.248	-0.099	0.108
塞浦路斯	0.142	0.134	0.124	0.126	0.135	0.138	0.202	0.218	0.197	0.227	0.248	0.106	0.271
爱沙尼亚	0.213	0.228	0.205	0.224	0.237	0.236	0.269	0.29	0.253	0.243	0.247	0.034	0.101
墨西哥	0.284	0.288	0.268	0.266	0.269	0.257	0.266	0.261	0.253	0.247	0.24	-0.044	0.055
拉脱维亚	0.181	0.171	0.176	0.229	0.217	0.223	0.214	0.202	0.21	0.232	0.236	0.055	0.111
马耳他	0.076	0.084	0.078	0.108	0.066	0.075	0.078	0.164	0.155	0.205	0.2	0.124	0.456
罗马尼亚	0.225	0.204	0.228	0.197	0.213	0.199	0.203	0.204	0.193	0.199	0.191	-0.034	0.059
斯洛伐克	0.236	0.235	0.232	0.248	0.233	0.231	0.216	0.213	0.194	0.201	0.19	-0.046	0.087
立陶宛	0.178	0.16	0.146	0.153	0.158	0.148	0.166	0.134	0.141	0.137	0.119	-0.059	0.110
印度尼西亚	0.086	0.079	0.081	0.073	0.076	0.073	0.086	0.085	0.077	0.08	0.082	-0.004	0.060
47国平均	0.360	0.358	0.359	0.364	0.372	0.371	0.376	0.378	0.369	0.370	0.361	0.001	
变异系数	0.148	0.148	0.148	0.150	0.152	0.159	0.150	0.147	0.148	0.146	0.147		

注：表格"变化"一栏是指2010年与2000年相比指数值的变化，当数值为正时表示指数增大，当数值为负数时表示指数下降。

（1）美国、日本、德国和瑞士的分值显著领先其他国家。

在排名前十国家中，有六个国家分值基本上处于增大态势，其中，中、韩和荷明显增大。如表5-6所示，2000—2010年，美国、日本、德国和瑞士的知识产权创造产出指数均保持在0.65以上，并且基本领先排名在它们之后的法国等国家0.1以上，因此，该四国的分值显著领先其他国家。同时，在2010年知识产权创造产出指数排名前十的国家中，2000年与2010年相比，分值稍稍下降的国家有四个，分别是美国、德国、法国和英国，分值增大的国家有六个，分别是日本、瑞士、韩国、中国、荷兰和意大利，其中，中、韩、荷三国的分值增大最明显。

（2）知识产权创造产出指数变异系数较大的国家中，大多是排名变化比较大的国家。

从表5-6来看，2000—2010年，47个国家知识产权创造产出指数变异系数不是很大，基本在0.15以下。不过该系数数值超过0.05的国家有马耳他、塞浦路斯、冰岛、中国、拉脱维亚、立陶宛、阿根廷、爱沙尼亚、卢森堡、新西兰、比利时、捷克、斯洛伐克、匈牙利、巴西、斯洛文尼亚、韩国、荷兰、爱尔兰、智利、葡萄牙、印度尼西亚、罗马尼亚和墨西哥24个国家。这24个国家2000年和2010年相比，都发生了排名变化，并且排名变化大的国家其变异系数大多也较大，尽管变异系数与排名变化之间不存在具有统计意义的相关性。另外，图5-8也反映了47个国家2005年与2000年相比，以及2010年与2005年相比知识产权创造投入指数分值的变化。

（3）47个国家的知识产权创造产出指数差异总体上基本没有多大变化。

从表5-6来看，47个国家知识产权创造产出指数分值的变异系数除了2005年为0.159，并明显高于其他年份外，其他年份大多在0.15并且基本保持稳定。因此，47个国家的知识产权创造产出指数差异程度，明显低于知识产权强国综合指数和知识产权投入指数。此外，由于不同年份各国产出指数的变异系数表征的是不同年份各国的产出指数分值的离散程度：变异系数越大，分值离散或差异程度也越大；反之则反是。因此，可以推断出，除个别年份（如2005年），其他年份47国的知识产权创造产出指数差异总体上基本处于稳定。另外，图5-8也反映了47个国家2005年与2000年相比，以及2010年与2005年相比知识产权创造产出指数分值的变化。

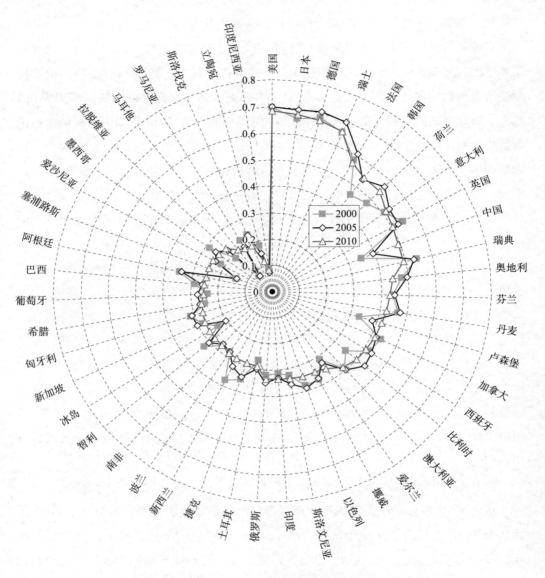

图 5 - 8   2000、2005 和 2010 年各国知识产权产出指数分值比较

（4）知识产权强国、次强国、中强国和欠强国知识产权创造产出指数均值差距明显；但强国与次强国和中强国的差距有变小趋势，而欠强国与强国的差距相对稳定。

从图 5 - 9 来看，知识产权强国、次强国、中强国和欠强国知识产权创造产出指数均值变化具有以下特征：首先，次强国和中强国呈现出略升的态势；其次，知识产权强国和欠强国较为平稳。图 5 – 9 还显示，知识产权次强国和中强国的产出指数均值与强国的比率呈略微上升的势头，而欠强国家与强国间产出指数均值的比率基本保持稳定。这意味着知识产权次强国和中强国知识产权产出指数总体上有增大的势头，从而与强国的差距总体上有变小的趋势，而知识产权欠强国知识产权产出指数总体上变化不大，即与强国的差距总体上保持不变。

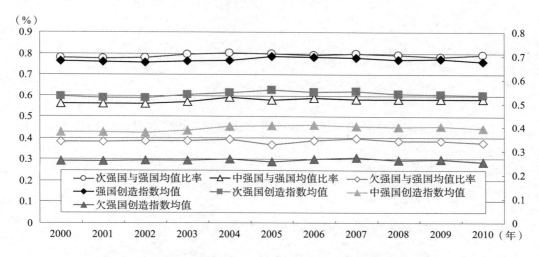

图 5 – 9　2000—2010 年知识产权强、次强、中强和欠强国创造指数均值及其比率

第四节

各国知识产权绩效指数排名、分值及其变化

在动态的知识产权强国意义上，最值得关注的是知识产权绩效指数排名、分值及其变化。

一、各国知识产权绩效指数排名及其变化

如表5－7所示，2010年排名前10的国家分别是美国、日本、法国、德国、英国、瑞士、意大利、瑞典、西班牙和加拿大。中国排名第20位，位列荷兰、韩国、比利时、芬兰、澳大利亚、新加坡、奥地利、爱尔兰和丹麦之后；排名最后的10个国家分别是智利、立陶宛、俄罗斯、塞浦路斯、冰岛、印度、爱沙尼亚、拉脱维亚、印度尼西亚和南非，其他国家的排名介于中国和智利之间。下面来看47个国家知识产权强国绩效指数排名变化。

表5－7　各国知识产权绩效指数排名及其变化

年份 国家	2000	2001	2002	2003	2004	2005	2006	2007	2008	2009	2010	变化
美国	1	1	1	1	1	1	1	1	1	1	1	0
日本	5	5	5	5	5	5	5	5	5	4	2	3
法国	3	3	4	3	3	3	3	2	2	3	3	0
德国	4	4	3	4	4	4	4	4	3	2	4	0

年份 国家	2000	2001	2002	2003	2004	2005	2006	2007	2008	2009	2010	变化
英国	2	2	2	2	2	2	2	3	4	5	5	−3
瑞士	6	6	6	6	6	6	6	6	6	6	6	0
意大利	8	7	7	7	8	9	9	9	7	7	7	1
瑞典	7	8	9	9	7	7	7	7	8	8	8	−1
西班牙	14	12	13	13	13	15	16	13	12	9	9	5
加拿大	9	9	8	8	9	10	10	12	10	11	11	−1
荷兰	10	10	11	10	11	8	8	8	9	10	11	−1
韩国	19	19	18	14	14	16	14	16	14	13	12	7
比利时	13	11	10	11	10	12	11	11	11	12	13	0
芬兰	11	13	14	16	17	11	13	14	18	14	14	−3
澳大利亚	18	16	16	15	15	17	18	18	16	16	15	3
新加坡	12	17	17	17	16	14	15	10	13	17	16	−4
奥地利	17	18	19	18	19	20	17	17	15	15	17	0
爱尔兰	15	14	12	12	12	13	12	15	17	19	18	−3
丹麦	16	15	15	19	18	18	19	19	19	18	19	−3
中国	29	25	23	25	31	31	29	24	21	21	20	9
以色列	21	22	25	26	22	19	20	20	24	20	21	0
葡萄牙	23	21	24	23	24	25	24	21	20	22	22	1
墨西哥	20	20	21	22	23	24	23	23	22	25	23	−3
匈牙利	25	24	22	21	21	22	21	22	23	24	24	1
斯洛伐克	34	34	34	33	29	28	27	25	25	23	25	9
土耳其	31	31	28	29	25	21	25	29	29	30	26	5
捷克	32	29	33	30	30	26	26	27	26	27	27	5
波兰	26	28	30	32	32	30	31	33	32	29	28	−2
斯洛文尼亚	24	26	26	27	27	27	28	28	27	28	29	−5
挪威	22	23	20	20	20	23	22	26	28	26	30	−8
巴西	35	33	31	34	34	35	37	34	33	32	31	4
罗马尼亚	42	40	41	36	33	36	35	38	35	31	32	10
马耳他	27	43	35	45	39	44	38	39	34	35	33	−6
阿根廷	36	39	42	38	45	40	43	37	38	36	34	2
希腊	30	27	27	24	26	29	30	31	30	33	35	−5
卢森堡	28	32	37	35	40	42	39	30	31	34	36	−8
新西兰	33	30	29	28	28	32	36	35	37	37	37	−4
智利	39	35	32	31	36	33	41	42	39	39	38	1
立陶宛	41	42	45	44	41	39	40	40	40	41	39	2
俄罗斯	45	38	36	39	38	37	33	32	36	38	40	5
塞浦路斯	40	36	38	41	42	45	44	46	44	42	41	−1

国家 ＼ 年份	2000	2001	2002	2003	2004	2005	2006	2007	2008	2009	2010	变化
冰岛	43	44	43	37	35	34	45	44	45	40	42	1
印度	44	45	46	42	43	41	42	43	43	44	43	1
爱沙尼亚	38	41	40	43	44	43	34	41	42	45	44	−6
拉脱维亚	37	37	39	40	37	38	32	36	41	43	45	−8
印度尼西亚	47	47	47	47	46	46	47	47	46	46	46	1
南非	46	46	44	46	47	47	46	45	47	47	47	−1

注：表格最后一栏是指 2010 年与 2000 年相比排名的变化，当数值为正时表示排名位次上升，当数值为负数时表示排名位次下降。

（1）美国、日本、法国、德国、英国和瑞士始终居于前列。

如表 5-7 所示，2010 年位居前六位的国家的知识产权绩效指数排名动态为：美国始终处于领头羊的位置；日本从 2000 年的第五名上升到 2010 年的第二名；法国和德国第三名和第四名的位置在 2000 和 2010 年均保持不变，尽管在这两年中间出现过波动；英国在保持了多年的第二名之后最终下滑到第五位；瑞士则始终处于第六位。

（2）2010 年与 2000 年相比，排名上升的国家共有 20 个。

其中，排名上升最多的是罗马尼亚，上升了 10 位；其次是中国和斯洛伐克，上升了九位；再者韩国提高了七位；接着是西班牙、土耳其、捷克和俄罗斯均上升了五位；巴西提高了四位；日本和澳大利亚均上升了三位；阿根廷和立陶宛提高了两位；而意大利、葡萄牙、匈牙利、智利、冰岛和印度均上升了一位。可见，除了南非以外，其他金砖国家的排名位次均有上升，特别是中国和俄罗斯表现更为突出；东欧大多国家在知识产权绩效指数排名提升上的表现要比其在知识产权创造产出指数要好。

（3）2010 年与 2000 年相比，排名下降的国家也有 20 个。

其中，排名下降最多的是挪威、卢森堡和拉脱维亚下降了八位；其次是马耳他和爱沙尼亚下降了六位；接着是斯洛文尼亚和希腊下降了五位；新加坡和新西兰下降了四位；英国、芬兰、爱尔兰、丹麦和墨西哥五国均下降了三位；波兰下降了两位；瑞典、荷兰、塞浦路斯和南非均下降了一位。

（4）2010 年与 2000 年相比，排名相同的国家共有七个。

这七个国家分别是美国、法国、德国、瑞士、比利时、奥地利和以色列，即 2010 年前五国中，有四个国家 2000 年和 2010 年相比，排名不变。另外，图 5 - 10 反映了 47 个国家 2005 年与 2000 年相比，以及 2010 年与 2005 年相比知识产权绩效指数上的排名变化。

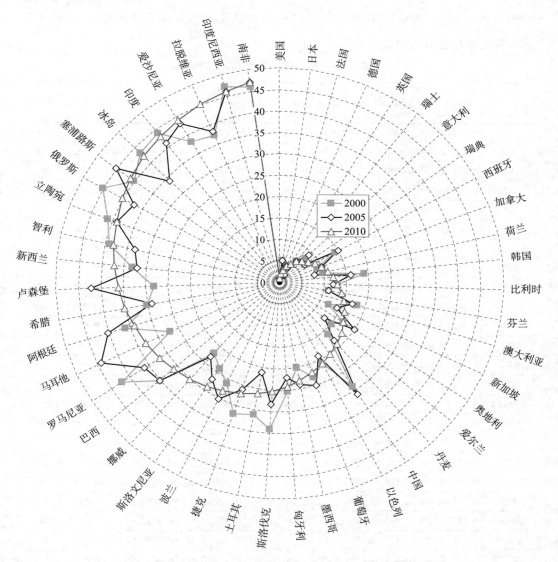

图 5 - 10　2000 年、2005 年和 2010 年各国知识产权绩效指数排名比较

二、各国知识产权绩效指数分值及其变化

如表 5－8 所示，47 国的知识产权绩效指数的平均值从 2000 年的 0.441 下降到 2010 年的 0.432，表明该 47 国的知识产权绩效整体水平稍有下降。该 47 个国家知识产权绩效指数分值分布具有以下特征：

表 5－8　各国知识产权绩效指数的分值

年份 国家	2000	2001	2002	2003	2004	2005	2006	2007	2008	2009	2010	变化	变异系数
美国	0.845	0.856	0.849	0.858	0.85	0.843	0.831	0.826	0.837	0.809	0.815	－0.03	0.019
日本	0.694	0.731	0.73	0.741	0.727	0.725	0.709	0.705	0.703	0.713	0.726	0.032	0.020
法国	0.767	0.768	0.742	0.752	0.749	0.732	0.726	0.728	0.729	0.729	0.718	－0.049	0.023
德国	0.739	0.756	0.758	0.75	0.737	0.726	0.713	0.717	0.729	0.735	0.718	－0.021	0.021
英国	0.772	0.783	0.781	0.788	0.772	0.743	0.732	0.719	0.706	0.705	0.691	－0.081	0.048
瑞士	0.617	0.619	0.614	0.601	0.621	0.608	0.599	0.624	0.635	0.631	0.621	0.004	0.018
意大利	0.58	0.593	0.58	0.572	0.554	0.541	0.538	0.54	0.564	0.564	0.559	－0.021	0.032
瑞典	0.581	0.582	0.553	0.552	0.563	0.586	0.582	0.573	0.554	0.549	0.549	－0.032	0.027
西班牙	0.502	0.516	0.506	0.514	0.492	0.483	0.479	0.485	0.516	0.533	0.536	0.034	0.039
加拿大	0.558	0.576	0.576	0.558	0.542	0.522	0.529	0.509	0.525	0.511	0.522	－0.036	0.046
荷兰	0.547	0.542	0.516	0.532	0.521	0.544	0.549	0.54	0.549	0.525	0.517	－0.03	0.024
韩国	0.452	0.463	0.465	0.494	0.489	0.48	0.48	0.476	0.482	0.503	0.512	0.06	0.037
比利时	0.503	0.519	0.525	0.519	0.522	0.503	0.515	0.509	0.522	0.51	0.493	－0.01	0.020
芬兰	0.53	0.511	0.479	0.459	0.463	0.506	0.482	0.482	0.469	0.486	0.49	－0.04	0.044
澳大利亚	0.47	0.487	0.474	0.487	0.483	0.476	0.464	0.453	0.472	0.474	0.477	0.007	0.021
新加坡	0.511	0.485	0.473	0.459	0.474	0.486	0.479	0.519	0.495	0.474	0.472	－0.039	0.037
奥地利	0.476	0.473	0.459	0.452	0.45	0.443	0.465	0.468	0.48	0.481	0.47	－0.006	0.027
爱尔兰	0.499	0.501	0.51	0.519	0.519	0.5	0.486	0.477	0.471	0.459	0.464	－0.035	0.043
丹麦	0.496	0.493	0.475	0.441	0.454	0.471	0.457	0.445	0.447	0.461	0.455	－0.041	0.040
中国	0.372	0.404	0.422	0.397	0.363	0.352	0.362	0.399	0.416	0.429	0.451	0.079	0.080
以色列	0.435	0.424	0.424	0.396	0.42	0.449	0.434	0.429	0.41	0.438	0.445	0.01	0.040
葡萄牙	0.404	0.425	0.413	0.421	0.41	0.4	0.401	0.408	0.43	0.422	0.429	0.025	0.027
墨西哥	0.438	0.447	0.434	0.421	0.416	0.406	0.404	0.4	0.415	0.403	0.419	－0.019	0.037

年份\国家	2000	2001	2002	2003	2004	2005	2006	2007	2008	2009	2010	变化	变异系数
匈牙利	0.399	0.407	0.434	0.422	0.432	0.428	0.419	0.406	0.415	0.406	0.411	0.012	0.028
斯洛伐克	0.343	0.33	0.334	0.35	0.369	0.373	0.384	0.397	0.397	0.411	0.389	0.046	0.075
土耳其	0.354	0.357	0.371	0.383	0.404	0.429	0.396	0.366	0.368	0.364	0.386	0.032	0.060
捷克	0.354	0.362	0.342	0.372	0.365	0.388	0.394	0.388	0.393	0.384	0.38	0.026	0.046
波兰	0.388	0.379	0.365	0.354	0.36	0.355	0.339	0.341	0.352	0.381	0.378	−0.01	0.046
斯洛文尼亚	0.399	0.392	0.38	0.388	0.396	0.38	0.377	0.382	0.379	0.382	0.374	−0.025	0.021
挪威	0.407	0.421	0.456	0.432	0.437	0.408	0.407	0.389	0.375	0.388	0.371	−0.036	0.065
巴西	0.336	0.347	0.344	0.349	0.342	0.331	0.322	0.333	0.348	0.351	0.362	0.026	0.032
马耳他	0.376	0.303	0.328	0.275	0.311	0.275	0.321	0.308	0.342	0.34	0.349	−0.027	0.096
罗马尼亚	0.3	0.311	0.3	0.321	0.343	0.33	0.325	0.31	0.333	0.358	0.349	0.049	0.060
阿根廷	0.324	0.311	0.289	0.315	0.286	0.312	0.292	0.318	0.311	0.323	0.341	0.017	0.053
希腊	0.363	0.383	0.376	0.403	0.398	0.366	0.357	0.355	0.365	0.349	0.336	−0.027	0.055
卢森堡	0.373	0.35	0.323	0.328	0.308	0.309	0.319	0.366	0.362	0.347	0.327	−0.046	0.069
新西兰	0.351	0.357	0.367	0.385	0.381	0.35	0.324	0.326	0.32	0.321	0.318	−0.033	0.073
智利	0.308	0.326	0.344	0.357	0.325	0.339	0.308	0.291	0.302	0.303	0.317	0.009	0.063
立陶宛	0.307	0.305	0.281	0.282	0.299	0.318	0.309	0.3	0.298	0.272	0.304	−0.003	0.046
俄罗斯	0.271	0.311	0.325	0.304	0.318	0.328	0.334	0.343	0.331	0.314	0.297	0.026	0.064
塞浦路斯	0.307	0.322	0.323	0.302	0.295	0.273	0.285	0.255	0.262	0.269	0.28	−0.027	0.081
冰岛	0.297	0.302	0.289	0.319	0.328	0.331	0.282	0.264	0.254	0.277	0.267	−0.03	0.090
印度	0.278	0.284	0.271	0.298	0.295	0.311	0.3	0.287	0.271	0.258	0.267	−0.011	0.057
爱沙尼亚	0.314	0.306	0.316	0.286	0.29	0.306	0.333	0.298	0.279	0.257	0.259	−0.055	0.080
拉脱维亚	0.323	0.318	0.32	0.303	0.32	0.324	0.336	0.32	0.295	0.26	0.248	−0.075	0.092
印度尼西亚	0.205	0.23	0.231	0.263	0.254	0.259	0.241	0.239	0.236	0.219	0.227	0.022	0.073
南非	0.258	0.268	0.288	0.268	0.24	0.247	0.253	0.263	0.235	0.205	0.22	−0.038	0.095
47 国平均	0.441	0.445	0.441	0.441	0.440	0.438	0.433	0.431	0.434	0.432	0.432	−0.009	0.011
变异系数	0.336	0.338	0.335	0.335	0.330	0.323	0.322	0.326	0.331	0.335	0.329		

注：表格"变化"一栏是指 2010 年与 2000 年相比指数值的变化，当数值为正时表示指数增大，当数值为负数时表示指数下降。

（1）美国的分值显著领先日、德、法、英四国，而日、德、法、英四国的指数又明显领先瑞士，瑞士的分值又明显领先其他国家，另外前 10 国中多数国家指数向下调整。

如表 5 - 8 所示，2000—2010 年，美国的知识产权绩效指数始终保持在 0.8 以上，而日、德、法、英四国的该指数在 0.69—0.79 间波动。不过将这四个国家与美国进行比较来看，美国在相同的年份领先将近 0.1。再者，日、德、法、英四国的该指数也领先排名在它们之后的瑞士 0.05 以上。接着，瑞士的该指数又比排名在它之后的国家高 0.05 以上。因此，在知识产权绩效指数上，美国显著领先日、德、法、英四国，而日、德、法、英四国又明显领先瑞士，瑞士又明显领先其他国家。同时，在 2010 年知识产权绩效指数排名前 10 的国家中，2000 年与 2010 年相比，分值增大的国家只有三个，分别是日本、瑞士和西班牙，其中日本和西班牙有明显增大，而其他国家的分值出现向下调整，其中又以英法最为显著。

（2）知识产权绩效指数变异系数较大的国家中，大多是排名变化比较大的国家。

从表 5 - 8 来看，2000—2010 年，47 个国家知识产权绩效指数变异系数不是很大，基本在 0.1 以下。不过该系数值超过 0.05 的国家有马耳他、南非、拉脱维亚、冰岛、塞浦路斯、中国、爱沙尼亚、斯洛伐克、新西兰、印度尼西亚、卢森堡、挪威、俄罗斯、智利、土耳其、罗马尼亚、印度、希腊和阿根廷 19 个国家。该 19 个国家 2000 年和 2010 年相比，都发生了排名变化，并且排名变化大的国家其变异系数大多也较大，尽管变异系数与排名变化之间不存在着具有统计意义的相关性。另外，图 5 - 11 也反映了 47 个国家 2005 年与 2000 年相比，以及 2010 年与 2005 年相比知识产权创造投入指数分值的变化。

（3）47 个国家的知识产权绩效指数差异总体上基本保持不变。

从表 5 - 8 来看，47 个国家知识产权绩效指数的变异系数基本保持在 0.32 以上，不仅略高于知识产权创造投入指数，而且明显高于知识产权创造产出指数。由于不同年份各国绩效指数的变异系数表征的是不同年份各国的绩效指数分值的离散程度：变异系数越大，分值离散或差异程度也越大；反之则反是。因此，可以推断，与知识产权创造产出指数差异总体上保持基本不变一样，47 国的绩效指数差异总体上也基本处于稳定状态。

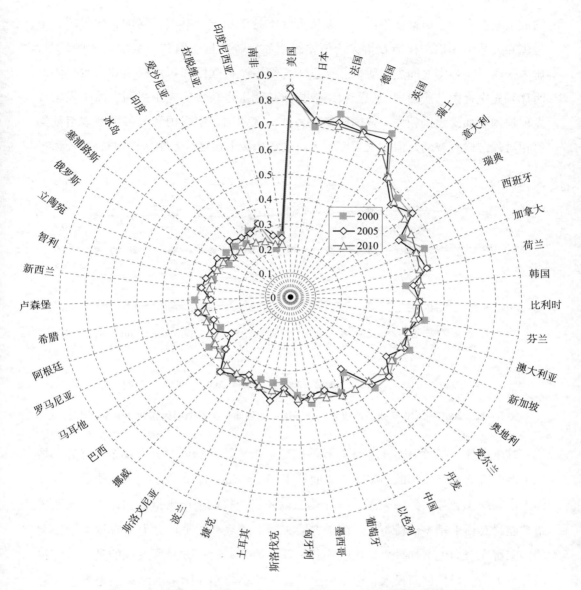

图 5 - 11　2000 年、2005 年和 2010 年各国知识产权绩效指数得分比较

（4）知识产权强国与次强国在知识产权绩效指数均值上的差距，要大于次强国和中强国的差距，而次强国与中强国的差距又大于中强国和欠强国的差距，并且这些差距保持相对稳定。

如图 5 - 12 所示，知识产权强国、次强国、中强国和欠强国知识产权绩效指数均值虽略有变动，但幅度很小，可以认为基本处于稳定。其次，强国、次强国、中强国和欠强国知识产权绩效指数均值差距明显，特别是强国和中强国之间的差距，比中强国与次强国之间更加明显。这意味着知识产权强国知识产权绩效指数总体上明显领先次强国，次强国知识产权绩效指数总体上也较多领先中强国，而中强国领先欠强国不如次强国领先中强国明显。另外，次强国、中强国和欠强国绩效指数均值相对强国略有波动，但变动幅度不大。这意味着上述这些差距保持相对稳定。

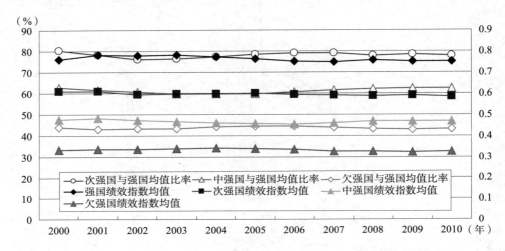

图 5 – 12　2000—2010 年知识产权强、次强国、中强国和欠强国绩效指数均值及其比率

综上所述，47 个国家的知识产权强国综合指数差异总体上也出现缩小态势，是以下两个方面相互作用的结果：一方面是 47 个国家的知识产权创造投入指数差异总体上出现缩小态势，另一方面，47 个国家的知识产权创造产出指数和知识产权绩效指数差异总体上基本保持不变。前一方面实际上所反映的是世界上所有致力于创新的国家都在努力地增加投入，以改善其创新的绩效；后一方面所展现的是，尽管各国都在下力气增加创新投入，但是要想马上就缩小与领先国家的距离还是不大容易的。这就意味着除了扩大投入外，还需要提高创新效率，才能将创新投入最终转化为创新产出（知识产权）和生产率。

再从四大类国家各类指数的平均差距来看，上述分析表明，知识产权强国和次强国知识产权投入指数总体上出现趋同以及其之间知识产权产出指数总体上出现缩小态势，但知识产权绩效指数上知识产权强国与次强国之间总体上依然保持着较大的差距。正是后一指数的差距的存在使得强国和次强国之间知识产权强国指数总体上的差距依然较为明显。这意味着对于次强国对强国的追赶来看，投入方面的差距是最容易缩小的，其次是产出方面的差距，但最难的是绩效方面的差距。不仅是知识产权次强国对强国的追赶面临上述困境，而且中强国对次强国以及欠强国对中强国的追赶，也会同样面临类似的情形。因此，如何在知识产权创造投入增加或产出提高的情况下，将投入转化为产出，或将产出有效地转化为知识产权绩效，就成为世界各国关心的问题。对中国这样的发展中大国而言，在知识产权创造产出有明显进步的情况下，如何将产出转变为经济实力和国际影响力，就成为建设知识产权强国首先要关注的重要问题。

第五节

各国知识产权创造效率和绩效影响度指数及其变化

知识产权创造效率衡量的是对知识产权创造投入转化为知识产权创造产出水平的衡量。知识产权绩效影响度是对知识产权创造产出转化为知识产权绩效水平的衡量。下面来分析知识产权强国、次强国、中强国和欠强国在知识产权创造效率和绩效影响上的表现。

一、各国知识产权创造效率指数及其变化

2012 年由欧洲工商管理学院与世界知识产权组织共同发布的《全球创新指数报告》指出❶，在分析创新效率时应关注不同的收入，有些发展中国家创新效率很高实际上是因为其创新投入指数特别低，即分析创新效率时必须要考虑其发展阶段。这意味着在进行创新效率比较时，比较国家的选择至关重要。基于此，我们在分析知识产权创造效率指数时，主要关注的是知识产权强国、次强国和中强国间的比较。其原因如下：一方面是这些国家基本上包括了世界上创新活动最为活跃的国家，从而这些国家之间知识产权的竞争构成了世界知识产权竞争的主要战场；另一方面是这些国家之间的比较对明确我国在全球知识产权活动中的地位更有价值。

---

❶ INSEAD and WIPO. Global Innovation Index 2012.

（1）知识产权强国的知识产权创造效率均较高并处于提升之势。

如表 5 - 9 所示，2010 年美、日、德三大世界知识产权强国的知识产权创造效率指数均高于 1，但日本高出德国 0.05，德国又比美国高出 0.1。即，三大知识产权强国知识产权创造效率都较高，但在知识产权创造上日本和德国比美国更有效率，而日本又比德国更有效率。另外，2010 年与 2000 年相比，上述三国的知识产权创造效率指数均表现出增大的趋势，其中德国在这方面的表现要分别优于日本和美国。另外图 5 - 13 也反映了 47 个国家 2005 年与 2000 年相比，以及 2010 年与 2005 年相比知识产权创造效率指数的变化。

表 5 - 9　各国知识产权创造效率指数

国家 \ 年份	2000	2001	2002	2003	2004	2005	2006	2007	2008	2009	2010	变化	变异系数
美国	0.99	0.99	0.99	0.98	0.98	0.99	1.00	1.00	0.99	1.00	1.08	0.09	0.03
德国	1.04	1.05	1.03	1.07	1.07	1.12	1.09	1.09	1.12	1.13	1.18	0.15	0.04
日本	1.18	1.18	1.20	1.20	1.15	1.15	1.12	1.14	1.15	1.15	1.23	0.05	0.03
法国	0.99	0.96	0.98	1.00	1.00	1.05	1.05	1.04	1.01	0.98	1.05	0.05	0.03
瑞士	1.12	1.14	1.16	1.22	1.25	1.25	1.21	1.21	1.22	1.18	1.29	0.17	0.04
瑞典	0.68	0.70	0.68	0.70	0.70	0.69	0.67	0.68	0.66	0.68	0.71	0.03	0.03
英国	0.89	0.88	0.87	0.86	0.87	0.85	0.87	0.87	0.86	0.88	0.98	0.09	0.04
芬兰	0.60	0.60	0.60	0.62	0.62	0.60	0.60	0.60	0.60	0.61	0.64	0.04	0.02
韩国	0.90	0.88	0.93	0.94	0.96	1.01	0.98	0.94	0.89	0.93	1.03	0.13	0.05
荷兰	0.78	0.76	0.80	0.89	0.91	0.96	0.94	0.92	1.03	1.00	1.12	0.34	0.12
丹麦	0.65	0.68	0.65	0.68	0.69	0.68	0.67	0.67	0.66	0.63	0.70	0.04	0.03
西班牙	0.68	0.69	0.65	0.67	0.69	0.72	0.72	0.71	0.72	0.73	0.78	0.10	0.05
加拿大	0.77	0.73	0.76	0.76	0.78	0.72	0.75	0.75	0.70	0.71	0.76	- 0.01	0.03
中国	0.79	0.83	0.80	0.86	0.87	0.83	0.86	0.83	0.84	0.92	0.96	0.17	0.06
奥地利	0.81	0.81	0.84	0.84	0.89	0.87	0.91	0.86	0.84	0.85	0.90	0.09	0.04
意大利	1.23	1.24	1.27	1.27	1.41	1.43	1.45	1.39	1.38	1.43	1.48	0.25	0.07
爱尔兰	0.56	0.56	0.54	0.55	0.60	0.60	0.64	0.63	0.64	0.64	0.67	0.12	0.08
新加坡	0.45	0.46	0.49	0.48	0.48	0.49	0.49	0.50	0.49	0.45	0.46	0.01	0.04
比利时	0.68	0.67	0.71	0.81	0.87	0.92	0.93	0.84	0.86	0.87	0.92	0.24	0.12

年份 国家	2000	2001	2002	2003	2004	2005	2006	2007	2008	2009	2010	变化	变异系数
澳大利亚	0.78	0.77	0.80	0.78	0.76	0.79	0.78	0.79	0.77	0.76	0.83	0.06	0.03
以色列	0.67	0.65	0.63	0.67	0.70	0.67	0.67	0.68	0.71	0.66	0.68	0.01	0.03
葡萄牙	0.46	0.48	0.48	0.47	0.51	0.53	0.55	0.50	0.47	0.48	0.48	0.02	0.06
卢森堡	0.76	0.67	0.66	0.66	0.70	0.80	0.76	0.72	0.82	0.83	0.96	0.20	0.12
挪威	0.80	0.80	0.82	0.77	0.77	0.79	0.78	0.78	0.74	0.72	0.77	−0.03	0.04
俄罗斯	0.73	0.69	0.75	0.80	0.74	0.75	0.77	0.74	0.75	0.74	0.76	0.03	0.04
捷克	0.92	0.96	0.93	0.95	0.94	0.74	0.75	0.75	0.68	0.69	0.66	−0.25	0.15
匈牙利	0.98	0.95	1.00	0.98	0.95	0.74	0.78	0.70	0.72	0.72	0.72	−0.26	0.15
新西兰	0.76	0.78	0.79	0.78	0.73	0.67	0.68	0.71	0.68	0.64	0.69	−0.07	0.07
爱沙尼亚	0.61	0.62	0.58	0.61	0.48	0.44	0.51	0.53	0.45	0.43	0.48	−0.14	0.14
斯洛文尼亚	1.12	1.02	1.01	1.22	1.28	1.23	1.00	1.00	1.04	1.01	1.09	−0.02	0.10
波兰	0.80	0.81	0.83	0.79	0.85	0.83	0.78	0.76	0.77	0.76	0.79	−0.01	0.04
智利	0.93	0.92	0.99	0.93	0.96	0.90	0.96	0.95	0.92	0.79	0.75	−0.17	0.08
印度	1.08	1.09	1.15	0.97	1.05	1.01	0.96	1.00	1.01	0.93	0.94	−0.14	0.07
巴西	0.79	0.73	0.72	0.69	0.71	0.67	0.73	0.89	0.74	0.72	0.71	−0.08	0.08
土耳其	1.04	1.06	1.07	0.83	0.82	0.85	0.89	0.88	0.96	0.97	1.00	−0.04	0.10
墨西哥	0.81	0.84	0.72	0.72	0.74	0.73	0.73	0.75	0.77	0.71	0.71	−0.10	0.06
斯洛伐克	0.76	0.75	0.66	0.76	0.57	0.50	0.51	0.54	0.46	0.47	0.53	−0.23	0.20
塞浦路斯	0.35	0.33	0.30	0.36	0.40	0.37	0.51	0.53	0.48	0.50	0.64	0.29	0.24
希腊	0.54	0.56	0.59	0.59	0.61	0.64	0.70	0.74	0.73	0.74	0.80	0.27	0.13
南非	0.51	0.58	0.63	0.65	0.61	0.60	0.62	0.59	0.60	0.58	0.64	0.13	0.06
马耳他	0.44	0.51	0.50	0.60	0.42	0.36	0.36	0.64	0.59	0.64	0.65	0.20	0.22
冰岛	0.68	0.62	0.61	0.53	0.62	0.50	0.79	0.79	0.94	0.81	0.93	0.26	0.21
阿根廷	1.23	1.24	1.22	1.24	1.22	1.22	1.16	1.10	1.04	1.00	0.96	−0.27	0.09
立陶宛	0.41	0.38	0.33	0.36	0.34	0.32	0.37	0.30	0.32	0.32	0.32	−0.09	0.10
罗马尼亚	0.89	0.82	0.93	0.79	0.79	0.74	0.75	0.75	0.71	0.74	0.83	−0.06	0.08
拉脱维亚	0.88	0.90	0.90	1.11	1.06	1.02	0.85	0.82	0.98	1.18	1.56	0.68	0.21
印度尼西亚	0.42	0.39	0.42	0.39	0.32	0.31	0.37	0.41	0.40	0.35	0.35	−0.07	0.10
47 国平均	0.79	0.78	0.79	0.80	0.80	0.78	0.79	0.79	0.79	0.78	0.83	0.05	
变异系数	0.29	0.29	0.30	0.29	0.31	0.33	0.29	0.27	0.29	0.30	0.32		

注：表格"变化"一栏是指 2010 年与 2000 年相比指数值的变化，当数值为正时表示指数增大，当数值为负数时表示指数下降。

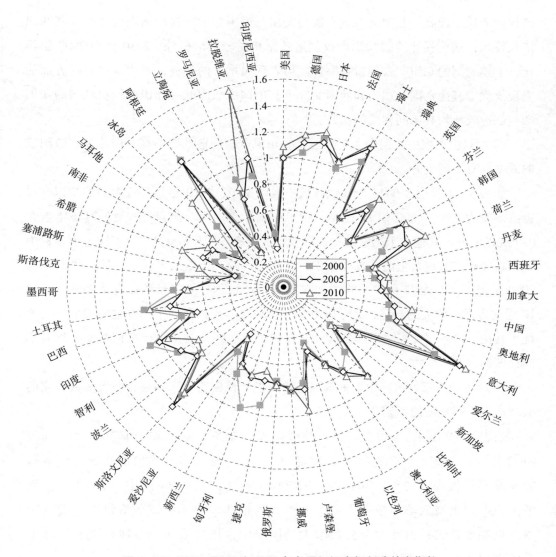

图 5 - 13   2000、2005 和 2010 年各国知识产权创造效率指数

（2）知识产权次强国中有半数以上国家的知识产权创造效率均较高，并且所有国家的效率均有不同提升。

如表 5 - 9 所示，2010 年法国、瑞士、韩国和荷兰的知识产权创造效率指数大多在 1 以上，特别是瑞士高达 1.29；英国的该指数也接近 1，而瑞典和芬兰分别为 0.71 和 0.64。即，在七个知识产权次强国中，法国、瑞士、韩国和荷兰四国的知识产权创造效率较高，其中又以瑞士最为突出，英国知识产权产出表现略低于其知识产权投入，瑞典和芬兰的知识产权创造效率相对较低。另外，2010 年与 2000 年相比，上述七国的知识产权创造效率指数均表现出增大的趋势，其中荷兰在这方面的表现要优于其他六国，瑞士和韩国又优于其他国家。因此，知识产权次强国的知识产权创造效率均有不同程度的提升。

（3）知识产权中强国中大多数国家的知识产权创造效率不高，但绝大多数国家的效率均有不同提升。

如表 5 - 9 所示，在 13 个知识产权中强国家中，2010 年只有意大利的知识产权创造效率为 1.48，而其他 12 国中，除了中国、卢森堡、比利时和奥地利该指数在 0.9 或以上外，其他 8 个国家的知识产权创造效率均明显低于 1。这意味着大多数中强国在知识产权投入上的表现要优于其在知识产权产出上的表现。另外，2010 年与 2000 年相比，上述 13 国中，除了加拿大知识产权创造效率指数略有下调外，其他 12 国均表现出增大的趋势，其中意大利、比利时、卢森堡和中国在这方面的表现要优于其他 6 国。因此，除了加拿大外，知识产权次强国的知识产权创造效率均有不同程度的提升。

（4）知识产权欠强国中大多数国家的知识产权创造效率不高，但大多数国家的效率均有不同程度的下调。

如表 5 - 9 所示，2010 年除了拉脱维亚、斯洛文尼亚和土耳其之外，其他 21 个国家的知识产权创造效率指数都小于 1，即绝大多数国家的知识产权创造效率都不是很高。另外，2010 年与 2000 年相比，上述 24 国中，有 17 个国家的知识产权创造效率指数有下调，其中，阿根廷、匈牙利、斯洛伐克和捷克四国下调幅度较大；而在七个指数增大的国家中，拉脱维亚、塞浦路斯和冰岛上升幅度较大。

最后来看上述四大类国家知识产权创造效率指数的均值差异。如图 5 - 14 所示，知识产权强国知识产权创造效率指数的均值明显高于知识产权次强国，知识产权次强国又明显高于知识产权中强国和欠强国，而知识产权中强国的知识产权创造效率指数均值在 2000—2004 年还低于知识产权欠强国的均值，并且在之后才逐步与知识产权欠强国知识产权创造效率的距离有所拉开。

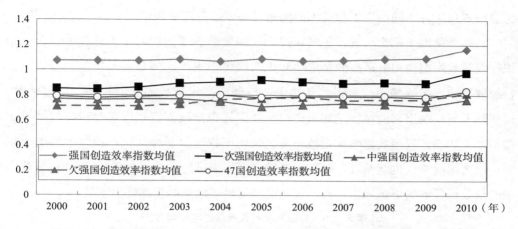

图 5 – 14　2000—2010 年知识产权强国、次强国、中强国和欠强国创造效率均值

综上所述可以得出以下结论：知识产权强国的知识产权创造效率总体上明显高于知识产权次强国，而知识产权次强国的知识产权创造效率总体上又明显高于知识产权中强国；知识产权强国、次强国和中强国中，大部分国家的知识产权创造效率指数都有不同程度的提高，这表明上述各类国家之间，以及各类国家内部成员之间的竞争已经不仅仅停留在如何增加投入，而是也转向如何提高知识产权创造的效率上；中国与知识产权强国和多数知识产权次强国相比知识产权创造效率还不高，不过表现出较快的追赶势头。

二、各国知识产权绩效影响度指数及其变化

知识产权绩效影响度指数是用来衡量各国知识产权创造产出转化为知识产权绩效的水平的。而知识产权绩效影响度指数的提出，直接受 2011 年由欧洲工商管理学院和世界知识产权组织联合发布的《全球创新指数报告》的创新效率指数启发❶。同时，我们也注意到该报告特别强调创新效率的比较必须注意比较国家的经济发展阶段或不同收入国家之间比较的局限性。即，评价知识产权影响度指数高低的衡量

---

❶　INSEAD and WIPO. Global Innovation Index 2012.

标准应通过区分不同国家类型或不同国家经济发展阶段来确定。

另外，从图 5-15 来看，各国知识产权绩效影响度指数不仅差异很大，而且知识产权绩效影响度指数最高的是那些知识产权欠强国。这些知识产权欠强国知识产权绩效影响度指数偏高，原因是其知识产权创造产出指数的分值较小。反过来看，这实际上所反映出来的往往是知识产权欠强国知识产权创造产出对知识产权绩效支撑不足：知识产权绩效影响度指数越高，知识产权产出支撑知识产权绩效的能力越弱；反之则反是。也就是说，对知识产权欠强国来讲，表 5-9 中的知识产权绩效影响度指数所反映的更是知识产权产权对经济发展等绩效的支撑能力不足。

表 5-10　各国知识产权绩效影响度指数

年份 国家	2000	2001	2002	2003	2004	2005	2006	2007	2008	2009	2010	变化	变异系数
美国	1.21	1.24	1.23	1.25	1.23	1.21	1.20	1.20	1.22	1.18	1.19	-0.02	0.02
德国	1.09	1.13	1.16	1.11	1.10	1.03	1.02	1.04	1.06	1.06	1.07	-0.02	0.04
日本	1.05	1.10	1.09	1.10	1.07	1.05	1.02	1.02	1.03	1.04	1.08	0.03	0.03
法国	1.32	1.35	1.28	1.30	1.30	1.21	1.22	1.21	1.25	1.27	1.26	-0.06	0.05
瑞士	0.94	0.95	0.94	0.87	0.90	0.88	0.87	0.90	0.94	0.96	0.95	0.00	0.03
瑞典	1.07	1.07	1.05	1.03	1.04	1.11	1.13	1.12	1.11	1.11	1.12	0.04	0.04
英国	1.42	1.46	1.48	1.51	1.47	1.42	1.40	1.37	1.41	1.41	1.37	-0.05	0.04
芬兰	1.21	1.19	1.10	1.03	1.03	1.13	1.09	1.10	1.08	1.11	1.14	-0.07	0.06
韩国	0.97	0.99	0.98	1.01	0.97	0.90	0.88	0.85	0.91	0.93	0.94	-0.04	0.05
荷兰	1.14	1.15	1.08	1.03	0.98	0.96	0.99	0.99	0.97	0.95	0.95	-0.19	0.07
次强国均值	1.15	1.17	1.13	1.11	1.10	1.09	1.09	1.08	1.10	1.11	1.10	-0.05	0.34
丹麦	1.06	1.05	1.05	0.95	0.97	0.99	0.99	0.97	1.01	1.05	1.07	0.01	0.04
西班牙	1.19	1.20	1.25	1.24	1.15	1.12	1.12	1.15	1.24	1.29	1.32	0.12	0.07
加拿大	1.27	1.38	1.36	1.33	1.26	1.25	1.24	1.18	1.28	1.21	1.26	-0.02	0.06
中国	1.07	1.10	1.19	1.04	0.91	0.90	0.90	1.00	1.00	0.91	0.92	-0.15	0.10
奥地利	1.00	0.99	0.96	0.97	0.91	0.90	0.94	0.98	1.05	1.04	1.06	0.06	0.05
意大利	1.14	1.16	1.13	1.12	1.06	1.02	1.04	1.05	1.07	1.06	1.09	-0.05	0.05
爱尔兰	1.59	1.65	1.67	1.69	1.59	1.54	1.42	1.36	1.30	1.29	1.31	-0.28	0.16
新加坡	1.83	1.70	1.59	1.55	1.56	1.62	1.57	1.64	1.63	1.67	1.74	-0.09	0.08
比利时	1.43	1.51	1.51	1.29	1.23	1.15	1.17	1.23	1.26	1.23	1.22	-0.21	0.13
澳大利亚	1.19	1.26	1.19	1.26	1.23	1.18	1.16	1.12	1.20	1.22	1.23	0.04	0.04
以色列	1.15	1.18	1.14	1.05	1.06	1.16	1.13	1.11	1.05	1.23	1.30	0.15	0.08

年份\国家	2000	2001	2002	2003	2004	2005	2006	2007	2008	2009	2010	变化	变异系数
葡萄牙	1.70	1.71	1.69	1.73	1.55	1.46	1.37	1.49	1.65	1.59	1.70	0.00	0.12
卢森堡	1.12	1.06	1.01	0.91	0.79	0.81	0.80	0.92	0.89	0.83	0.78	−0.34	0.12
中强国均值	1.29	1.30	1.29	1.24	1.17	1.16	1.14	1.17	1.20	1.20	1.23	−0.06	0.37
挪威	1.08	1.13	1.23	1.21	1.20	1.10	1.12	1.06	1.06	1.10	1.08	0.00	0.06
俄罗斯	0.85	1.01	0.99	0.86	0.90	0.94	0.95	1.00	0.96	0.92	0.89	0.03	0.05
捷克	1.00	1.04	0.92	1.04	0.94	1.13	1.14	1.21	1.27	1.21	1.33	0.33	0.14
匈牙利	1.27	1.19	1.35	1.30	1.25	1.40	1.29	1.24	1.46	1.40	1.54	0.26	0.11
新西兰	0.93	0.96	0.99	1.05	1.08	1.10	1.00	0.98	1.00	1.05	1.12	0.19	0.06
爱沙尼亚	1.47	1.34	1.54	1.28	1.22	1.30	1.24	1.03	1.10	1.06	1.05	−0.43	0.17
斯洛文尼亚	1.24	1.27	1.21	1.10	1.08	1.06	1.24	1.25	1.16	1.09	1.12	−0.12	0.08
波兰	1.41	1.36	1.35	1.31	1.28	1.29	1.17	1.19	1.24	1.29	1.35	−0.06	0.07
智利	0.95	1.00	1.00	1.10	0.97	1.12	0.97	0.93	0.99	1.05	1.16	0.21	0.08
印度	0.89	0.90	0.82	0.92	0.88	0.95	0.90	0.85	0.81	0.76	0.80	−0.09	0.06
巴西	1.18	1.23	1.23	1.32	1.26	1.28	1.18	1.02	1.27	1.30	1.44	0.26	0.10
土耳其	1.33	1.28	1.20	1.35	1.36	1.44	1.28	1.20	1.26	1.22	1.34	0.01	0.08
墨西哥	1.54	1.55	1.62	1.58	1.55	1.58	1.52	1.53	1.64	1.63	1.75	0.20	0.07
斯洛伐克	1.45	1.40	1.44	1.41	1.58	1.61	1.78	1.86	2.05	2.04	2.05	0.59	0.27
塞浦路斯	2.16	2.40	2.60	2.40	2.19	1.98	1.41	1.17	1.33	1.19	1.13	−1.03	0.57
希腊	1.45	1.45	1.37	1.57	1.44	1.36	1.32	1.26	1.36	1.28	1.27	−0.17	0.09
南非	0.93	0.99	1.01	0.93	0.89	0.93	0.92	1.02	0.89	0.79	0.80	−0.13	0.07
马耳他	4.95	3.61	4.21	2.55	4.71	3.67	4.12	1.88	2.21	1.66	1.75	−3.20	1.23
冰岛	1.26	1.40	1.31	1.69	1.48	1.66	0.88	0.73	0.68	0.93	0.98	−0.28	0.36
阿根廷	0.93	0.90	0.84	0.92	0.84	0.92	0.84	0.99	1.10	1.16	1.38	0.44	0.17
立陶宛	1.72	1.91	1.92	1.84	1.89	2.15	1.86	2.24	2.11	1.99	2.55	0.83	0.23
罗马尼亚	1.33	1.52	1.32	1.63	1.61	1.66	1.60	1.52	1.73	1.80	1.83	0.49	0.17
拉脱维亚	1.78	1.86	1.82	1.32	1.47	1.45	1.57	1.58	1.40	1.12	1.05	−0.73	0.27
印度尼西亚	2.38	2.91	2.85	3.60	3.34	3.55	2.80	2.81	3.06	2.74	2.77	0.38	0.37
47 国平均	1.36	1.37	1.37	1.33	1.34	1.33	1.27	1.22	1.27	1.24	1.29	−0.07	0.05
变异系数	0.63	0.51	0.58	0.49	0.66	0.57	0.54	0.38	0.42	0.36	0.41		0.10

注：表格"变化"一栏是指 2010 年与 2000 年相比指数值的变化，当数值为正时表示指数增大，当数值为负数时表示指数下降。

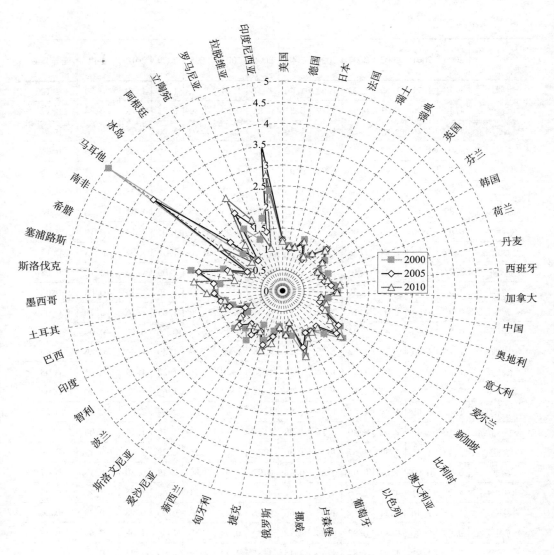

图 5-15　2000、2015 和 2010 年各国知识产权绩效影响度指数

　　知识产权强国和次强国也是当前世界上创新最活跃和知识经济深入发展的国家，其知识产权产出对其经济发展、国际竞争力和全球经济影响力的作用最为明显。因而，对于这些国家，我们认为，当一个国家的知识产权绩效影响度指数大于 1 时，就意味着该国知识产权创造的产出对其经济发展、国际竞争力和全球经济影响力具有明显的作用；而当一个国家的知识产权绩效影响度指数高于相应类别国家的均值，则认为是知识产权绩效影响显著的国家。

（1）美国的知识产权绩效影响度明显领先日德两大强国，同时美日影响度略有下调而德略有增大。

如表5-9所示，2010年美、日、德三大世界知识产权强国的知识产权绩效影响度指数均高于1，但美国知识产权绩效影响度指数一直比德国、日本高出0.1以上。即，三大知识产权强国知识产权绩效影响度都较高，但在知识产权对经济发展、能源环境可持续性、国际知识产权事务的影响力等的影响上，美国比日本和德国更为突出。另外，2010年与2000年相比，美国和日本知识产权绩效影响度指数有所下降，而德国则有所增强。

（2）知识产权次强国中，法国、英国和芬兰是所有年份知识产权绩效影响度指数均超过该类国家均值的国家，并且法英两国明显领先于其他五国。

如表5-9所示，知识产权次强国中，2000—2010年知识产权绩效影响度指数除了瑞士、韩国和荷兰大多年份低于1外，其他四国的该指数都大于1。其中，法国、英国和芬兰是所有年份知识产权绩效影响度指数均超过该类国家均值的国家。同时，从该指数上述七国的差距来看，法英两国明显领先于其他五国。另外，2010年与2000年相比，除瑞士和瑞典外，其他五国的该指数略有下调。

（3）知识产权中强国中，新加坡、葡萄牙和爱尔兰的知识产权绩效影响度指数一直明显领先其他10国，而近年来中国和卢森堡一直处于最后。

如表5-9所示，在13个知识产权中强国家中，近年来除了中国和卢森堡知识产权绩效影响度指数低于1外，其他国家均大于1。在该指数大于1的这些国家中，新加坡、葡萄牙和爱尔兰的知识产权绩效影响度指数一直明显领先其他国家。另外，2010年与2000年相比，上述13国中，中国、加拿大、意大利、爱尔兰、新加坡、比利时和卢森堡7个国家该指数出现下调，但中国下调幅度较大。

综上所述可以得出以下结论：知识产权强国的知识产权绩效影响度指数均大于1，表明知识产权产出对经济发展、能源环境可持续性和国际知识产权事务有明显影响，其中美国更加突出；知识产权次强国中，除了瑞士、韩国和荷兰大多年份低于1外，其他国家的知识产权产出对绩效也有呈现出明显影响，其中，法、英两国更加突出。知识产权中强国中，近年来除了中国和卢森堡小于1外，其他国家知识产权产出对均绩效有明显的影响。因而，增强中国知识产权创造产出对经济发展、能源环境可持续性和国际知识产权事务的影响力，是我国应关注的重要公共政策问题。

第六章

中国与知识产权强国的比较：各指数差距和强弱项

在全球知识经济快速发展的背景下，像我国这样刚刚跨入中等收入水平的发展中大国，要实施创新驱动战略、建设创新型国家、加快对世界经济强国的追赶，必须努力将最新的自主创新成果转化为其参与全球创新制高点竞争的知识产权武器，不断缩小与世界经济强国在知识产权实力上的差距。而这就要求我们要了解自己所处的实力地位，即必须首先弄清楚我国在知识产权实力上与美、日、德三国相比，在哪些方面存在差距，以及应如何缩小与之的差距。另外，美国是世界上知识产权实力最强的国家。因此，我们最关注的是各指数上中国与美国的差距，考虑到一国的实力地位取决于其本国实力相对于他国实力的比率❶及绝对差距，下面我们从知识产权强国综合指数、三大支柱和十大维度指数上，来分析中国与美、日、德三国及其均值的比率和绝对差距的变化。

---

❶ 阎学通. 中国崛起的实力地位. 国际政治科学，2005 年第 2 期（总第 2 期），第 1 – 25 页.

中、美、日、德知识产权强国指数和各支柱指数比较

设计知识产权强国（综合）指数来指导知识产权强国建设，首先需要了解知识产权强国指数与其三大支柱指数之间相关性程度的高低：相关性越高，就意味着可通过增加投入或提高产出来增大产出绩效，进而来提升知识产权强国指数。

一、知识产权强国指数和各支柱指数的相关性

通常情况下，当两个变量间的相关系数在 0.8—1.0，则表明这两个变量相互间为极强相关，在 0.6—0.8 则表明这两个变量相互间强相关，而在 0.4—0.6，则表明这两个变量中等程度相关。

从表 6-1 来看，2000—2010 年知识产权强国指数与知识产权创造投入指数、产出指数和产出绩效指数之间相关系数大多在 0.85 以上，表明知识产权强国指数与其三大支柱之间存在着极强的相关关系，其中与知识产权创造产出和产出绩效指数的相关系数均超过了 0.9，且前者基本上比后者略大一点，即意味着知识产权强国指数与创造产出指数相关程度，要略比产出绩效指数高一点。

表6-1　知识产权强国（综合）指数与三大支柱指数的相关系数

年　份	2000	2001	2002	2003	2004	2005	2006	2007	2008	2009	2010
创造投入	.888 **	.893 **	.881 **	.882 **	.868 **	.867 **	.876 **	.875 **	.862 **	.845 **	.843 **
创造产出	.934 **	.936 **	.938 **	.930 **	.934 **	.936 **	.941 **	.942 **	.940 **	.938 **	.938 **
产出绩效	.931 **	.937 **	.924 **	.930 **	.913 **	.933 **	.923 **	.926 **	.919 **	.926 **	.926 **

注：** 表示 0.01 水平（双尾）上显著。

再来看知识产权创造投入、创造产出和产出绩效指数三者间的相关程度。因为，上述三大指数之间相关性越高，就意味着可通过增加投入或提高产出来增大产出绩效。为消除年际波动的影响，我们采取了 2006—2010 年上述指数的平均值。一般而言，当两个变量间的相关系数达到 0.7 以上，就可以认为它们之间存在着强相关。在表6-2中，从 Pearson 数量相关来看，知识产权创造投入与创造产出和产出绩效指数的相关系数均接近 0.7，但这要比知识产权创造产出指数与产出绩效指数的相关系数接近 0.9 要低；再从 Spearman's rho 等级相关（即各国不同指数排序上的相关性）来看，知识产权创造投入与创造产出和产出绩效指数的相关系数超过了 0.7，但这要比知识产权创造产出指数与产出绩效指数的相关系数要略低。由于 Pearson 相关主要反映的是变量之间的数量相关，因此，知识产权产出绩效与知识产权创造产出相关度更高。此外，知识产权创造投入与创造产出指数的相关系数，要略高于产出绩效指数的相关系数。这就意味着，提高知识产权创造投入对知识产权创造产出增加的影响，要比其对知识产权产出绩效提升的影响要稍大一点。

表6-2　知识产权强国指数与三大支柱指数相关系数

	创造投入	创造产出	产出绩效	强国指数
创造投入	1	.693 **	.678 **	.862 **
创造产出	.726 **	1	.872 **	.943 **
产出绩效	.740 **	.810 **	1	.927 **
强国指数	.893 **	.919 **	.907 **	1

注：** 表示 0.01 水平（双尾）上显著；知识产权强国指数与三大支柱指数为 2006—2010 年均值。左下角为 Spearman's rho 等级相关，右上角为 Pearson 相关。

上述各指数间的相关性背后所折射出来的公共政策含义是：其一，要提高知识产权产出绩效首先要将知识产权投入成功转变成知识产权（创造）产出；其二，在努力增加知识产权创造投入的同时，要特别重视将知识产权创造投入转变为知识产权创造产出，否则知识产权创造投入增加，并不一定都有效地转化为知识产权产出并进而增大知识产权产出绩效；其三，在与强国进行比较时，要更加关注知识产权创造产出和知识产权产出绩效上的差距。

二、中国与美、日、德间强国指数和各支柱指数比较

与美、日、德三大知识产权强国及其均值相比，中国的知识产权强国（综合）指数和各支柱指数变化呈现出以下特征：

（1）在知识产权强国指数上，随着中国分值的提升，其与美、日、德的差距明显缩小，但与美、日、德的绝对差距依然明显。

如图6-1所示，在知识产权强国指数上，中国先从2000年的0.377上升到2005年的0.397，接着继续攀升并于2010年达到0.472；美国2000年和2005年均为0.744，而后向2010年的0.709下滑；德国2000和2005年分别为0.688和0.682，接着出现向2010年的0.650下调；日本先从2000年的0.630上升到2005年的0.665，并于2010年稍降至0.643。相应地，该指数上中国与美国以及强国均值的比率，分别从2000年的0.51和0.55提高到2005年的0.53和0.57，而后再升至2010年的0.67和0.71。此外，该指数上中国与次强国和中强国均值的比率，也表现出持续而明显的上升，甚至中国超过了中强国的均值。因此，在知识产权强国指数上，中国与美、日、德三国的差距总体上呈现出明显缩小的趋势。

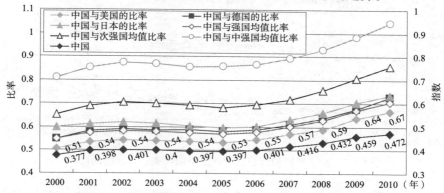

图6-1 知识产权强国综合指数上中国与美、日、德及知识产权强国、次强国和中强国均值的比率

不过，在该指数上中国与美、日、德的绝对差距，分别从 2000 年的 0.367、0.311 和 0.253 下降到 2005 年的 0.347、0.285 和 0.268，而后又明显下调到 2010 年的 0.237、0.178 和 0.171。可见，中国用了 10 年的时间，才将其与三大强国均值的绝对差距缩小了 0.1，而且现在其与强国的均值依然还有 0.2 左右的明显差距，与美国的差距更是 0.2 以上。

（2）知识产权创造投入指数上，随着中国分值的提升，无论从比率还是绝对差距来看，其与美、日、德间的差距均迅速缩小，特别是美、日、德因全球金融危机削弱了其投入力度而使其相比于中国的优势大大收缩。

如图 6 - 2 所示，知识产权创造投入指数上，中国先从 2000 年的 0.44 上升到 2005 年的 0.475，接着继续攀升并于 2010 年达到 0.51；美国 2000 年和 2005 年均为 0.704，而后向 2010 年的 0.632 下滑；德国 2000 和 2005 年分别为 0.654 和 0.63，接着向 2010 年的 0.564 下降；日本先从 2000 年的 0.562 上升到 2005 年的 0.602，并于 2010 年降低至 0.549。与此相伴，该指数上中国与美国以及强国均值的比率，分别从 2000 年的 0.625 和 0.688 上升到 2005 年的 0.675 和 0.736，尔后攀升至 2010 年的 0.807 和 0.877。此外，该指数上中国与知识产权次强国和中强国均值的比率，也表现出持续而明显的上升，甚至中国超过了知识产权中强国的均值。因此，在知识产权创造投入指数上，中国与美、日、德三国的差距缩小，表现出比知识产权强国指数更快的趋势。

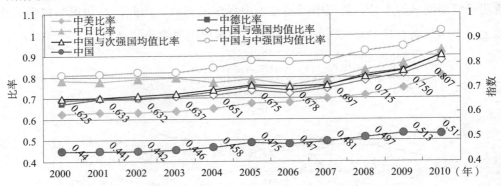

图 6 - 2　知识产权创造投入指数上中国与美、日、德的比率

再从该指数的分值来看，中国与美、日、德的绝对差距分别从 2000 年的 0.264、0.214 和 0.122 下降到 2005 年的 0.229、0.155 和 0.127，尔后又明显下调到 2010 年的

0.122、0.054 和 0.039。另外，中国与三大强国均值的绝对差距从 0.2 下降到 0.07。可见，中国在初期与三大强国均值的差距较小，并且在上述 10 年间，中国与三大强国均值的绝对差距下降了 0.13，并将其现在与强国均值的差距缩小到仅为 0.07。

（3）知识产权（创造）产出指数上，随着中国分值的提升，其与美日德的差距明显缩小，但与美、日、德间依然存在着一定的绝对差距。

如图 6-3 所示，知识产权（创造）产出指数上，中国先从 2000 年的 0.349 上升到 2005 年的 0.392，接着上升到 2010 年的 0.492；美国 2000 年和 2005 年分别为 0.696 和 0.697，尔后下降到 2010 年的 0.684；德国 2000 和 2005 年分别为 0.678 和 0.704，接着下降到 2010 年的 0.668；日本先从 2000 年的 0.661 上升到 2005 年的 0.693，尔后于 2010 年稍降至 0.675。与此相伴，该指数上中国与美国以及强国均值的比率，分别从 2000 年的 0.501 和 0.514 上升到 2005 年的 0.562 和 0.562，尔后继续攀升至 2010 年的 0.719 和 0.728。此外，该指数上中国与次强国和中强国的均值的比率也表现出持续而明显的上升。因此，中国与美、日、德三国的差距总体上呈现出明显缩小的趋势。

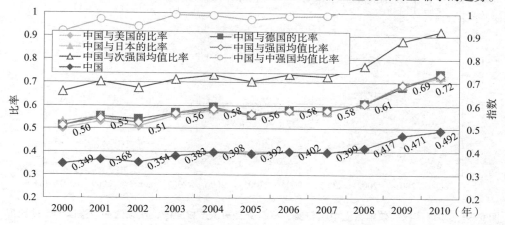

图 6-3　知识产权创造产出指数上中国与美、日、德及知识产权强国、次强国和中强国均值的比率

另外，再从该指数的分值来看，中国与美、日、德的绝对差距分别从 2000 年的 0.347、0.329 和 0.312 下降到 2005 年的 0.305、0.312 和 0.301，尔后又明显下调到 2010 年的 0.192、0.176 和 0.183。另外，中国与强国均值的绝对差距从 2000 年的 0.329 下降到 2010 年的 0.18。可见，该指数上中国在初期与三大强国均值的差距要大于知识产权创造投入指数，在上述 10 年间中国将其与三大强国均值的绝对差距缩小了近一半，并且还有一半多的差距正等待着去努力缩小。

（4）知识产权绩效指数上，随着中国分值的提升，其与美、日、德的差距缩小，但与美、日、德的绝对差距依然较大。

如图6-4所示，知识产权绩效指数上，中国先从2000年的0.372下调到2005年的0.352，尔后于2010年上升到0.472；美国2000年和2005年分别为0.845和0.843，尔后向2010年的0.815下调；德国2000和2005年分别为0.739和0.726，接着向下到达2010年的0.718；日本先从2000年的0.694上升到2005年的0.725，并经向下调整后于2010年再升至0.726。与此相伴，中国与美国以及强国均值的比率分别先从2000年的0.440和0.490下降到2005年的0.418和0.460，但尔后持续上升并于2010年到达0.553。此外，该指数上中国与次强国和中强国的均值的比率也表现出了先向下调整后持续而明显上扬的发展。因此，从近五年的趋势来看，中国与美、日、德三国的差距总体上呈现出缩小的趋势。

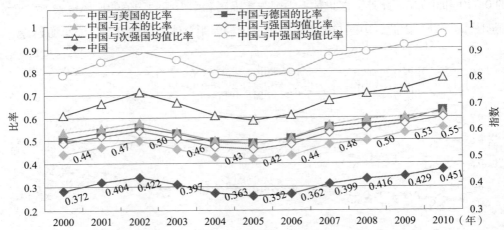

图6-4　知识产权绩效指数上中国与美、日、德及知识产权强国、次强国和中强国均值的比率

再从该指数的分值来看，中国与美、日、德的绝对差距分别从2000年的0.473、0.367和0.322下降到2005年的0.491、0.374和0.373，尔后又明显上升到2010年的0.491、0.267和0.275。另外，中国与强国均值的绝对差距从2000年的0.387下降到2010年的0.302。可见，在10年间中国与三大知识产权强国均值的绝对差距仅缩小了0.08，但其与强国均值依然还有0.3左右的较大差距。这除了该指数上中国起初与强国均值的差距较大外，其该指数提升较慢也是重要的原因。另外，上述四指数上中国与美、日、德间的差异还反映在图6-5上。

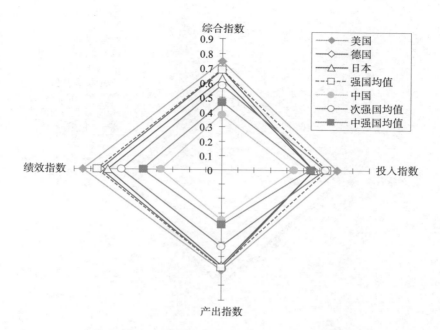

图 6 – 5 – 1　2000 年中国与美、日、德综合、投入、产出和绩效指数比较

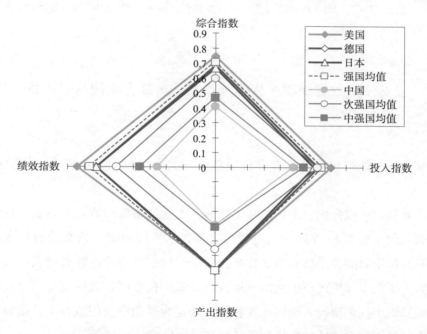

图 6 – 5 – 2　2005 年中国与美、日、德综合、投入、产出和绩效指数比较

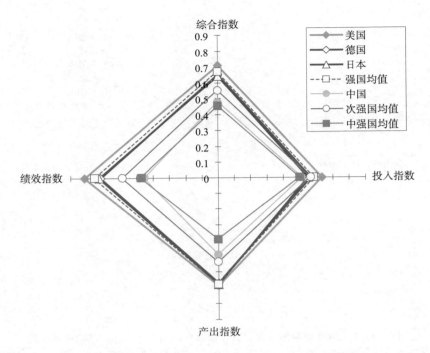

图 6 – 5 – 3　2010 年中国与美、日、德综合、投入、产出和绩效指数比较

三、三支柱指数对知识产权强国指数的贡献：中国与美、日、德间的差异

下面分析知识产权强国综合评价体系中三大支柱对知识产权强国指数的贡献差异。

先来看知识产权强国、次强国和中强国三大支柱指数均值对其知识产权强国指数均值的贡献。如图 6 – 6 所示，对强国来讲，从平均表现（指数均值）来看，三大支柱和强国指数的关系具有如下特征：知识产权产出绩效指数对知识产权强国指数的贡献，要大于知识产权创造产出指数对知识产权强国指数的贡献。这表明知识产权强国知识产权创造投入能够比较有效地转化为知识产权创造产出，而知识产权创造产出又能更加有效地转变为知识产权产出绩效。

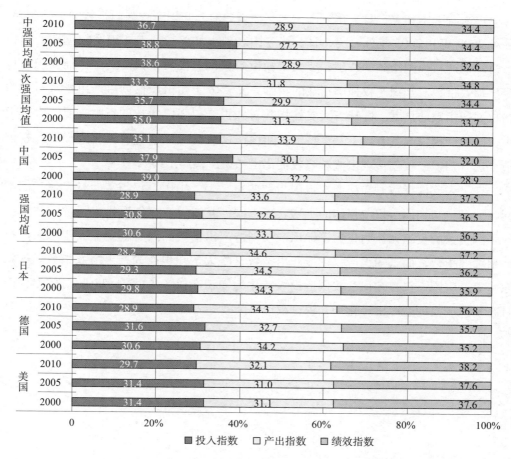

图 6-6　中国和美、日、德投入、产出和绩效指数对综合指数的贡献率

对知识产权次强国来讲，从平均表现（指数均值）来看，三大支柱指数和强国指数的关系具有如下特征：知识产权创造投入指数对知识产权强国指数的贡献，不是稍大于就是接近于知识产权产出绩效指数对知识产权强国指数的贡献，而这两大支柱指数对强国指数的贡献，又大于知识产权创造产出指数的贡献。这意味着知识产权创造投入转化为知识产权产出的效率，要较强国差；同时，在知识产权创造产出对知识产权产出绩效的支撑上，其平均表现也不如知识产权强国。另外，从平均表现（指数均值）来看，中强国在知识产权创造投入转化为知识产权产出的效率，也要比次强国更差，并且在知识产权创造产出对知识产权产出绩效的支撑上，也要低于次强国的平均表现。

再来看中国和美、日、德三国三大支柱指数对其知识产权强国指数的贡献差异。除了 2000 年和 2005 年外，美、日、德三国表现出如下特征：知识产权创造产出指数对知识产权强国指数的贡献，要大于知识产权创造投入指数的贡献；而知识产权产出绩效指数对知识产权强国指数的贡献，又要大于知识产权创造产出指数对知识产权强国指数的贡献。即从三大支柱指数对知识产权强国指数的贡献来看，大体上讲，知识产权强国具有以下基本特征：知识产权"投入能够有效转化为知识产权创造产出、知识产权创造产出能够高效催化出知识产权产出绩效"。

在三大支柱指数对知识产权强国指数的贡献上，中国不仅与美、日、德三国不同，而且也与知识产权中强国的平均表现不同：其知识产权创造投入指数对知识产权强国指数的贡献，在明显大于知识产权创造产出指数的同时也明显大于知识产权产出绩效指数，而且知识产权创造产出指数又略大于知识产权产出绩效指数。这就意味着，中国不仅在知识产权创造投入转化为知识产权产出的效率上相对较差，而且在知识产权创造产出转化为知识产权产出绩效上表现也欠佳。

第二节

十大维度指数：强国动态与中国和知识产权强国比较

对于一个设计比较好的综合指标评价体系而言，其评价结果既要能够体现出各大支柱、维度指数或各指标之间的相对独立性，也要能够揭示出各大支柱、维度指数或各指标之间的一定相关性。现在我们来看，知识产权强国指数与其十大维度指数之间的相关性。

一、知识产权强国指数和十大维度指数的相关性

通常情况下，当两个变量间的相关系数在0.8—1.0，则表明这两个变量相互间为极强相关，在0.6—0.8则表明这两个变量相互间强相关，而在0.4—0.6，则表明这两个变量中等程度相关。如表6-3示，从Pearson数量相关来看，2000—2010年知识产权强国指数与知识产权创造直接投入、专利产出、版权产出、国内经济发展绩效、国际竞争力和全球经济控制力以及国际知识产权事务影响力之间均保持着较强的相关性，即强国指数与这五大维度指数的相关系数长期保持在0.7以上，其中，强国与专利产出指数的相关系数在0.9以上，与国内经济发展绩效指数的相关系数接近0.9。另外，如表6-4所示，从2006—2010年十大维度指数的五年均值的Pearson相关系数来看，知识产权强国指数也与知识产权创造环境指数保持着较强甚至极强相关。

表6－3　知识产权强国综合指数与十大维度指数的相关系数

年份	2000	2001	2002	2003	2004	2005	2006	2007	2008	2009	2010
创造环境	.790**	.763**	.750**	.745**	.744**	.719**	.736**	.735**	.743**	.680**	.648**
直接投入	.886**	.881**	.892**	.894**	.883**	.878**	.883**	.884**	.880**	.885**	.892**
政府管理	.480**	.516**	.504**	.489**	.458**	.440**	.426**	.419**	.425**	.407**	.422**
专利产出	.908**	.914**	.913**	.917**	.910**	.902**	.906**	.910**	.915**	.916**	.914**
商标产出	.577**	.579**	.572**	.615**	.634**	.702**	.661**	.681**	.667**	.682**	.683**
版权产出	.813**	.813**	.805**	.807**	.808**	.806**	.777**	.751**	.764**	.750**	.754**
国内经济	.861**	.854**	.853**	.858**	.826**	.822**	.811**	.804**	.810**	.809**	.829**
国际经济	.811**	.807**	.809**	.802**	.821**	.832**	.823**	.845**	.849**	.858**	.860**
可持续性	.432**	.532**	.425**	.407**	.365*	.401**	.388**	.475**	.450**	.473**	.412**
国际影响力	.832**	.836**	.838**	.834**	.824**	.821**	.816**	.808**	.822**	.835**	.845**

注：** 表示 0.01 水平（双尾）上显著；* . 表示 0.05 水平（双尾）上显著。另外，表中十大维度均进行了缩写，其分别对应第四章表4－1的各大维度。

　　不过，需特别指出的是，政府知识产权管理能力和能源环境可持续性指数与知识产权强国指数的相关性仅有中等程度相关。

　　再来看表6－4中十大维度指数间的 Pearson 数量相关系数和 Spearman's rho 等级相关系数。前者刻画的是变量间数量上的相关关系，因而又被称之为水平相关，后者描述变量间排序上的相关关系，是以又被称为秩序相关。先从 Pearson 数量相关系数来看，知识产权创造直接投入指数与专利产出、国内经济发展绩效、国际竞争力和全球经济控制力绩效指数的相关系数均超过 0.7，并且与版权产出和国际知识产权事务的影响力指数的相关系数也接近 0.7。而这意味着知识产权投入对专利和版权的产出、国内经济发展绩效、国际竞争力和全球经济控制力绩效乃至国际知识产权事务的影响力均具有较强的相关性。而这些指数间的 Spearman's rho 等级相关系数也显示出相似的结果。因而，从总体上讲，知识产权创造直接投入高的国家，往往既是专利和版权产出比较高的国家，也是国内经济发展绩效、国际竞争力和全球经济控制力绩效较好和国际知识产权事务的影响力较强的国家。

表 6 – 4　知识产权强国综合指数与十大维度指数的相关系数

	创造环境	直接投入	政府管理	专利产出	商标产出	版权产出	国内经济	国际经济	可持续性	国际影响力	强国指数
创造环境	1	.650**	.291*	.601**	.366*	.507**	.481**	.536**	.447**	.356*	.724**
直接投入	.645**	1	.278	.903**	.453**	.686**	.844**	.759**	.264	.679**	.889**
政府管理	.292*	.279	1	.240	.181	.144	.203	.211	.169	.271	.421**
专利产出	.627**	.925**	.237	1	.542**	.693**	.805**	.786**	.292*	.763**	.916**
商标产出	.332*	.382**	.254	.438**	1	.505**	.471**	.684**	.337*	.719**	.680**
版权产出	.526**	.668**	.171	.757**	.444**	1	.640**	.652**	.228	.665**	.768**
国内经济	.494**	.816**	.247	.775**	.416**	.662**	1	.767**	.230	.723**	.816**
国际经济	.569**	.846**	.267	.820**	.524**	.742**	.812**	1	.287	.831**	.857**
可持续性	.550**	.484**	.334*	.501**	.380**	.396**	.439**	.460**	1	.217	.448**
国际影响力	.358*	.682**	.336*	.722**	.596**	.690**	.707**	.730**	.396**	1	.830**
强国指数	.752**	.905**	.413**	.907**	.582**	.785**	.816**	.859**	.645**	.787**	1

注：** 表示 0.01 水平（双尾）上显著；* 表示 0.05 水平（双尾）上显著。左下角为 Spearman's rho 等级相关，右上角为 Pearson 相关。知识产权强国指数与十大维度指数为 2006—2010 年均值；另外，表中十大维度均进行了缩写，其分别对应第四章表 4 - 1 的各大维度，其中"国际经济"是国际竞争力和全球经济控制力绩效维度的简称，下同。

其次，知识产权创造环境指数与知识产权创造直接投入和专利产出指数的 Pearson 数量相关系数和 Spearman's rho 等级相关系数也均超过了 0.6。表明知识创造环境与知识产权创造的直接投入和专利产出之间也存在着较明显的相关关系。即总体上讲，具有较好知识产权创造环境的国家，大多也是知识产权创造直接投入比较高，专利产出比较大的国家。这也从一个侧面反映出，知识产权创造环境对知识产权创造直接投入进而专利产出具有较明显的刺激作用。

不过，需特别指出的是，无论是从 Pearson 数量相关系数，还是从 Spearman's rho 等级相关系数来看，政府知识产权管理能力指数与其他九个维度不存在相关性。从 Pearson 数量相关系数来看，能源环境可持续性指数与其他九个维度不存在相关性，但从 Spearman's rho 等级相关系数来看，其与其他九个维度间也存在着具有统计意义的相关性，特别是除了和政府知识产权管理能力指数外，其和其他八个指数的相关系数达到了中等强度以上。

另外，该十大维度的相关系数存在着明显的差别，也意味着知识产权强国综合指标评价体系中十大维度有较好的独立性。

二、美、日、德十大维度指数发展动态及其特征

美国是世界上知识产权实力最强的国家。因此，我们关注的重点是十大维度上中国与美国的差距。但日、德两国在依靠知识产权支撑国家经济、国际竞争力和全球经济控制力与国际知识产权事务的影响力上也各有特点。下面我们对十大维度指数上美、日、德三国的表现和特征进行分析和总结。

（1）根据其指数表现，十大维度在美国可被分为表现相对欠佳、中等和卓越三大类，且分别为四个、三个和三个，其中，知识产权创造直接投入、国内经济发展绩效、国际竞争力和全球经济控制力绩效和节能减排（能源环境可持续性）四大维度的指数近年来表现出改善或提升的趋势。

如图 6－7 所示，2000—2010 年美国除了政府知识产权管理能力指数长期低于 0.55，以及知识产权创造环境指数因受 2008 年发端于其本国的全球金融危机影响而从之前的 0.7 以上水平迅速下滑到 0.538 外，其他指数均保持在都 0.6 以上。考虑到其知识产权强国指数长期高于 0.7，因此，可将该两大维度指数看作表现相对欠佳类维度指数。而除了其上述两大维度指数外，版权产出和商标产出三大维度的指数长期徘徊在 0.5—0.7 并有轻微的下调趋势，从而成为其表现相对欠佳类的其他两个维度指数。2000—2010 年专利产出和节能减排（能源环境可持续性）指数基本维持在 0.7—0.8 之间，其中前者表现出基本稳定的势头，后者则显示出上升的态势；不过，其国际知识产权事务的国际影响力指数也因受 2008 年发端于其本国的全球金融危机而从之前接近 0.9 水平迅速下滑到 0.757。上述三大维度指数构成了第二大类，即中等表现类。第三类维度指数是表现卓越类，它包括知识产权直接投入、国内经济发展绩效和与国际竞争力和全球经济控制力指数。其中，除了其国内经济发展绩效指数出现先降后升外，其他两大维度指数总体上呈现出上扬的势头。

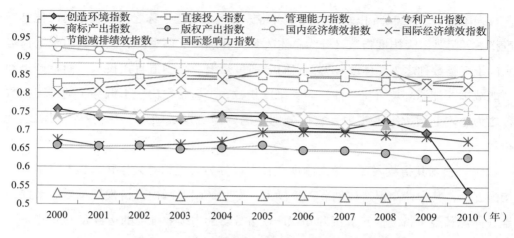

图 6 – 7 2000—2010 年美国 10 大维度指数动态

（2）根据其指数表现，十大维度在德国可分为表现相对欠佳、改善和下调三大类，并分别为五个、三个和两个，其中，知识产权创造直接投入、商标产出和节能减排（能源环境可持续性）三大维度的指数表现出上扬趋势。

如图 6 – 8 所示，与美国相似，德国知识产权创造环境指数因受 2008 年的全球金融危机影响而从之前的 0.6 以上水平迅速下滑到 0.469。另外政府知识产权管理能力也从 2000 年的 0.611 下滑到 2010 年的 0.528。德国的国际竞争力和全球经济控制力绩效从 2000 年的 0.517 提高到 2010 年的 0.553，表明其在此维度上的绩效出现改善。而版权产出指数基本上在 0.55 上下波动。考虑到 2000—2010 年德国的知识

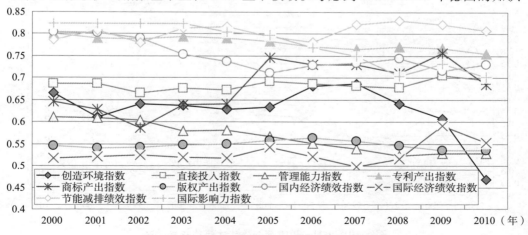

图 6 – 8 2000—2010 年德国十大维度指数动态

产权强国指数均在 0.65 以上，因此，可将该五大维度指数称之为表现相对欠佳类维度指数。另外五大维度指数又分为总体改善类和总体下调类。那些指数出现上扬势头的维度指数称之为总体改善类，它们分别是知识产权创造直接投入、商标产出和节能减排（能源环境可持续性）三大维度指数；那些指数出现下调势头的维度指数称之为总体下调类维度指数，它们分别是国内经济发展绩效、专利产出两大维度指数。

（3）根据其指数表现，十大维度在日本可分为表现相对欠佳和卓越两大类，并均为五个，其中，知识产权创造直接投入、专利产出、国内经济发展绩效、节能减排（能源环境可持续性）和国际知识产权事务影响力绩效维度的指数表现杰出。

知识产权创造直接投入、专利产出、节能减排（能源环境可持续性）和国际知识产权事务影响力绩效指数表现卓越。如图 6-9 所示，与美德两国相似，日本知识产权创造环境指数因受 2008 年的全球金融危机影响而从之前（2007 年）的 0.567 的水平迅速下滑到 0.392。考虑到 2000—2010 年日本的知识产权强国指数均在 0.6 以上，以及图 6-9 中十大维度指数分化为两大类：表现欠佳类和表现卓越类。前者包括知识产权创造环境、政府知识产权管理能力、商标产出、版权产出和国际经济控制力绩效指数，因为该五大维度指数长期低于其知识产权强国指数；后者为知识产权创造直接投入、专利产出、国内经济发展绩效、节能减排（能源环境可持续性）和国际知识产权事务影响力绩效指数，而这五大维度指数长期高于其知识产权

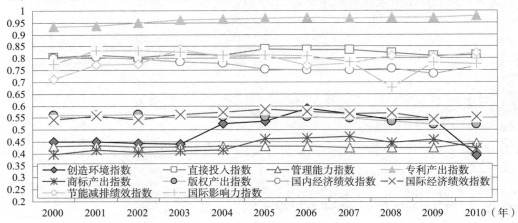

图 6-9　2000—2010 年日本十大维度指数动态

强国指数，其中专利产出的表现尤为突出。

从上述三大知识产权强国的比较来看，它们均有以下共同特征：①知识产权直接投入指数均有较好表现，并且其在美、日两国的表现比其在德国的表现更为突出；②知识产权创造环境指数均因 2008 年的全球金融危机而出现了大幅度的下调，并且其在美日两国的表现要比在日本的表现更为突出；③节能减排（能源环境可持续性）指数排序均比较靠前且表现出上扬趋势，特别是本来起点就高的日德两国表现尤令人瞩目；④政府知识产权管理能力指数基本上成为近来表现欠佳的指标；⑤专利产出指数的表现均比商标产出和版权产出指数表现要好，特别是在德、日两国中，专利产出指数基本处于引领其他维度指数的地位；⑥国际知识产权事务的影响力指数在十大维度指数中均处于前五的位置。

美、日、德三国间的不同之处首先表现为三类知识产权产出指数在十大维度指数中的重要性（各指数排序靠前就重要性高，而靠后就重要性低）差异。在美国，专利、商标和版权产出指数均相对靠后且依次下降；在德国，专利产出和商标产出指数处于前列而版权相对靠后；在日本，尽管版权产出和商标产出指数表现欠佳，但专利产出指数领先所有其他维度指数。其次是国内经济发展绩效与国际竞争力和全球经济控制力绩效指数的重要性不同：该两大指数在美国基本上表现为齐头并进的态势且处于领先地位，在德国和日本均是国内经济发展绩效指数明显领先国际竞争力和全球经济控制力绩效，并且后者在十大维度指数中的重要性相对靠后。

综上所述，我们大致将美、日、德三国的知识产权实力发展模式大体概括如下：美国是投入引领型，四大绩效全面卓越国家；德国是投入、专利和商标产出共同引领型，国内经济发展、能源环境可持续性和国际知识产权事务影响力绩效卓越国家；日本是专利产出和投入共同引领型，国内经济发展和能源环境可持续性卓越国家。

三、中国十大维度指数发展动态及其与强国的差距

下面我们对十大维度指数上中国的表现及其与美、日、德的差距进行分析。

（1）中国的十大维度指数均表现出对强国的较快追赶，其中表现最佳的是知识产权直接投入和国内经济发展绩效指数，另外国际知识产权事务影响力和专利产出指数也增长强劲。

如图 6 – 10 所示，2000—2010 年中国表现最佳的是知识产权直接投入和国内经济发展绩效指数，该两大维度指数明显领先其他八大维度指数。表现次佳的是国际知识产权事务影响力和专利产出指数，它们均表现出强劲的增长势头，并于 2010 年分别成为第三和第四的两大维度指数。第三，政府知识产权管理能力指数表现相对平稳，并于 2010 年成为中国第五大维度指数。而中国上述五大维度指数的分值在 2010 年也均高于其知识产权强国指数（0.472）。第四，版权产出、商标产出、知识产权创造环境五大维度指数均表现出较快的上升势头，并于 2010 年成为中国第六、第七和第八大维度指数。第五，节能减排（能源环境可持续性）指数在 2005 年成为中国分值最低的维度指数之后又出现明显的攀升并于 2010 年超过国际竞争力和全球经济控制力绩效指数。而后者从 2000 年的 0.159 上升到 2010 年的 0.318，指数分值增大了近一倍，但受其起点最低的影响而在 2010 年仍处于排名最后的位置。因此，中国知识产权实力的发展模式可概括为投入引领、三大类知识产权产出推动型，国内经济发展和国际知识产权事务绩效提升国家。

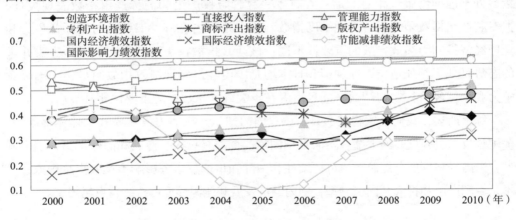

图 6 – 10　2000—2010 年中国十大维度指数动态

（2）从比率来看，中国与强国均值相比，近年来政府管理能力指数高于强国平均值，版权产出、创造环境、商标产出、直接投入、国内经济发展绩效和国际知识产权事务影响力绩效指数向强国逼近。

如图 6 – 11 所示，2000—2010 年中国政府知识产权管理能力指数与强国的比率基本在 1 上下波动，且近四年来均略高于 1。版权产出指数是向强国逼近最快的维度指数，在该维度指数上中国与强国均值的比率从 2000 年的 0.647 迅速攀升到 2010

年的 0.853；其次是知识产权权创造环境指数，其与强国均值的比率从 2000 年的 0.457 迅速登上 2010 年的 0.838；再次是知识产权直接投入、国内经济绩效和商标产出指数，该三大维度指数上中国与其他强国均值的比率均接近 0.8，即分别从 2000 年的 0.649、0.668 和 0.695 迅速上升到 2010 年的 0.797、0.787 和 0.782。另外，中国在专利产出指数上对强国的追赶要快于其在国际竞争力和全球经济控制力绩效指数与节能减排（能源环境可持续性）指数上对强国的追赶，而其他国际竞争力和全球经济控制力绩效指数对强国的追赶又快于其在节能减排（能源环境可持续性）指数上对强国的追赶。这就意味着，十大维度指数中，在节能减排、国际竞争力和全球经济控制力与专利产出等维度指数上还有待更加努力追赶。

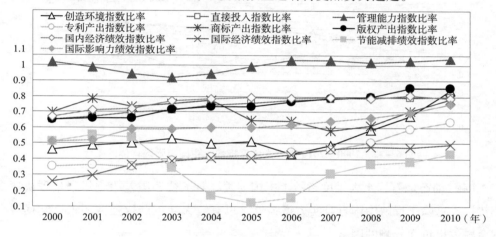

图 6-11　2000—2010 年十大维度指数上中国与强国均值的比率

（3）从绝对差距来看，中国与强国均值相比，近年来政府管理能力指数超过强国平均值，知识产权创造环境、专利产出和国际知识产权事务影响力绩效指数差距缩小力度最大，且版权产出和知识产权创造环境指数上的差距现已不足 0.1。

如图 6-12 所示，2000—2010 年中国政府知识产权管理能力指数除了 2001—2005 年略低于强国均值外，其他年份均高于强国均值。中国与强国均值相比，差距缩小幅度最大的是知识产权创造环境、专利产出和国际知识产权事务影响力绩效三大维度指数，2000—2010 年中国在这三大维度指数上与强国均值的差距缩小了 0.2 以上，并且知识产权创造环境与强国均值的差距现已不到 0.1。另外，在版权产出、知识产权直接投入、国内经济绩效与国际竞争力和全球经济控制力绩效四大维度上，

2000—2010 年中国在这三大维度指数上与知识产权强国均值的差距缩小到了 0.2 以内，特别是版权现已不到 0.1。商标产出指数与知识产权强国均值的差距原来就较小，经过 10 年的努力中国也将其与知识产权强国均值的差距缩小到了 0.2 以内。不过，中国在节能减排、专利产出、国际竞争力和全球经济控制力三大维度指数上，与知识产权强国均值还有 0.458、0.327 和 0.299 的明显差距，因此，在这些维度上还需更加努力地追赶。

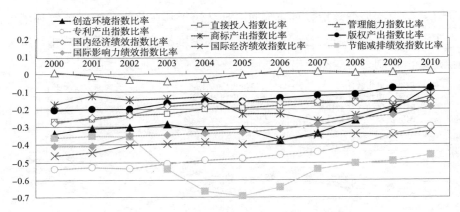

图 6 – 12　2000—2010 年十大维度指数上中国与强国均值的差距

（4）动态地看，十大维度指数上中国与美、日、德三国差距近年来呈现快速缩小势头，这除了反映中国自身实力增强外，也有三大知识产权强国还未完全摆脱全球金融危机负面影响的因素。

从图 6 – 13 – 1、图 16 – 13 – 2 和图 16 – 13 – 3 对比来看，在十大维度指数上，2000 年美国分值高于 0.7 的有八个（德国分值保持在 0.6 以上有八个，日本分值保持在 0.7 以上有五个），其中除了政府知识产权管理能力、专利产出和节能减排三大维度指数外，其他七大维度指数都是世界领先。其中，政府知识产权管理能力和节能减排两大维度指数分别为 0.53 和 0.725，仅略低于德国的 0.611 和 0.787，但高于日本的 0.432 和 0.713；而其专利产出指数为 0.741，不仅低于日本的 0.933，而且也低于德国的 0.8。即德国在政府知识产权管理能力和节能减排两大维度指数上领先世界，日本在专利产出指数上独领风骚。在十大维度指数上，中国政府知识产权管理能力指数为 0.534，超过美日两国并与德国接近，知识产权创造直接投入和国内经济发展绩效两大维度指数也在 0.5 以上，但其他七大维度指数基本在 0.4 以下，因而中国在该七大维度上明显落后于三大强国。

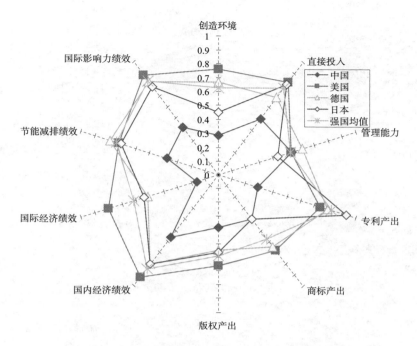

图 6 – 13 – 1　2000 年中国与美、日、德十大维度指数

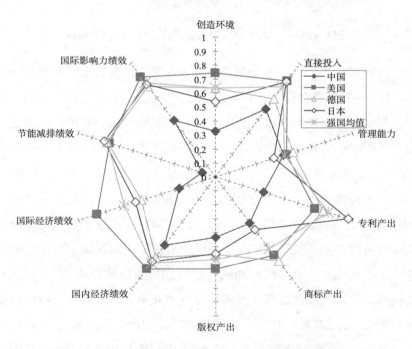

图 6 – 13 – 2　2005 年中国与美、日、德十大维度指数

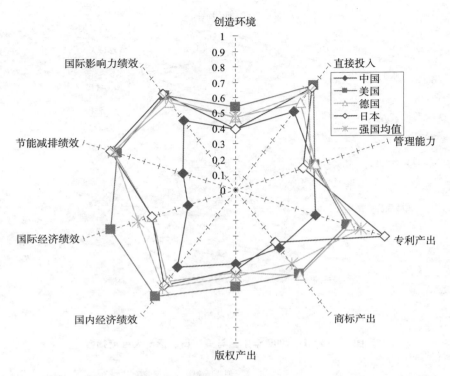

图6-13-3　2010年中国与美、日、德十大维度指数

在十大维度指数上，2005年美国分值高于0.7的减少到七个（德国分值保持在0.6以上有七个，日本分值保持在0.7以上依然为五个），其中除了政府知识产权管理能力、专利产出、商标产出和节能减排四大维度指数外，其他六大维度指数都是世界领先。其中，政府知识产权管理能力和商标产出两大维度指数分别为0.523和0.695，仅略低于德国的0.567和0.746，但明显高于日本的0.43和0.464；而其专利产出和节能减排两大维度指数分别为0.725和0.774，不仅低于日本的0.969和0.812，而且也低于德国的0.783和0.793。即德国在政府知识产权管理能力和商标产出两大维度指数上世界领先，日本在专利产出和节能减排两大维度指数上独领风骚。在十大维度指数上，中国政府知识产权管理能力指数为0.501，超过日本并与美德两国接近，知识产权创造直接投入维度指数接近0.7（0.699），国内经济发展绩效维度指数已超过0.6（0.604），国际知识产权事务影响力指数已接近0.5（0.497），但其他六大维度指数基本在0.5以下，因而中国在该六大维度上还明显落后于三大强国。

在十大维度指数中，2010 年美国分值高于 0.7 的减少到六个（德国分值保持在 0.6 以上的减少到六个，日本分值保持在 0.7 以上的仍然为五个），其中，其世界领先的维度指数分别从 2000 和 2005 年的七个和六个，下降到 2010 年的五个，它们分别是知识产权直接投入、版权产出、国内经济发展绩效、国际竞争力和全球经济控制力绩效指数。德国世界领先的维度指数 2010 年减少为一个，即政府知识产权管理能力维度指数。日本领先世界的维度指数增加到三个，分别是专利产出、节能减排绩效和国际影响力绩效指数。

再从 2005 和 2010 年十大维度指数分值来看，美国除了专利产出、国内经济绩效和节能减排绩效指数稍有增大外，其他七个均出现下降，其中知识产权创造环境和国际知识产权事务影响力绩效指数缩小了 0.1 甚至 0.2。德国除了知识产权直接投入、国内经济绩效、国际竞争力和全球经济控制力绩效和节能减排绩效指数稍有增大外，其他六个均出现下降，其中知识产权创造环境、国际知识产权事务影响力绩效和商标产出指数缩小了 0.05 甚至 0.1。日本除了政府知识产权管理能力、专利产出、国内经济绩效和节能减排绩效指数稍有增大外，其他六个均出现下降，其中知识产权创造环境指数缩小了 0.1。而导致美国、德国和日本出现上述多数维度指数缩小的最大因素，是发端于 2008 年的全球金融危机。

最后，2005 和 2010 年相比，中国十大维度指数全面增大。其中，分值增大在 0.175 以上的有两个，分别是专利产出和节能减排绩效指数；增大在 0.05 以上的有四个，分别是创造环境、商标产出、国际竞争力和全球经济控制力绩效和国际知识产权事务影响力绩效指数。

因此，无论从比率还是绝对差距来看，中国在强国指数、支柱指数和大多数维度指数上向美、日、德三国趋近乃至逼近，既有中国实施国家知识产权战略以来在多个方面所取得较大进展的成果，也有美、日、德三国还没有完全摆脱全球金融危机给其带来的负面影响的因素。因此，我国还不能因为在大多指数上近年来与强国之间出现的显著缩小，而放松努力，而是要用现在这个有利机会实现新的跨越。

十大维度中中国强项和弱项指标：与美、日、德比较

对于公共政策来讲，仅仅停留在综合指数、各大支柱和维度指数上还是不够的，还必须了解各个基础指标指数的状况，特别是与知识产权强国相比，哪些基础指标是强项，是需要我们继续保持下去的；哪些基础指标是我们的弱项，是需要我们不断努力予以改善的。

一、中国在各大维度中的强项指标：与美、日、德比较

基于 59 个基础指标的指数分值，通过比较中国与美、日、德以及 47 个国家均值的差距，我们将其中中国与美日德在指数或 47 个国家指数均值上差距比较大的基础指标称之为中国的弱项指标，而将差距较小甚至超过美、日、德指数的基础指标称之为中国的强项指标。如表 6 - 4 所示，在指数上中国表现相对比较突出并明显超过 47 个国家均值甚至美、日、德的指标有 26 个，而相对比较落后或与美、日、德三国的差距较大的指标有 33 个。

如表 6 - 4 所示，从十大维度来看，中国强项指标超过半数的维度分别为知识产权创造直接投入和商标产出，强弱项指标各半的维度有政府知识产权管理能力、版权产出、国内经济发展绩效、节能减排（能源环境可持续性）绩效与国际知识产权事务影响力绩效五大维度，而在知识产权创造环境、专利产出与国际竞争力和全球

经济控制力绩效三大维度上则是弱项指标明显多于强项指标。

表6-4　十大维度下中国强、弱项基础指标

	强项指标	弱项指标	强（弱）项指标占比
创造环境	专利规费吸引度	知识产权保护强度、经济开放度、政府研发支持度、风险资本可获得性、每百人互联网用户数	1/6（5/6）
直接投入	国内 R&D 总支出（GERD）、研究人员数量、企业 R&D 资金占 R&D 总支出比重、企业研究人员占全部研究人员的比重、专利等专有权许可费支出、受过高等教育的劳动力人数	国内 R&D 支出占 GDP 的比重、每百万从业人员研究员人数、专利等专有权许可费支出占 GDP 的比重、受过高等教育劳动力人数占总劳动力比重	6/10（4/6）
政府管理	专利审查员数量	每百件发明专利申请审查员数量	1/2（1/2）
专利产出	国内外发明专利申请量、每千研究人员国内外发明专利申请量、PCT 申请量、国内外发明专利授权量、每亿 GDP 国内外发明专利授权量	每千研究人员 PCT 申请量、重要领域 PCT 申请量份额、全球 PCT 申请 100 强企业占比、三方专利拥有量、每 10 亿 GDP 三方专利拥有量、国外有效发明专利量、每亿 GNI 国外有效发明专利量	5/12（7/12）
商标产出	国内外商标注册量、每亿 GDP 国内外商标注册量、马德里商标注册量	每亿 GDP 马德里商标注册量、最佳全球品牌 100 强企业（BrandZ 100）占比	3/5（2/5）
版权产出	国产电影量、科技文章数量	每百万人口国产电影量、每百万人研究人员国内居民科技文章量	2/4（2/4）
国内经济	中高技术产业增加值、劳均 GDP 增长率	劳均 GDP、中高技术产业增加值占制造业的比重	2/4（2/4）
国际经济	高技术产品出口全球份额、高技术产品出口相对优势指数	每百万高技术产品出口企业研发支出、版权密集型产品出口全球份额、版权密集型产品出口相对优势指数、专利权等权利许可费收入全球份额、专利权等权利许可出口相对优势指数、外向 FDI 存量全球份额	2/8（6/8）
可持续性	每百万 GDP 能源使用量下降率、每百万 GDP 二氧化碳排放量下降率	每百万 GDP 能源使用量、每百万 GDP 二氧化碳排放量	2/4（2/4）
国际影响力	国外专利和商标申请受理量世界份额、参与 WIPO 管辖的国际条约数量	PCT 申请国际检索报告全球份额、成员国对 WIPO 的财政贡献	2/4（2/4）

为了尽量消除全球金融危机因素对各指标指数变动的影响，我们下面选取各指标 2006—2010 年五年指数的平均值来对中国和三大强国进行比较。如图 6-14 所示，从中国、美国、德国和日本在上述 26 个指标上 2006—2010 年五年指数的平均值，以及和 47 个国家该五年指数均值的平均值来看，这 26 个指标可大致地分为以下四类：①领先指标。中国在劳均 GDP 增长率、高技术产品出口世界份额、高技术产品出口相对优势、每百万 GDP 能源使用下降率与国外专利商标申请受理世界份额五项指标的指数上，已经领先美国、德国、日本和世界其他国家。②差距很小指标。专利规费吸引度、国内研发总支出、研究人员总量、企业研发资金占比、企业研发人员占比、受过高等教育劳动力量、专利审查员数量、国内外专利申请量、国内外发明专利授权量、国内外商标注册量、马德里商标注册量、国产电影量、科技论文量和中高技术产业增加值 14 个指标的指数大多进入前三，并且与上述三大强国相差很小。③差距不大指标。许可费用支出、每千研究人员国内外专利申请和 PCT 申请量三个指标与三大强国有一定的差距，但差距已经不大。④相对优势指标。每亿 GDP 国内外发明专利授权、每亿 GDP 国内外商标注册、每百万 GDP 二氧化碳排放

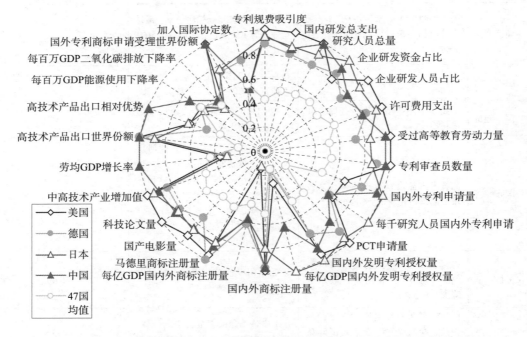

图 6-14　26 个强项指标上中国与美、德、日的指数（2006—2010 年均值）比较

下降率和加入国际协定数四个指标甚至已经比上述强国中的一或两个要高。即这些指标也可能是三大强国中一个或两个国家表现欠佳的指标。

从公共政策分析的角度，就前两类指标而言，它们已经是我国知识产权工作所取得的成绩；对于第三类指标，我们可能还需要继续采取措施以进一步提升其地位，但已经不是当前最需要关注的；对于第四类指标，我们可从与强国比较的角度，弄清楚这些指标到底是某个强国的弱项指标，还是有其他的原因，以便更好地理解不同知识产权强国发展所面临的各自制约因素。

二、中国在各大维度中的弱项指标：与美、日、德比较

如表6-4所示，从十大维度来看，中国弱项指标超过半数的维度分别有知识产权创造环境、专利产出与国际竞争力和全球经济控制力绩效三大维度，弱项指标占据一半的维度有政府知识产权管理能力、版权产出、国内经济发展绩效、节能减排（能源环境可持续性）绩效与国际知识产权事务影响力绩效五大维度，而在知识产权创造直接投入和商标产出两大维度上则是其弱项指标明显少于强项指标。

同样，为了尽量消除全球金融危机因素对各指标指数变动的影响，我们在中国和三大强国比较上所选取的是各指标2006—2010年五年指数的平均值。

如图6-15所示，从中国、美国、德国和日本在上述26个指标上2006—2010年五年指数的平均值以及47个国家该五年指数均值的平均值来看，这33个弱项指标可大致的分为以下两大类：①相对弱项指标。这些指标包括重要领域PCT申请份额、全球PCT100强企业占比、三方专利量、海外有效发明专利量、中高技术产业占制造业增加值比重、版权密集型产品出口世界份额、国际检索报告世界份额指数和对WIPO财政贡献份额。中国在这八项指标的指数都已经超过了47个国家的均值，但是从实际数量或比重来看，与美国、德国和日本还有很大甚至极大的差距，特别是在重要领域PCT申请份额等指标的47个国家指数均值本来就与美国、德国和日本存在巨大差距的情况下。②绝对弱项指标。除了上述八项指标外，中国在余下的25项指标上的指数均低于47个国家的均值，其中指数不及47个国家均值一半的指标有21个，它们分别是政府R&D支持强度、风险资本可得性、每百人互联网

用户数、每千从业人员研究人员量、受过高等教育劳动力占比、每百件专利审查员量、每千研究人员 PCT 申请量、每 10 亿 GDP 三方专利量、每亿 GNI 海外有效专利量、每亿 GDP 马德里商标注册、全球品牌 100 强企业占比、每百万人口国产电影量、每位研究人员科技论文量、劳均 GDP、高技术产品出口企业研发强度、版权密集型产品出口优势指数、许可费收入世界份额、许可出口相对优势指数、对外 FDI 存量世界份额、每百万 GDP 能源使用量和每百万 GDP 二氧化碳排放。

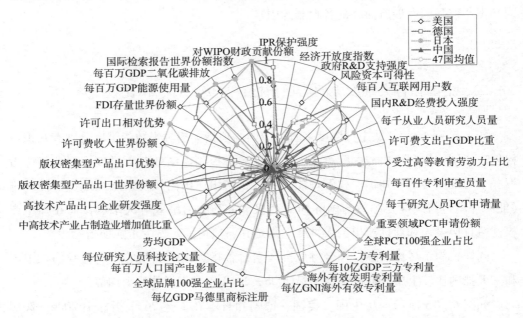

图 6 - 15 33 个弱项指标中国与美、日、德的指数（2006—2010 年均值）比较

因此，当前中国对美国、日本和德国三大知识产权强国的追赶，首先是要如何缩小与它们在这些指标上的差距，其次是如何加快七个相对弱项和其他四个绝对弱项对领先国家的追赶。

三、中国在各大维度中弱项指标动态

如图 6 - 16 所示，2010 年和 2000 年相比，中国 33 项弱项指标从其指数发展动态上看，可区分为三大类。

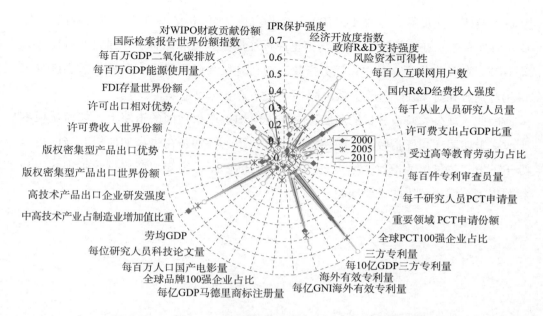

图 6 – 16　2000、2005 和 2010 年中国 33 个弱项指标指数比较

（1）明显提升类。

2010 年和 2000 年相比，这类指标上中国指数分值提升超过其知识产权强国指数提升幅度（0.1）的指标有 15 个，它们分别是 IPR 保护强度、政府 R&D 支持强度、风险资本可得性、每百人互联网用户数、国内 R&D 经费投入强度、专利等权利许可费支出占 GDP 比重、受过高等教育劳动力占比、每千研究人员 PCT 申请量、重要领域 PCT 申请份额、三方专利量、海外有效专利量、每位研究人员科技论文量、版权密集型产品出口世界份额、对外 FDI 存量世界份额和国际检索报告世界份额。即 10 年间中国在上述指标上已经取得了较明显的进展。

（2）指数下降类。

2010 年和 2000 年相比，中国指数分值下降的指标共有六个，它们分别是每百件专利审查员量、每百万人口国产电影量、中高技术产业占制造业增加值比重、高技术产品出口企业研发强度、每百万 GDP 能源使用量和每百万 GDP 二氧化碳排放。即上述 10 年间中国在上述 6 个指标上反而出现了退步。

（3）指数提升欠明显类。

这些指标介于上述两大类指标之间，共有 12 个，它们分别是经济开放度、每千从业人员研究人员量、全球 PCT100 强企业占比、每 10 亿 GDP 三方专利量、每亿 GNI 海外有效专利量、每亿 GDP 马德里商标注册量、全球品牌 100 强企业占比、劳均 GDP、版权密集型产品出口优势指数、专利等权利许可费收入世界份额、许可出口相对优势和对 WIPO 财政贡献份额。

因此，从公共政策分析的角度，中国迈向知识产权强国的道路上，如何从根本上改变上述弱项指标指数与强国相比的显著差距，特别是在将来如何提升当前指数处于下滑态势指标的指数，尽快缩小其与强国的差距将是知识产权行政管理部门和相关决策部门应解决的重要问题。

第七章

结论:迈向知识产权强国

第二次世界大战以来的世界经济史表明，世界经济强国建立在其对全球经济创新周期的支配能力之上；而其对全球经济创新周期的支配能力又表现为其对世界经济体系中领先产业的支配和控制能力。知识产权在法律的意义上尽管是人类智力创造成果的权利化，但是在当今经济全球化和知识经济深入发展的背景下，随着国际知识产权保护不断强化，其已经成为世界经济强国支配和控制世界经济体系中领先产业的核心武器，和深入推进全球价值链分工的战略工具。一个国家在全球范围拥有的知识产权的数量、质量、结构和地理分布，从来都没有像今天这样关系着一个国家的经济兴衰和国际地位高低。

自《国家知识产权战略纲要》实施以来，我国发明专利申请授权量于 2009 年超过国外在华发明专利申请授权量，国内有效发明专利拥有量于 2011 年超过国外在华有效发明专利拥有量。到 2012 年 7 月，我国用了 27 年时间，发明专利累计授权量突破 100 万件，而发达国家达到这一数量用了数十年甚至近百年。近十年来，我国企业发明专利申请量增加了 58 倍，通过《专利合作条约》（PCT）途径提交的国际专利申请量增长了近 10 倍，连续三年增长速度保持世界首位。

另据世界知识产权组织 2012 年发布的《世界知识产权报告》统计，2011 年我国居民在世界范围内所提交的发明专利申请量和获得发明专利授权量分别达到 435608 件和 118158 件，已超过美国并仅次于日本的 472417 件和 304604 件，在世界范围内所提交的商标注册申请量和获得的商标注册量分别到达 1441246 件和 1071652 件，已超过美国并仅次于德国的 2120913 件和 1872023 件。因此，以世界范围发明专利申请和授权量与商标申请和注册量来衡量，我国已经成为超越美国等世界知识产权大国，基本上达到了与 GDP 排名相当的世界地位。这表明我国知识产权事业已取得显著的成绩，并且到了一个新的发展时期。

当今世界上所有创新型国家都在竭力将其最先进的科技成果转化为能够为经济发展服务的知识产权，以期在激烈的科技、经济和综合国力竞争中占据制高点，建立科技和经济行动的自由圈和保护圈。因此，知识产权竞争正在演变为世界各国综合国力较量中的新战场和最活跃的部分。中国崛起必须要确立知识产权强国战略，并努力依靠知识产权数量、质量、结构和地理分布的改善和综合优势来提升其科技、经济实力和大国地位。为进一步适应创新型国家和经济强国建设的需要，我国知识产权事业的工作重心已需从重视数量向数量、质量和结构并重的方向转变，即已到了从建设知识产权大国向建设知识产权强国的方向转变。

本书通过对知识产权强国的基本内涵、主要特征和知识产权强国综合评价指标体系的构建及其结果的分析，得出了以下结论：

一、知识产权强国的基本内涵和主要特征

知识产权强国可理解为在世界知识产权创造、运用、保护和管理总体水平上处于领先，在全球竞争中主要依赖知识产权实力和优势取得相对强势地位，知识产权制度先进、管理体系高效，对全球知识产权事务发展具有引领作用和重要影响的国家。从静态的意义上讲，知识产权强国是通过较大规模和较高水平的知识产权创造、运用、保护和管理，在全球范围知识产权数量、质量和结构上具有强大综合和战略优势，进而依靠雄厚知识产权实力造就出强大经济国力和国际影响力的国家。从动态的意义上讲，知识产权强国是指主要依靠知识产权创造、运用、管理和保护，不断扩大和提升知识产权的数量和质量，并通过知识产权综合和战略优势的培育和累积与知识产权在经济、科技、文化和可持续发展等方面的有效运用，不断提高国家科技、文化、经济实力和国际影响力，努力增强全球竞争中的相对优势地位，以实现强国目标的国家。

知识产权强国具有以下主要特征：①知识产权创造、保护、管理和运用等活动协调发展，知识产权数量、质量和结构综合优势强大，能为国家科技、经济、文化和可持续发展提供核心驱动和强大支撑；②海外知识产权数量、质量、结构及市场布局与与全球科技、经济、文化和可持续发展趋势在全球竞争中的强势地位相适应；③知识产权保护制度建设与国家创新体系发展密切配合，知识产权保护制度建设与国家创新体系发展密切配合，在确保灵活有效激励创新的同时，合理保障公共利益；④科技、文化和经济发展对知识产权国际保护具有严重依赖，因此巩固和强化国际知识产权保护制度是维护其国家核心利益的重要方面；⑤国家知识产权管理高效，知识产权服务体系发达，知识产权教育体系完善，知识产权人才队伍强大；⑥知识

产权密集型产业引领经济增长，知识产权密集产品在商品出口中处于主要地位并具有较强竞争力，聚集的众多大型跨国公司总部依靠知识产权支配着全球价值链；⑦整个社会形成了尊重知识、推崇创新、保护产权的社会风尚和人文环境。

二、国家知识产权实力是知识产权强国的力量基础

国家知识产权实力作为综合国力的构成要素，是随着知识产权在全球经济发展中的作用不断提升，以及在知识产权与科技发展、文化创新和经济发展的关系更为紧密的背景下提出来的一个概念。在科技和经济全球化的背景下，国家知识产权实力具有以下基本内涵：①是一个国家知识产权参与科技、文化和经济循环所形成对科技、文化和经济发展的驱动或推动力量；②是一个国家科技、文化和经济系统的协调、整合和传导力；③是一个国家通过知识产权创造、管理、保护和运用在全球科技和经济分工中占据有利地位并瓜分全球分工红利的力量；④是依靠国际知识产权制度实现的，是知识产权国际机制下的制度性支配力量；⑤最终表现为一个国家对全球经济创新周期的控制力或反控制力。

在经济全球化背景下，国家知识产权实力不仅是国家科技实力要夺取的战略制高点，文化软实力的重要组成部分，国家经济实力的核心和战略力量，而且很大程度上还代表着对全球科技和经济的控制力量。同时，知识产权实力也是国家科技实力、文化软实力转化为经济实力的驱动力量。因此，一个国家的知识产权实力是决定其能否参与以及多大程度上参与分享科技和经济全球化"红利"❶的关键因素。国家知识产权实力中的上述角色，也决定了全球化背景下其在巩固和提升国家生存、发展以及在国际事务中影响或强制他国实施本国意愿的能力中处于其他力量难以替代的地位。

---

❶ 红利（divident）最初是用于股份公司给股份持有者的分红。后来被世界银行等国际组织用于描述有利的人口结构给国家经济发展带来的好处，这种好处被称为"人口红利"。它是指一个国家的劳动年龄人口占总人口比重较大，抚养率比较低，为经济发展创造了有利的人口条件，整个国家的经济呈高储蓄、高投资和高增长的局面。因此，文中的知识产权"红利"用于指称知识产权优势所带的竞争优势、市场机会或发展空间等好处。

国家知识产权实力形成的动态过程实际上是其知识产权创造"投入实力－产出实力－绩效表现"循环的过程。各国拥有知识产权的数量与质量，进而知识产权数量与质量在各经济部门或行业的分布不同，则决定其依赖知识产权获取经济社会可持续发展绩效（国家财富和提升国家竞争力）的能力差异，而各国知识产权数量和质量差异又取决于知识创造投入的多寡及其经济部门和行业分布。知识产权强国作为在世界知识产权创造、运用、保护和管理总体水平上处于领先，在全球竞争中主要依赖知识产权实力和优势取得相对强势地位，知识产权制度先进、管理体系高效，对全球知识产权事务发展具有引领作用和重要影响的国家，其是建立在知识产权创造"投入实力－产出实力－绩效表现"良性循环基础之上的。

三、知识产权强国评价及其结果

知识产权强国综合指标评价体系由支柱层、维度层和基础指标层三个层次构成。其中，支柱层有三个一级指标（又称三大支柱），维度层有十个二级指标（十大维度），基础层有 59 个三级指标。三大支柱分别是知识产权创造投入、知识产权创造产出和知识产权绩效支柱。十大维度是知识产权创造环境、知识产权创造直接投入、政府知识产权管理能力、发明专利产出、商标产出、版权产出、国内经济发展绩效、国际竞争力和全球经济控制力绩效、能源环境可持续性绩效和国际知识产权事务影响力绩效维度。

经测算，2010 年知识产权强国综合指数排名前十的国家分别是美国、日本、德国、法国、瑞士、瑞典、英国、芬兰、韩国和荷兰；中国排名第 14 位。47 个国家中，根据各国知识产权强国综合指数的表现，可将所有国家分为四大类型：知识产权强国（美国、日本和德国三国）、知识产权次强国（法国、瑞士、瑞典、英国、芬兰、韩国和荷兰七国）、知识产权中强国（丹麦、加拿大、西班牙、中国、奥地利、意大利、爱尔兰、新加坡、比利时、澳大利亚、以色列、葡萄牙和卢森堡）和知识产权欠强国（其余 24 个国家）。中国处于知识产权中强国行列。

47 个国家的知识产权强国综合指数的差异总体上呈缩小态势，这是以下两个方面相互作用的结果：一方面这些国家的知识产权创造投入指数差异总体上出现缩小的趋势，另一方面是这些国家的知识产权创造产出指数和知识产权绩效指数差异总体上基本保持不变。前一方面实际上所反映的是世界上所有致力于创新的国家都在努力地增加投入，以改善其创新的绩效，后一个方面所展现的是，尽管各国都在下大力气增加创新投入，但是要光靠增加投入来缩小与领先国家在产出和绩效上的距离，成效还欠明显。因而，要加快对世界强国的追赶，除了扩大投入外，还需要提高知识产权创造效率，也只有如此才能将不断增大的创造投入最终转化为创造产出（知识产权）和经济绩效（生产率）。该结论也得到了知识产权创造投入、创造产出和产出绩效指数间的相关分析的有力支持。

当今世界上知识产权最激烈的竞争主要发生在知识产权强国和知识产权次强国之间。从比较的角度来看，知识产权强国和次强国知识产权投入指数总体上出现趋同并且知识产权产出指数总体上也显示出缩小态势，但它们在知识产权绩效指数上总体依然保持着较大的差距。正是后一指数的差距的存在使得强国和次强国间知识产权强国指数总体上的差距依然较为明显。从次强国对强国的追赶来看，投入方面的差距是最容易缩小的；其次是产出方面的差距，但最难的是绩效方面的差距。因此，如何在知识产权创造投入增加或产出提高的情况下，将投入转化为产出，或将产出有效地转化为知识产权绩效，应是全球致力于知识产权竞争的国家所关心的问题。

中国知识产权创造效率还不高，同时其知识产权创造产出对经济发展、能源环境可持续性和国际知识产权事务影响力的贡献也普遍低于强国、次强国甚至大多数中强国。从分析结果来看，知识产权强国具有"知识产权投入能够有效转化为知识产权创造产出、知识产权创造产出能够高效催化出知识产权产出绩效"的基本特征。中国与知识产权强国和多数知识产权次强国相比知识产权创造效率还不高，不过其表现出较快的追赶势头。另外，近年来中国的知识产权产出对经济发展、能源环境可持续性和国际知识产权事务的影响力不明显。因而，增加中国知识产权创造效率、知识产权创造产出对经济发展、能源环境可持续性和国际知识产权事务的影响力的贡献，应是我国要关注的重要公共政策问题。

四、中国与知识产权强国的差距及其强弱项

尽管中国知识产权创造投入指数上与强国的差距已明显缩小，但中国在知识产权（创造）产出和知识产权绩效指数上，与强国还有明显甚至较大差距，进而导致知识产权强国指数与强国的差距依然明显。知识产权强国指数上，随着中国分值的提升，其与美、日、德的差距明显缩小，但与美、德、日的绝对差距依然明显。知识产权创造投入指数上，随着中国分值的提升，无论从比率还是绝对差距来看，其与美、日、德间的差距均迅速缩小，特别是美、德、日因全球金融危机削弱了投入力度而使其相比于中国的优势大大收缩。知识产权（创造）产出指数上，随着中国分值的提升，其与美、日、德的差距明显缩小，但与美、德、日间依然存在着一定的绝对差距。知识产权绩效指数上，随着中国分值的提升，其与美、日、德的差距缩小，但与美、德、日的绝对差距依然较大。

十大维度指数上，中国在知识产权直接投入、国内经济发展绩效、国际知识产权事务影响力和专利产出上表现出较快的追赶势头，并且在多个维度上缩小了与强国的差距，但是在节能减排放、国际竞争力和全球经济控制力与专利产出三大维度上与三大强国的差距依然较大。十大维度指数上，中国均表现出对强国的较快追赶，其中表现最佳的是知识产权直接投入和国内经济发展绩效指数，另外国际知识产权事务影响力和专利产出指数也增长强劲。从与三大强国均值的比率来看，中国近年来政府管理能力指数高于强国平均值，版权产出、创造环境、商标产出、直接投入、国内经济发展绩效和国际知识产权事务影响力绩效指数向强国逼近。从与三大强国均值的近年来政府管理能力指数超过强国平均值，知识产权创造环境、专利产出和国际知识产权事务影响力绩效指数缩小力度最大，且版权产出和知识产权创造环境指数分值上的差距现已不足 0.1。但是，在节能减排、国际竞争力和全球经济控制力与专利产出三大维度上，我国与三大强国均值相比还有较大的差距。

无论从比率还是绝对差距来看，中国在强国指数、支柱指数和大多数维度指数上向美、日、德三国趋近乃至逼近，既有中国实施国家知识产权战略以来在多个方面所取得较大进展的成果，也有美、日、德三国还没有完全摆脱全球金融危机给其

带来的负面影响的因素。因此，我国还不能因为在大多指数上近年来与强国之间的差距出现的显著缩小，而放松努力，而是要用现在这个有利机会实现新的跨越；在节能减排、国际竞争力和全球经济控制力与专利产出三大维度上还要加紧追赶。

从 59 个基础指标 2006—2010 年五年指数的平均值来看，中国和三大强国相比在 26 个基础指标上表现较佳或与强国相近，但是还有 33 个基础指标与强国存在着很大甚至极大的差距。这 33 个指标分别是知识产权创造环境维度的知识产权保护强度、经济开放度、政府研发支持度、风险资本可获得性、每百人互联网用户数，知识产权创造直接投入维度的国内 R&D 支出占 GDP 的比重、每百万从业人员研究员人数、专利等专有权许可费支出占 GDP 的比重、受过高等教育劳动力人数占总劳动力比重，政府知识产权管理维度的每百件发明专利申请审查员数量，专利产出维度的每千研究人员 PCT 申请量、重要领域 PCT 申请量份额、全球 PCT 申请 100 强企业占比、三方专利拥有量、每 10 亿 GDP 三方专利拥有量、国外有效发明专利量、每亿 GNI 国外有效发明专利量，商标产出维度的每亿 GDP 马德里商标注册量、最佳全球品牌 100 强企业（BrandZ 100）占比，版权产出维度的每百万人口国产电影量、每百万人研究人员国内居民科技文章量，国内经济发展绩效维度的劳均 GDP、中高技术产业增加值占制造业的比重，国际竞争力和全球经济绩效维度的每百万高技术产品出口企业研发支出、版权密集型产品出口全球份额、版权密集型产品出口相对优势指数、专利权等权利许可费收入全球份额、专利权等权利许可出口相对优势指数、外向 FDI 存量全球份额，能源环境可持续性绩效维度的每百万能源使用量、每百万 GDP 二氧化碳排放量，以及国际知识产权事务影响力绩效维度的 PCT 申请国际检索报告全球份额、成员国对 WIPO 的财政贡献。这些指标应成为中国下一步知识产权工作关注的重点。

五、中国迈向知识产权强国的基本战略任务

中国未来能否继续从全球化深入发展和全球价值链的大调整中受益，关键在于能否从数量、质量、结构和布局构筑起强大的综合知识产权优势，并抢占到全球价值链调整或形成的主动权、控制权和领导权。中国和平崛起需要知识产权强国建设

为其提供强大的实力保障。知识产权强国建设过程是一个国家知识产权"创造投入－创造产出－经济社会可持续发展绩效"间"良性循环"的过程。中国迈向知识产权强国的基本战略任务，是要按照与创新型国家建设和制造强国建设的战略部署，依靠知识产权"创造投入－创造产出－经济社会可持续发展绩效"间"良性循环"，逐步实现经济强国。具体地讲主要有以下方面。

（1）根据创新型国家建设和制造强国建设战略的部署，分阶段推进知识产权强国建设战略，为创新型国家建设和制造强国建设提供强大支撑。

创新型国家是以技术创新为经济社会发展核心驱动力的国家。我国建设创新型国家的总体目标是：到 2020 年，使我国的自主创新能力显著增强，科技促进经济社会发展和保障国家安全的能力显著增强，基础科学和前沿技术研究综合实力显著增强，取得一批在世界上具有重大影响的科学技术成果，进入创新型国家行列，为全面建设小康社会提供强有力的支撑。

制造强国是以技术创新和品牌为制造业核心驱动力的国家；我国制造强国建设是要更多依靠中国装备、依托中国品牌，实现中国制造向中国创造的转变，中国速度向中国质量的转变，中国产品向中国品牌的转变，完成中国制造由大变强的战略任务。我国制造强国建设战略目标分为以下"三步"：第一步，力争用十年时间，迈入制造强国行列。到 2020 年，先用五年时间，迈入制造强国行列，基本实现工业化，制造业大国地位进一步巩固，制造业信息化水平大幅提升；到 2025 年，制造业整体素质大幅提升，创新能力显著增强，全员劳动生产率明显提高，工业化和信息化融合迈上新台阶。届时，重点行业单位工业增加值能耗、物耗及污染物排放达到世界先进水平。形成一批具有较强国际竞争力的跨国公司和产业集群，在全球产业分工和价值链中的地位明显提升。第二步，到 2035 年，我国制造业整体达到世界制造强国阵营中等水平。第三步，新中国成立一百年时，制造业大国地位更加巩固，综合实力进入世界制造强国前列。制造业主要领域具有创新引领能力和明显竞争优势，建成全球领先的技术体系和产业体系。

根据上述创新型国家建设和制造强国建设战略的部署，知识产权强国建设战略也应该分成以下阶段：到 2020 年为我国进入创新型国家和迈入制造强国行列，为重点技术领域和产业发展提供知识产权强大的支撑，进入知识产权强国行列；到 2025 年为我国迈入制造强国行列后，知识产权强国建设要为自主创新能力和工业化和信息化融合迈上新台阶，特别是为形成一批具有较强国际竞争力的跨国公司和产业集群，从全球产业分工和价值链中的地位明显提升提供知识产权强大驱动和支撑；到2035年，随着我国制造业整体达到世界制造强国阵营中等水平，知识产权强国建设要为制造业主要领域形成创新引领能力和明显竞争优势，建成全球领先的技术体系和产业体系提供强大的知识产权综合实力和战略力量的支撑。

知识产权强国建设第一阶段的重点任务：首先，要在把握新一代信息技术与制造业深度融合的发展趋势下，在一些制约我国近期产业结构升级的重点技术领域和产业发展方面，摆脱国外知识产权对关键核心技术与高端装备的控制，并在全球范围掌握一批重点领域关键核心技术的知识产权；其次，有针对性地在制造业数字化、网络化、智能化方面取得一批对关键技术发展具有战略控制意义的重要知识产权，增强我国推进新一代信息技术与制造业深度融合的主动权。

知识产权强国建设第二阶段的重点任务：要在把握信息、新能源、资源技术、生物、医疗卫生等科学技术的发展趋势与全球竞争新格局下，从形成一批具有较强国际竞争力的跨国公司和产业集群，从全球产业分工和价值链中的地位明显提升出发，围绕产业链部署创新链，围绕创新链配置资源链，努力依靠基础研究的原始性创新突破和高技术产业的重点跨越获得基础专利和核心专利的累积、全球品牌培育和各类知识产权的综合运用，进而依靠知识产权强大驱动和支撑，力争在关系全球竞争的战略性新兴产业上逐步掌握主导权。

知识产权强国建设第三阶段的重点任务：在知识产权强国建设第二阶段打下的基础上，从制造业主要领域形成创新引领能力和明显竞争优势，建成全球领先的技术体系和产业体系出发，进一步加强全球的知识产权的战略布局，积极提升战略性新兴产业知识产权创造、保护、管理和运用能力，进而依靠强大的知识产权综合实力和战略力量力争掌握全球产业分工和价值链的领导权。

（2）根据创新型国家建设和制造强国建设战略的部署，积极完善知识产权制度，使之与其自身创新能力和世界科技发展相适应。

从发达国家来看，知识产权制度是激励技术创新和文化产业发展的根本制度保障。对于追赶型国家来讲，知识产权制度能否发挥激励技术创新和文化产业发展的作用，关键在于知识产权制度的保护强度是否与其创新能力发展相适应。如果知识产权制度的保护强度超越了其创新能力，则知识产权制度就是技术创新和文化产业发展的制度障碍；反之则反是。此外，知识产权制度发展还与全球科技发展，特别是新技术革命密切相关。新技术领域的出现及其智力成果的保护往往有可能导致知识产权类型的增加。

我国在对世界发达国家的技术追赶中，创新能力得到了较快展。我国知识产权制度也必须根据我国创新能力的变化而进行相应的调整，使之发挥对创新的最大激励作用。同时，我们也要及早研究世界科技革命的趋势，积极参与全球知识产权制度建设，以在新兴知识产权保护上占据主动权。

（3）根据创新型国家建设和制造强国建设战略的部署，积极建立健全有利于发挥知识产权保护制度激励创新的各项配套性制度和政策。

从发达国家的发展经验来看，知识产权制度是为激励技术创新和文化产业发展提供了制度保障，但知识产权制度要发挥作用，还需要创新的投入以及创新成果转化为新产品、新工艺所需要的各种制度和政策支持。如创新的投入需要国家的 R&D 的补贴或其他政策的支持，国家支持的 R&D 项目的知识产权的归属需要国家专门立法来加以明确等。为了尽可能地将最新的科学突破、新技术发明和新创造等智力成果转变为有利于增强国内外市场控制力的知识产权，知识产权强国建设必须根据不同阶段的战略需要，积极建立健全有利于发挥知识产权保护制度激励创新的各项配套性制度和政策。

（4）根据创新型国家建设和制造强国建设战略的部署，应根据加强加快知识产权"创造投入－创造产出－经济社会可持续发展绩效"间"良性循环"的需要，不断解决知识产权强国建设的薄弱环节。

从上述中国与知识产权强国的差距及其强弱项的情况来看，我国在知识产权创造环境与知识产权活动质量相关的方面还有诸多不足。之所以我们要强调我国在知识产权强国建设上，应努力完善与自身创新能力发展相适应的知识产权保护制度，积极建立健全有利于发挥知识产权保护制度激励创新的各项配套性制度和政策，就是为了不断优化我国的知识产权创造环境，努力加快最新的科学突破、新技术发明和新创造等智力成果向有利于增强国内外市场控制力的知识产权转化，并使这些智力成果在知识产权保护所提供的良好战略运作空间下，得到有效的商业化、产品化或产业化，进而促进高质量的经济增长。同时我们也要看到随着知识产权强国建设的推进，知识产权"创造投入－创造产出－经济社会可持续发展绩效"的链条上还会出现新的薄弱环节。我们克服这些薄弱环节，并使知识产权强国建设为创新型国家建设和制造强国建设提供核心驱动和强大支撑的关键出发点，仍然是要努力加强加快知识产权"创造投入－创造产出－经济社会可持续发展绩效"间的良性循环，以为我国和平崛起提供不竭的动力。

知识产权强国综合指标评价体系采用的指标

表 1 知识产权强国综合指标评价体系所采用指标的含义、解释及其数据来源

指 标		含 义	解 释	数据来源
1.1.1	知识产权保护强度	一个国家知识产权保护的有效程度。世界经济论坛对各国知识产权保护程度按1~7的顺序进行排序，1表示保护水平最低，7表示水平最高	衡量一个国家知识产权保护的整体水平	世界经济论坛《全球竞争力报告》
1.1.2	经济开放度	由一国商品及服务进出口总额占GDP的比重，与外来直接投资额占GDP的平均值。当一国外来直接投资额为负值时，本研究将其视为0	衡量一国经济面临国外竞争程度；也可反映一国经济与世界经济的一体化程度	世界银行发展指标数据库
1.1.3	政府研发支持度	一国政府用于企业或高校研发活动的支出总量（不含政府执行的研发支出部分）占GDP的比重。由政府部门执行的研发支出部分因大多不属于政府干预研发活动的范畴而予以考虑	衡量一国政府对企业或高校研发活动的支持程度。该比重越高，一国对研发活动直接支持的力度越大	UNESCO数据库
1.1.4	风险资本可获得性	创新或创业等高风险投资项目获得风险投资的可能性程度。世界经济论坛按照1~7的顺序衡量各国风险资本可获得性程度，1表示非常困难，7表示非常容易	衡量一国创新或创业等高风险投资项目融资可获得性程度。对于依靠知识产权等无形资产的新创企业来讲，获得风险资本的支持是其生存乃至发展的必要条件	世界经济论坛《全球竞争力报告》
1.1.5	每百人互联网用户数	一国互联网用户总数与该国人口（单位：百人）的比值	通常用于衡量一国信息化水平。互联网是知识经济时代传播和传递知识的重要基础设施，对知识研究和传播具有极其重要的作用。本研究利用该指标来间接反映一国知识产权创造、保护、利用和管理等领域的信息基础设施完善程度	世界银行发展指标数据库

指　标	含　义	解　释	数据来源
1.1.6 专利规费吸引度	发明人或发明申请人在一国专利申请局提交一件专利申请所需支付的申请费用与该国得授权后所需支付的维持专利费用的比值。专利规费包括专利申请费和专利维持费用，而各国 GDP 可反映其市场规模的大小	衡量一个国家现有的专利程序和维持费用政策对发明人或发明申请人申请或维持专利的吸引力。该指标值越低，则发明或发明申请人专利申请和维持的吸引力越强，表明该国政府政策倾向于该类专利申请与专利持有。该指标也可反映一国市场对发明专利申请或持有人的吸引力。当一件专利价值一定，该指标值越低，表明该国市场对发明专利申请和持有人具有越大的吸引力	Walter Park（2010），de Rassenfosse 和 van Pottelsberghe（2012）
1.2.1 国内 R&D 总支出（GERD）	一国在研发活动上的总支出或投入	知识经济时代研究和发展活动是一国经济增长的主要驱动力。研究和发展总支出可表征一国从事知识产权或无形资产创造的资金总投入以及以此促进经济增长和获取竞争力的动态	UNESCO 数据库
1.2.2 国内 R&D 支出强度	一国研发活动上的支出或投入总量占 GDP 的比重	衡量一国研发活动上资金投入强度。研究和发展活动的强度较大各国为促进经济增长和获取竞争力而进行研发努力的强度，一般而言，其与一国经济发展水平密切相关	UNESCO 数据库
1.2.3 研究人员数量	一国从事研究活动的人员总量	衡量一国研发活动上人力资本总投入。应该包括从事知识产权或无形资产创造的人力投入还应包括些工程和发展活动的人员等，但这些人力投入缺乏国际可比数据	UNESCO 数据库

指 标	含 义	解 释	数据来源
1.2.4	每百万从业人员研究员人数	一国从事研究活动的人员总量占全国从业劳动力总量的比重	衡量一国研发活动上人力投入强度。研究人员投入强度通常也用于比较各国研发努力的强度	UNESCO 数据库
1.2.5	企业 R&D 资金占 R&D 总支出比重	一国企业直接用于研发活动的支出总额占国内 R&D 总支出的比重	衡量一国企业投资知识产权或无形资产创造的积极程度。该比重越高则一国企业从事研发活动来创造知识产权并以此获取竞争优势的积极性越强	UNESCO 数据库
1.2.6	企业研究人员占全部研究人员的比重	一国企业中从事研究活动的人员数量占国内从事研究活动人员数量的比重	衡量一国企业从事知识产权创造的研究人员所占全国研究人员的份额。该份额越高，表明企业在无形资产和知识产权创造中的重要性越大。同时，该指标也间接反映企业所执行的研究和开发活动在一国知识经济中的重要性	UNESCO 数据库
1.2.7	专利等专有权许可费支出	一国居民在外国所有的专利、商标、技术诀窍、技术图纸、工业设计、版权等专有权利或无形资产的使用上向海外所支付的许可费用	衡量一国无形资产和知识产权创造中所从事的海外知识、技术吸收活动的投入规模	世界银行发展指标数据库（丹麦和瑞士的数据来自 OECD 技术贸易平衡表）
1.2.8	专利等专有权许可费支出占 GDP 的比重	专利等专有权许可费支出与 GDP 的比值	反映一国经济在知识产权或无形资产创造中吸收国外知识、技术活动的努力强度	世界银行发展指标数据库
1.2.9	受过高等教育的劳动力人数	一国受过高等教育的劳动力人数（国际上通常将年龄限制在 25—64 岁）	衡量一国拥有的高素质、高技能劳动力的数量。该指标将从事无形资产创造的人力投入并不限于科技领域，而是涵盖了所有基于知识创新或创意获得无形资产的经济活动领域，特别是需要高要求广泛技能的服务业	UNESCO 数据库

指 标	含 义	解 释	数据来源
1.2.10 受过高等教育的劳动力的比重	一国受过高等教育的劳动力人数占社会总劳动力的比重	衡量一国高素质、高技能劳动力的强度，特别是科技领域依靠无形资产以外的其他经济活动领域的高技能劳动力的比重	UNESCO 数据库
1.3.1 专利审查员的数量	一国专利局专利审查员的数量	反映一国发明专利申请规模。自 20 世纪末以来发明专利审查员的规模，各国专利局都在试图扩大发明专利审查员数量或增强专利审查能力，以加快专利审查速度，减少专利审查积压	各国专利局网站
1.3.2 每百件发明专利申请审查员数量	一国发明专利申请量（单位百件）与该国专利审查员的比值	衡量一国专利审查能力。本书以指标反映一国知识产权管理能力。该指标值越大，则意味着一国知识产权管理能力越强	各国专利局网站，WIPO 知识产权数据库
2.1.1 国内外发明专利申请量	一国发明人或发明持有者在本国和海外专利局提交的发明专利申请总量。本书用国内外发明专利申请量反映各国专利申请的数量指标	衡量一国发明人在国内外从事发明专利申请活动的规模。国内外专利申请量可表征一国发明人或发明持有者对其创新产品或工艺争取在国内外市场上获取法律保护的需求状况。该指标是从申请的总体动态，即从总量上衡量一国一个国家的发明人提交的国内外专利申请是否比其他国家多	WIPO 知识产权数据库

指 标		含 义	解 释	数据来源
2.1.2	每千研究人员国内外发明专利申请量	一国发明人或发明持有者在本国和海外专利局提交的发明专利申请总量与该国研究人员（单位千人）的比值。该指标采用研究人员侧面反映发明人数量，并以此来衡量一国发明活动的生产效率	衡量一国国内研究人员从事国内外发明专利申请活动的积极或活跃性程度。每百万人口国内外专利申请量可表征一国国内外或发明对其取得新产品或工艺等发明的积极程度。该指标从保护的角度衡量一国国内外市场获得法律保护的普遍程度。该指标从相对量的角度衡量一国研究人员从事国内外专利申请的普遍程度，即从人均上衡量一个国家的发明人提交的国内外专利申请是否比其他国家多	WIPO 知识产权数据库、世界银行发展指标数据库
2.1.3	PCT 申请量	一国发明人或发明持有者按世界知识产权组织 PCT 程序（国际阶段）提交的发明专利申请量。本书用 PCT 申请量反映各国专利申请的质量指标	衡量一国从事高质量或高价值专利申请的规模，反映地区海外专利布局以及向外申请专利的意识和能力。PCT 申请量统计与各国专利局发明专利申请量统计与"本国偏向"的优点，最大的优点就是其不存在"本国偏向"点外，除了其不存在"本国偏向"高经济价值并以取得全球市场为取向的专利申请。因此，可作为各国绝对数的质量指标。该指标是从取得数的角度衡量高质量专利申请状况，即在总量上衡量一个国家的发明人提交的高质量专利申请是否比其他国家多	WIPO 知识产权数据库

指　标	含　义	解　释	数据来源
2.1.4 每千研究人员PCT申请量	一国发明人或发明持有者的PCT申请量与该国人口（单位千人）的比值。该指标用研究人员数量来侧面反映发明人的高质量发明活动的生产效率	衡量一国发明持有者从事全球市场取向的高价值专利申请活动的强度或活跃程度。该指标是从人均相对的角度衡量高质量专利申请状况，即人均上衡量一个国家的发明是否比其他国家专利申请量多	WIPO知识产权数据库、世界银行发展指标数据库
2.1.5 重要领域PCT申请量份额	重要领域一国国内居民PCT申请量与世界PCT申请量的比值。本书用该指标来反映各国在全球最具发展潜力的技术创新中的地位或领导力	重要技术领域包括信息和通信、生物、医疗和医药技术，以及环境和能源相关技术。这些技术是驱动当前和未来世界经济增长和经济结构调整的关键技术。各国上述领域中PCT申请量占世界申请量的比重，可反映本国技术创新所处的地位高低以及其对这些领域创新发展乃至未来经济发展的控制力大小。该指标可从结构上衡量重要领域PCT申请量申请的各国分布	
2.1.6 全球PCT申请100强企业占比	一国进入全球PCT申请量前100企业数占全球PCT申请量前100企业的比重。本书用该指标来反映各国在全球技术竞争中的主导地位或控制力	衡量一国最具创新实力的企业在基于知识产权获取可竞争优势或在其全球市场竞争中的地位及影响力。企业在全球市场中的竞争优势通常取决其新产品的创新速度，而该速度可依据其全球专利的申请量衡量。该指标反映其全球PCT申请量的产业组织状况	WIPO知识产权数据库

	指　标	含　义	解　释	数据来源
2.1.7	国内外发明专利授权量	一国发明人或发明所持有者在本国和海外专利局所获得的发明专利授权件数。本书用国内外发明专利授权量反映各国专利授权量的数量指标	反映一国发明人或发明持有者在本国和海外专利局获得的发明专利授权规模。发明专利授权表明发明人或发明持有者对发明技术拥有受法律保护的排他性使用、制造、销售等权利。所以，发明专利授权量可表征一国在其国内外市场所拥有的技术资产流量或受法律保护的创新产品数量。该指标是从绝对数的角度衡量一个国家获得专利授权的总体状况，即在总量上衡量一个国家的发明专利授权量是否比其他国家多	WIPO 知识产权数据库
2.1.8	每亿美元 GDP 国内外发明专利授权量	一国在本国和海外专利局所获得的发明专利授权件数与该国 GDP（亿美元，按 2005 年购买力平价计算）的比值	衡量一国居民在本国和海外市场上所获得的发明专利授权强度。该指标可表征一国每亿美元 GDP 在国内外市场上的所拥有的技术资产量或受法律保护的创新产品量。该指标是从相对数的角度衡量每亿美元产业 GDP 上衡量一个国家拥有的发明专利授权是否比其他国家多	WIPO 知识产权数据库、世界银行发展指标数据库
2.1.9	三方专利量	一国居民同时在美国、欧盟和日本专利局申请并获得的专利件数。本研究用三方专利授权量反映各国专利授权的质量指标	衡量一国所拥有的最具价值的专利数量。三方专利授权当日仅在欧洲和日本专利授权提交申请并在美国所拥有的高质量或最具价值的专利。该指标是反映发明专利授权质量高质量专利授权状况，即在总量上衡量一个国家的发明人拥有的高质量专利是否比其他国家多	OECD 主要科技指标数据库

	指　标	含　义	解　释	数据来源
2.1.10	每10亿美元GDP三方专利量	一国居民拥有的三方专利件数与该国人口（单位百万）的比值	衡量一国发明人按每10亿美元GDP计算所拥有的最具价值的专利的数量。该指标是从相对数的角度即在每10亿美元单位GDP上衡量一个国家所拥有的高质量专利是否比其他国家多	OECD主要科技指标数据库、世界银行发展指标数据库
2.1.11	国外有效发明专利量	一国发明人或发明持有人在海外专利局所拥有的法律上有效的发明专利件数	有效专利是一国居民或企业在海外市场所拥有的法律上具有竞争优势的商业手段作为保持国外有效发明专利量可表征一国在海外市场所拥有的技术资产的存量。该指标是从绝对数的角度衡量一个国家在国外市场上可利用的专利的数量，即在总量上衡量一个国家的发明人在海外市场上可利用专利的数量是否比其他国家多	WIPO知识产权数据库
2.1.12	每亿美元GNI国外有效发明专利量	一国居民在海外专利局所拥有的法律上有效的发明专利件数与该国国民总收入（GNI）的比值	衡量一国居民在国民收入上所拥有的国外有效发明专利的强度。该指标是从相对数的角度画刻一国国民在海外技术资产存量的状况，即在每亿美元单位GNI上衡量一个国家的发明人在海外市场上可利用专利的数量是否比其他国家多	WIPO知识产权数据库、世界银行发展指标数据库

指　标	含　义	解　释	数据来源
2.2.1　国内外商标注册量	一国居民在国内和海外商标局（机构）核准的商标数量。本书用国内外商标注册反映各国商标注册的数量指标	衡量一国居民在国内和海外所核准的商标规模。商标是企业将其提供的产品或服务区别于市场的独特标志。商标是所有成功商业营销战略的一项关键内容，能让企业在市场中标明、宣传和许可他人使用其商品或服务，把它们与其竞争对手的商品或服务区分开来，加强顾客忠诚度。该指标是从绝对数对数内和海外所核准的商标数量是否比其他国家多	WIPO 知识产权数据库
2.2.2　每亿美元 GDP 国内外商标注册量	一国居民向国内外商标局（机构）提交的商标申请量与该国人口的比值	商标不仅在受专利等保护的创新产品市场营销中发挥着重要作用，而且在依靠无形资产发展的知识密集型服务中有着重要影响。该指标是从相对数的角度即在每亿美元 GDP 上衡量一个国家居民在国内和海外所核准的商标数量是否比其他国家多	WIPO 知识产权数据库、世界银行发展指标数据库

指 标	含 义	解 释	数据来源
2.2.3	马德里商标注册量	一国居民依据《马德里协定》程序所获得的商标注册量。本书用马德里商标注册反映各国商标注册的质量指标	商标是保证产品质量的一个象征，在当今全球化和日益电子化的市场中，国际商标往往是国际市场上顾客识别某一公司产品和服务的唯一途径。由 WIPO 管理的商标国际注册与马德里体系申请国际注册的商标，必须经成员国核准注册的商标。因而，马德里商标注册与各国商标注册的区别之一，是不存在"本国偏向"。其次，《马德里协定》为商标注册人提供了一种在多个国家获得并维持商标保护的成本有效的途径，并可以根据变化的商业需求，扩大商标保护的地理范围。因此，马德里商标注册量衡量一国出于占领国际市场的最高效益目的而拥有的商标的数量。该指标是从绝对数的角度即在总量上衡量一个国家居民所获得的马德里商标注册量是否比其他国家多	WIPO 知识产权数据库
2.2.4	每亿美元 GDP 马德里商标注册量	一国居民依据《马德里协定》在《马德里协定》成员国之间进行的商标申请量与该国人口（单位百万）的比值	反映一国国内居民依据《马德里协定》进行国际商标申请的活跃程度。该指标是从相对数的角度即在每亿美元 GDP 上衡量一个国家居民所获得的马德里商标注册量是否比其他国家多	WIPO 知识产权数据库、世界银行发展指标数据库

指　标	含　义	解　释	数据来源
2.2.5　最佳全球品牌100强企业（BrandZ 100）占比	一国进入BrandZ最佳全球100强企业所占比重。本书用该指标来反映各国在全球商标竞争中的地位或影响力	衡量一国最具价值品牌品牌企业在全球竞争中的地位。本书用该指标来综合反映一国拥有的最具价值和具有全球影响力的商标的状况。BrandZ品牌的排名主要依据以下三个关键指标：①品牌价值（Brand Value）：以美元计算的品牌的无形经济价值（通过计算某出公司的品牌及经济价值并归入相应的品牌和营业地区）；②品牌贡献（Brand Contribution）：品牌对企业盈利能力的贡献，根据品牌对顾客购买决策的影响来计算（按照1—5级指数进行量化，数值越高表示品牌贡献越大）；③品牌动力（Brand Momentum）：反映未来一年时间内品牌价值增长前景的指标，数值进行量化（按照1—10级指数进行量化。不过，值越高表示品牌增值潜力越大）。品牌要比商标要宽泛	BrandZ全球品牌价值Top 100排名由品牌调查公司华通明略（Millward Brown Optimor）每年发布（见其网页）。该排名较重视科技品牌
2.3.1　国产电影量	一国居民在国内为电影院商业放映所制作的电影数量	衡量一国居民在国内电影院为电影商业放映所制作的产出规模。该指标用于衡量各国基于邻接权版权活动的绝对规模	UNESCO数据库
2.3.2　每百万人口国产电影量	一国居民国内制作的电影数量与该国人口（单位百万）的比值	衡量一国国内电影制作活动的产出强度。该指标用于衡量各国基于邻接权的版权活动的相对强度	UNESCO数据库、世界银行发展指标数据库

指标	含义	解释	数据来源
2.3.3	一国研究人员发表的科技文章数量	衡量一国研究人员科技类版权的产出规模。科技文章包括物理、化学、数学、临床医学、生物医学、地球和空间科学领域的科技论文。该指标用于衡量各国出版活动版权产出的绝对规模	世界银行发展指标数据库
2.3.4	一国研究人员发表的科技文章数量与该国人口（单位百万）的比值	衡量一国科技类版权人均产出水平。该指标从一个侧面来衡量各国出版活动版权产出的相对发展水平	世界银行发展指标数据库
3.1.1	一国按1995年或2000年购买平价计算的中高技术产业增加值。该指标间接地用中高技术产业所创造的经济租金来反映各国知识产权所创造的财富规模	衡量一国中高技术产业所创造的财富规模。该指标用中高技术产业所创造的经济租金或财富规模	UNIDO
3.1.2	一国按1990年购买平价计算的GDP与该国所有从业人员的比值	衡量一国经济的总体生产率水平	世界银行发展指标数据库
3.1.3	一国按2005年购买平价计算的GDP的增长率	衡量一国经济的总体生产率水平增长率	世界银行发展指标数据库
3.1.4	中高技术产业增加值与制造业增加值比值	衡量一国中高技术产业在制造业中的地位	UNIDO
3.2.1	一国高技术产品出口占全球高技术产品出口的比重	从市场份额或绝对优势的角度，即从国家出口规模或绝对量来衡量一国高技术产品出口国际竞争力。该指标也反映一国家高技术产品出口在世界高技术产品出口的地位	世界银行发展指标数据库

指标	含 义	解 释	数据来源
3.2.2 高技术产品出口相对优势指数	一国高技术产品出口相对其所有商品出口的比重与全球商品出口的比重的比值	从比较优势的角度，即不考虑各国出口规模的角度来衡量一国高技术产品出口国际竞争力	世界银行发展指标数据库
3.2.3 每百万美元高技术产品出口企业研发支出	一国企业执行研发支出与高技术产品出口额的比值	衡量出口高技术产品的价值梯度高低。该指标数值越大，则反映出口的高技术产品更处于价值链的上游或高端，即出口产品的价值梯度越高；反之，则其出口产品的价值梯度越低	世界银行发展指标数据库
3.2.4 版权密集型产品出口全球份额	一国版权密集型产品出口额与世界创意产品出口额的比值	从市场份额或绝对优势的角度，即从出口规模角度来衡量一国版权产品出口国际竞争力。版权产品包括电影等声像制品、图书报刊等出版印刷品、油画和摄影（具体见 UNCTAD 分类）	UNCTAD 数据库
3.2.5 版权密集型产品出口相对优势指数	一国版权密集型产品出口相对其所有商品出口和全球版权密集型产品出口的比重的比值	从比较优势的角度，即不考虑各国出口规模的角度来衡量一国版权密集型产品出口国际竞争力	UNCTAD 数据库
3.2.6 专利权等权利许可费收入全球份额	一国专利权等权利许可费收入相对全球专利权等权利许可费收入的比重	专利权等权利许可出口衡量一国的技术或知识出口的国际竞争力	世界银行发展指标数据库
3.2.7 专利权等权利许可出口相对优势指数	一国专利权等权利许可费收入的比重相对其所有服务业出口所有专利权等权利许可收入相对于全球服务出口比重的比值	即不考虑各国出口规模的角度来衡量一国专利权等权利许可出口国际竞争力	世界银行发展指标数据库

指标	含义	解释	数据来源
3.2.8 外向 FDI 存量全球份额	一国对外直接投资存量与全球对外直接投资存量的比值	衡量一国对全球经济运行的控制力或影响力	联合国世界投资报告（各年）
3.3.1 每百万美元 GDP 能源使用量（公吨）	一国能源使用量（公吨）与该国按 2005 年购买力平价计算的 GDP（单位百万美元）的比值	衡量一国能源的使用效率	世界银行发展指标数据库
3.3.2 每百万美元 GDP 能源使用量下降率	由 1 减去当年每百万美元能源使用量与前一年每百万美元能源使用量的比值计算而得	衡量一国能源使用效率的提高程度。该指标值越大，则其能源使用效率提高得越快	世界银行发展指标数据库
3.3.3 每百万美元 GDP 二氧化碳排放量（公吨）	一国二氧化碳排放量与该国按 2005 年购买力平价计算的 GDP（单位百万美元）的比值	衡量一国每百万美元 GDP 的二氧化碳排放数量，反映一国二氧化碳排放的强度	世界银行发展指标数据库
3.3.4 每百万美元 GDP 二氧化碳排放量下降率	由 1 减去当年每单位 GDP 的二氧化碳排放量与前一年每单位 GDP 的二氧化碳排放量的比值计算而得	衡量一国二氧化碳排放量强度的下降程度	世界银行发展指标数据库
3.4 知识产权国际事务影响力绩效			
3.4.1 受理国外专利和商标申请的世界平均份额	一国受理非居民专利申请占世界所有国家受理的非居民专利申请量的比重，与一国受理非居民商标申请占世界所有国家受理非居民商标申请量的比重的平均值而计算而得	衡量一国市场对其他国家发明专利和商标申请的吸引力。该指标用于表征该国在全球发明专利和商标保护中的地位	WIPO 知识产权数据库

	指　标	含　义	解　释	数据来源
3.4.2	PCT 申请国际检索报告全球份额	一国审查员按照 PCT 申请人检索请求进行的发明新颖性等检索报告占世界所有国家审查员按照 PCT 申请人进行的发明新颖性等检索并完成的检索报告的比重	衡量一国专利局在 PCT 发明专利申请的国际检索中的地位	WIPO 知识产权数据库。欧洲专利局的各成员国是按照其 GDP 占所有成员GDP 的比重，将欧洲专利局完成的检索报告数量分配到各成员国的
3.4.3	参与 WIPO 管辖的国际条约数量	一国签署的 WIPO 管辖的国际条约的数量	衡量一国参与国际知识产权协定有关活动的状况	WIPO 知识产权数据库
3.4.4	成员国对 WIPO 的财政贡献	一国根据 WIPO 业务预算报告所承担的财政支出份额	衡量一国在世界知识产权组织中的地位	WIPO 知识产权数据库

知识产权强国综合指标评价体系中各指标的含义

指 标		含 义	解 释	数据来源
1	知识产权创造投入			
1.1	知识产权创造环境			
1.1.1	知识产权保护强度	一个国家知识产权保护的有效程度。世界经济论坛对各国保护程度按1—7的顺序进行排序，1表示保护水平最低，7表示水平最高	衡量一个国家知识产权保护的整体水平	世界经济论坛各年《全球竞争力报告》
1.1.2	经济开放度	由一国商品及服务进出口总额与外来直接投资额占GDP的比重分别经标准化处理后合成。当一国外来直接投资额为负值时，本书将其视为0	衡量一国经济面临国外竞争程度；也可反映一国经济与世界经济的一体化程度	世界银行发展指标数据库
1.1.3	政府研发支持度	一国政府执行的研发活动的支出量（不含政府部门执行的研发支出部分）占GDP比重。由政府来直接投资不属于政府干预而研发活动的范畴而予以考虑	衡量一国政府对企业或高校研发活动的支持程度。该比重越高，则一国对研发活动直接支持的力度越大	UNESCO数据库
1.1.4	风险资本可获得性	创新或创业等高风险投资项目获得风险资本投资的可能性程度。世界经济论坛按照1—7的顺序衡量各国风险资本可获得性程度，1表示非常困难，7表示非常容易	衡量一国创新或创业等高风险投资项目获得风险投资的程度。对于依靠知识产权等无形资产起家的新创企业来讲，获得风险资本的支持是生存乃至发展的必要条件	世界经济论坛各年《全球竞争力报告》
1.1.5	每百人互联网用户数	一国互联网用户总数与该国人口（单位：百人）的比值	通常用于衡量一国信息化水平。互联网是知识经济时代传播和传播其重要的作用。本书用该指标来间接反映一国知识产权创造、保护、利用和管理等领域的信息基础设施完善程度	世界银行发展指标数据库

	指　标	含　义	解　释	数据来源
1.1.6	专利规费引导度	发明人或发明申请人在一国专利局提交一件专利申请所需支付的申请费以及获得授权后所需支付的维持费用与该国GDP的比值。专利规费包括专利申请费和专利维持费用，而各国GDP可反映其市场规模的大小	衡量一个国家现有的专利程序和维持费用政策对发明人申请和维持专利的吸引力。该指标值越低，则发明或申请专利的政策倾向于致励专利申请和专利持有。该指标也可反映一国市场对发明专利的吸引力。当一件专利申请、专利持有人的吸引力越低，表明该市场对发明专利申请和持有人具有越大的吸引力	Walter Park（2010），de Rassenfosse & van Pottelsberghe（2010）
1.2	知识产权创造直接投入			
1.2.1	国内R&D总支出（GERD）	一国在研发活动上的总支出或投入	知识经济时代研究和发展活动是一国经济增长的主要驱动力。研究和发展总支出可表征一国从事知识产权或无形资产创造的资金投入以及以此促进经济增长获取的动态	UNESCO数据库
1.2.2	国内R&D支出强度	一国在研发活动上的支出或投入总量占GDP的比重	衡量一国研发活动的强度与投入强度。研究和发展活动上资金投入通常用于竞争各国为促进经济增长和获取竞争力而进行研发努力的强度，一般而言，其与一国经济发展水平密切相关	UNESCO数据库
1.2.3	研究人员数量	一国从事研究活动的人员总量	衡量一国研发活动上人力投入总量。不过，创造出的人力投入还应包括从事工程资产创造的人力投入或从事知识产权和发展活动的人员等，但这些人力投入缺乏国际可比数据	UNESCO数据库

指标	含义	解释	数据来源
1.2.4 每百万从业人员研究人员人数	一国从事研究活动的人员总量占全国从业劳动力总量的比重	衡量一国研发活动上人力投入强度。研究和发展活动上人力投入强度通常也用于比较各国研发努力的强度	UNESCO 数据库
1.2.5 企业 R&D 资金占 R&D 总支出比重	一国企业直接用于发活动的支出总额占国内 R&D 总支出的比重	衡量一国企业投资知识产权或无形资产创造的积极程度。该比重越高则一国企业从事研发活动来创造知识产权并以此获取优势竞争力的积极性越强	UNESCO 数据库
1.2.6 企业研究人员占全部研究人员的比重	一国企业中从事研究活动的人员数量占国内从事研究活动人员数量的比重	衡量一国企业从事无形资产和知识产权创造的研究人员所占全国研究人员的份额。该份额越高，表明企业在无形资产和知识产权创造中的作用重要性越大。同时，该指标也间接反映企业所执行的研究和开发活动在一国知识经济中的重要性	UNESCO 数据库
1.2.7 专利等专有权许可费支出	一国居民在外国所有的专利、商标、技术诀窍、技术图纸、工业设计、版权等专有权利或无形资产的使用上向海外所支付的许可费用	衡量一国无形资产和知识产权创造中所从事的海外知识、技术吸收活动投入规模	世界银行发展指标数据库（丹麦和瑞士的数据来自 OECD 技术贸易平衡表）
1.2.8 专利等专有权许可支出占 GDP 的比重	专利等专有权许可费支出与 GDP 的比值	反映一国经济在知识产权或无形资产创造中吸收国外知识、技术活动的努力强度	世界银行发展指标数据库

指 标		含 义	解 释	数据来源
1.2.9	受过高等教育的劳动力人数	一国受过高等教育的劳动力人数（国际上通常将年龄限制在25—64岁）	衡量一国拥有的高素质、高技能劳动力的数量。该指标将从事不限于科技资产无形领域的人力投入并不限于创新或创造了所有基于科技创新或创意获得无形资产的经济活动领域，特别是需要广泛技能的服务业	UNESCO数据库
1.2.10	受过高等教育的劳动力的比重	一国受过高等教育的劳动力人数占社会总劳动力的比重	衡量一国高素质、高技能劳动力的强度，特别是科技领域以外的其他经济活动领域的高创意劳动力的比重	UNESCO数据库
1.3	政府知识产权管理能力			
1.3.1	专利审查员的数量	一国专利局专利审查员的数量	反映一国专利审查员的规模。自20世纪末以来发明专利申请量大幅度增长，各国专利局都在试图扩大发明专利审查能力，数量或增强专利审查能力，以加快专利审查速度，减少专利审查积压	各国专利网站
1.3.2	每百件发明专利申请审查员数量	一国发明专利申请量（单位百件）与该国专利审查员的比值	衡量一国专利审查能力。本书以该指标反映一国知识产权管理能力。该指标值越大，则意味着一国知识产权管理能力越强	各国专利局网站，WIPO知识产权数据库
2	知识产权创造产出			
2.1	发明专利创造产出（国内外申请、授权和海外有效专利方面）			

指 标		含 义	解 释	数据来源
2.1.1	国内外发明专利申请量	一国发明人或发明持有者在本国和海外专利局提交的发明专利申请总量。本书用国内外发明专利申请量反映各国专利申请的数量指标	衡量一国发明人在国内外从事发明专利申请活动的规模。国内外发明专利申请量可表征一国发明人或发明持有者对其创新产品或工艺在国内外市场上获取法律保护的需求状况。该指标是从绝对量的角度来衡量一国创新活动的总体动态，即从总量上衡量一个国家的发明人提交的国内外专利申请是否比其他国家多	WIPO 知识产权数据库
2.1.2	每千研究人员国内外发明专利申请量	一国发明人或发明持有者在本国和海外专利局提交的发明专利申请总量与该国研究人员（单位千人）的比值。该指标用国内外侧面反映发明人数量，并以此来衡量一国发明活动的生产效率	衡量一国国内外发明专利申请活动的积极性程度。每百万人口国内外发明专利申请量可表征一国发明人或发明持有者对其产品或工艺在国内外市场获得法律保护的积极程度。该指标是从事发明活动的角度来量相对衡量的普遍程度，即从人均上衡量一个国家的研究人员提交的国内外专利申请是否比其他国家多	WIPO 知识产权数据库、世界银行发展指标数据库

指 标		含 义	解 释	数据来源
2.1.3	PCT 申请量	一国发明人或发明持有者按世界知识产权组织 PCT 程序（国际阶段）提交的发明专利申请量。本书用 PCT 申请量反映各国专利申请的质量指标	衡量一国从事高质量或高价值专利申请的规模，反映地区和海外专利布局以及对外申请专利的意识和能力。PCT 申请量统计与各国专利局发明专利申请量统计相比，除了其不存在"本国偏向"的优点，最大的优点就是其代表具有较高经济价值并以全球市场为取向的高质量申请。因此，可作为各国专利申请的质量指标，即在总量上衡量一国专利申请状况，即在总量上衡量一国专利申请人提交的高质量专利申请量的高质量发明专利申请人提交的发明专利申请人提交的发明专利申请的发明的发明人数越多	WIPO 知识产权数据库
2.1.4	每千研究人员 PCT 申请量	一国发明人或发明持有者的 PCT 申请量与该国人口（单位：千人）的比值。该指标用研究人员来反映发明人数量，并用比来衡量一国发明人的高质量发明活动的生产效率	衡量一国发明人向高价值专利申请市场取向的专利申请活动的强度或活跃程度。该指标是从相对数的角度衡量高质量专利申请状况，即在人均上衡量一个国家的发明人提交的高质量专利申请是否比其他国家多	WIPO 知识产权数据库、世界银行发展指标数据库
2.1.5	重要领域 PCT 申请量份额	重要领域一国 PCT 申请量与世界 PCT 申请量的比值。本书用该指标来反映各国在全球最具发展潜力或技术创新领域中的地位或领导力	重要技术领域包括信息、生物、医疗和医药技术，以及环境和能源相关技术。这些技术是驱动世界未来经济增长和经济结构调整的关键技术。各国在上述领域中 PCT 申请量占世界申请量的比重，可反映各国在该领域中这些领域技术创新所处的地位以及其未来发展的控制力大小。该指标可从结构上衡量重要领域 PCT 申请量的各国分布	

指标		含义	解 释	数据来源
2.1.6	全球PCT申请100强企业占比	一国进入全球PCT申请量前100企业数占全球PCT申请量前100企业的比重。本书用该指标来反映各国在全球技术竞争中的主导地位或控制力	衡量一国最具创新实力的企业在基于知识产权获取竞争优势的全球市场动态竞争中的参与程度或在其中的地位及影响力。企业在全球市场上的竞争力取决其新产品的创新速度，而该速度通常取决其全球新产品的专利申请量来衡量。依据其全球导向的专利申请量。该指标反映PCT申请的产业组织状况	WIPO知识产权数据库
2.1.7	国内外发明专利授权量	一国发明人或发明人所获得的发明专利授权数。本书用国内外发明专利授权量反映各国专利授权的数量指标	反映一国发明人或发明人在其本国和海外所获得的发明专利授权数。发明专利授权表示有者对发明技术拥有排他性使用、制造、销售等权利。是以，发明专利授权量可表征一国在国内外市场所拥有的技术资产或受法律保护的创新产品数量。该指标是从绝对数的总体上衡量一个国家获得专利授权的总体状况，即总量上衡量是否从总量上衡量一个国的发明人拥有的专利授权是否比其他国家多	WIPO知识产权数据库
2.1.8	每亿美元GDP国内外发明专利授权量	一国在本国和海外专利授权件数与该国GDP（亿美元按2005年购买力平价计算）的比值	衡量一国居民在本国和海外市场上所获得的发明专利授权强度。该指标可表征一国每亿美元GDP在国内外市场上所拥有的技术资产或受法律保护的创新产品量。该指标是从相对数的角度，即每亿美元获得专利授权状况，即一个国家获得专利授权的强度。一个单位GDP上衡量一个国的发明人拥有的专利授权是否比其他国家多	WIPO知识产权数据库、世界银行发展指标数据库

指标		含义	解释	数据来源
2.1.9	三方专利拥有量	一国居民拥有的三方专利件数。本书用三方专利拥有量反映各国专利授权的质量指标	衡量一国所拥有的最具价值的专利数量。三方专利是指当且仅当在欧洲和日本专利局提交文申请并在美国获得授权的高价值的专利，通常用于反映一国所拥有的高质量或最具价值的专利。该指标是反映发明专利授权质量状况，即从绝对数的角度上衡量专利权人获得的高质量专利是否比其他国家多	OECD 主要科技指标数据库
2.1.10	每10亿美元GDP三方专利拥有量	一国居民拥有的三方专利件数与该国人口（单位百万）的比值	衡量一国发明人按每10亿美元所拥有的最具价值的数量。该指标是从相对数的角度即每10亿美元单位GDP上衡量一个国家的发明人所拥有的高质量专利是否比其他国家多	OECD 主要科技指标数据库、世界银行发展指标数据库
2.1.11	国外有效发明专利量	一国发明人或发明持有人在海外所拥有的法律上有效的发明专利件数	有效专利量一国居民企业在海外市场所拥有的技术资产的存在。该指标竞争优势的商业手段上具有效力并作为保持国外有效发明专利量可表征一国在海外市场上可利用的数量，即总量上市场上可利用的数量。衡量一个国家的发明人在海外市场上可利用专利的数量是否比其他国家多	WIPO 知识产权数据库

	指　标	含　义	解　释	数据来源
2.1.12	每亿美元 GNI 有效发明专利量	一国居民在海外专利局所拥有的法律上有效的发明专利件数与该国国民总收入（GNI）的比值	衡量一国居民在国外生产上所拥有的国外专利有效技术资产存量。表征一国每亿美元国民收入所拥有的海外技术资产存量。该指标是从相对数的角度刻画国外专利有效利用的状况，即在每亿美元单位 GNI 上衡量一个国家的发明专利在海外市场上可利用专利的数量是否比其他国家多	WIPO 知识产权数据库、世界银行发展指标数据库
2.2	商标产出（从国内注册、马德里商标注册和最佳全球品牌方面）			
2.2.1	国内外商标注册量	一国居民在国内和海外商标局（机构）核准的商标数量。本书将国内外商标注册反映各国商标注册的数量指标	衡量一国居民在国内和海外所核准的商标规模。商标是所有企业将其提供的产品或服务区别其他提供者的独特标志。商标是所有成功商业营销战略的一项关键内容，能让企业在市场中表明、宣传和许可他人使用其商品或服务，把它们与其竞争对手对数的角度即在总量上衡量一个国家居民在国内和海外所核准的商标数量是否比其他国家多	WIPO 知识产权数据库
2.2.2	每亿美元 GDP 国内商标注册量	一国居民向国内商标局（机构）提交的商标申请量与该国国人口（单位百万）的比值	商标不仅在受专利等保护的创新产品市场营销中发挥着重要作用，而且在依靠无形资产发展的知识密集型服务中有着重要影响。该指标是从相对数的角度即在每亿美元 GDP 上衡量一个国家居民在国内和海外所核准的商标数量是否比其他国家多	WIPO 知识产权数据库、世界银行发展指标数据库

指标		含义	解释	数据来源
2.2.3	马德里商标注册量	一国居民依据《马德里协定》程序所获得的商标注册量。本书将各国商标注册反映各国商标注册的质量指标	商标是保证产品质量的一个象征，在当今全球化和日益电子化的市场中，商标往往是国际市场上顾客识别某一产品和服务的唯一途径。由 WIPO 管理的商标国际注册马德里体系申请注册的商标，必须经成员国核准注册的商标。因而，马德里商标注册与各国商标局注册的区别之一，是不存在"本国偏向"。其次，《马德里协定》为商标注册人提供了一种在多个国家获得并维持商标保护之有效的途径，并可以根据保护的地理范围，扩大商标保护的商业需求。因此，马德里商标注册量衡量一国出于占领国际市场目的而拥有的最具有经济价值即在总数量上衡量一国居民所获得的马德里商标注册量是否比其他国家多	WIPO 知识产权数据库
2.2.4	每亿美元 GDP 马德里商标注册量	一国居民依据《马德里协定》在《马德里协定》成员国之间进行的商标申请量与该国人口（单位百万）的比值	反映一国国内居民依据《马德里协定》进行国际商标申请的活跃程度。该指标是从相对数的角度即在每亿美元 GDP 上衡量一个国家居民所获得的马德里商标注册量是否比其他国家多	WIPO 知识产权数据库，世界银行发展指标数据库

指　标		含　义	解　释	数据来源
2.2.5	最佳全球品牌 100 强企业占比	一国进入最佳全球品牌 100 强企业所占比重。本书用该指标来反映各国在全球商标竞争中的地位或影响力	衡量一国最具价值品牌的企业在全球竞争中的地位。本书用该指标来综合反映一国拥有的最具价值的商标的状况。BrandZ 品牌的排名主要依据以下三个关键指标：①品牌价值（通过计算出公司的品牌及经济价值：以美元计算出公司形成收入并归入相应人的品牌和营业地区）；②品牌贡献：品牌对企业盈利能力的贡献，根据指数进行量化，数值越高表示品牌贡献越大；③品牌动力：反映未来一年时间内品牌价值增长前景的指标，即品牌增长动力值（按照 1—10 级指数进行量化，数值越高表示品牌增值潜力越大）。不过，品牌要示商标要览泛潜力越大。	BrandZ 全球品牌价值 Top 100 排名由品牌调查公司华通明略每年发布（见其网页）。该排名名较重视科技品牌
2.3	版权产出（从电影和科技文章方面）			
2.3.1	国产电影量	一国居民在国内为电影院商业放映所制作的电影数量	衡量一国居民在国内为电影院商业放映所制作的产出规模。该指标用于衡量各国基于邻接于的版权活动的绝对规模	UNESCO 数据库

指 标		含 义	解 释	数据来源
2.3.2	每百万人口国内电影量	一国居民国内制作的电影数量与该国人口（单位百万）的比值	衡量一国国内电影制作活动的产出强度。该指标用于衡量各国基于邻接类的版权活动的相对强度	UNESCO 数据库、世界银行发展指标数据库
2.3.3	科技文章数量	一国居民发表的科技文章数量	衡量一国居民科技版权的产出规模。科技文章包括物理、化学、数学、临床医药，生物医学，工程和技术、地球和空间科学领域的科技论文。该指标用于衡量各国基于出版类的版权活动的绝对规模	世界银行发展指标数据库
2.3.4	百万人研究人员国内居民科技文章量	一国居民发表的科技文章数量与该国人口（单位：百万）的比值	衡量一国居民科技版权的普及度。该指标用于衡量各国基于出版类的版权活动的相对强度	世界银行发展指标数据库
3	知识产权创造产出经济、节能减排和国际事务影响力绩效			
3.1	国内经济绩效			
3.1.1	中高技术产业增加值（按 1995 年或 2000 年购买平价计算）	一国按 1995 年或 2000 年购买平价计算的中高技术产业增加值。该指标用来反映各国知识产权所创造的经济租金或财富规模	衡量一国中高技术产业所创造的财富规模。该指标用间接地用中高技术产业增加值来反映各国知识产权所创造的经济租金或财富	UNIDO
3.1.2	劳均 GDP（按 1990 年购买平价计算）	一国按 2005 年购买平价计算的 GDP 与该国所有从业人员的比值	衡量一国经济的总体生产水平	世界银行发展指标数据库
3.1.3	劳均 GDP 增长率	一国按 2005 年购买平价计算的 GDP 增长率	衡量一国经济的总体生产水平增长率	世界银行发展指标数据库

指标	含义	解释	数据来源
3.1.4 中高技术产业增加值占制造业的比重	中高技术产业增加值与制造业增加值比值	衡量一国中高技术产业在制造业中的地位	UNIDO
3.2 国际竞争力和全球控制力绩效			
3.2.1 高技术产品出口全球份额	一国高技术产品出口相对全球高技术产品出口的比重	从市场份额或规模对绝对优势的角度，即从一国家出口规模角度来衡量一国高技术产品出口国际竞争力。该指标也反映一个国家高技术产品出口在世界高技术产品出口中的地位	世界银行发展指标数据库
3.2.2 高技术产品出口相对优势指数	一国高技术产品出口相对其所有制商品出口与全球高技术产品出口和全球商品出口的比值	从比较优势的角度，即从相对规模的角度来衡量一国高技术产品出口国际竞争力	世界银行发展指标数据库
3.2.3 每百万美元高技术产品出口企业研发支出	一国企业执行研发支出与高技术产品出口额的比值	衡量出口高技术产品的价值梯度高低。该指标数值越大，则反映出口的高技术产品更处于价值链的上游或高端，即出口产品的价值梯度越高；反之，则出口产品的价值梯度越低	世界银行发展指标数据库
3.2.4 版权密集型产品出口全球份额	一国版权密集型产品出口额与世界创意产品出口额的比值	从市场份额或规模对绝对优势的角度，即从一国家出口规模角度来衡量一国版权密集型产品出口国际竞争力。版权产品包括电影等声像制品，图书报纸等出版印刷品，油画和摄影（具体见UNCTAD分类）	UNCTAD数据库
3.2.5 版权密集型产品出口相对优势指数	一国版权密集型产品出口比重与全球商品出口的比值	从比较优势的角度，即从相对规模的角度来衡量一国版权密集型产品出口国际竞争力	UNCTAD数据库

指 标		含 义	解 释	数据来源
3.2.6	专利权等权利许可费收入全球份额	一国专利权等权利许可费收入相对全球专利权等权利许可费收入的比重	专利权等权利许可出口衡量一国的技术或知识出口的国际竞争力	世界银行发展指标数据库
3.2.7	专利权等权利许可出口相对优势指数	一国专利权等权利许可出口的比重相对其所有服务业出口的比重与全球专利权等权利许可费收入相对于全球服务出口的比重的比值	即不考虑各国出口规模的角度来衡量一国专利权等权利许可出口国际竞争力	世界银行发展指标数据库
3.2.8	外向 FDI 存量全球份额	一国对外直接投资存量与全球对外直接投资存量的比值	衡量一国对全球经济运行的控制力或影响力	联合国世界投资报告（各年）
3.3	节能减排绩效			
3.3.1	每百万美元能源使用量（公吨）	一国能源使用量（公吨）与该国按 2005 年购买力平价计算的 GDP（单位百万美元）的比值	衡量一国能源的使用效率	世界银行发展指标数据库
3.3.2	每百万美元能源使用量下降率	由 1 减去当年每百万美元能源使用量与前一年每百万美元能源使用量的比值计算而得	衡量一国能源使用效率的提高程度。该指标值越大，则其能源使用效率提高得越快	世界银行发展指标数据库
3.3.3	每百万美元 GDP 二氧化碳排放量（公吨）	一国二氧化碳排放量与该国按 2005 年购买力平价计算的 GDP（单位百万美元）的比值	衡量一国每百万美元 GDP 的二氧化碳排放数量，反映一国二氧化碳排放的强度	世界银行发展指标数据库
3.3.4	每百万美元 GDP 二氧化碳排放量下降率	由 1 减去当年每单位 GDP 的二氧化碳排放量与前一年每单位 GDP 的二氧化碳排放量的比值计算而得	衡量一国二氧化碳排放量强度的下降程度	世界银行发展指标数据库

指　标	含　义	解　释	数据来源
3.4	知识产权国际事务影响力绩效		
3.4.1　本国接受国外专利和商标申请的世界平均份额	一国接受非居民发明专利申请占世界各国专利局接受的非居民专利申请量的比重	衡量一国市场对其他国家发明专利申请的吸引力。该指标用于表征该国在全球发明专利保护中的地位	WIPO 知识产权数据库
3.4.2　PCT 申请国际检索报告全球份额	一国审查员按照 PCT 申请人的发明新颖性等检索请求所完成的检索报告占世界各国审查员按照 PCT 申请人的发明新颖性等检索请求所完成的检索报告的比重	衡量一国专利局在 PCT 发明专利申请的国际检索中的地位	WIPO 知识产权数据库
3.4.3　参与 WIPO 管辖的国际条约数量	一国签署的 WIPO 管辖的国际条约的数量	衡量一国参与国际知识产权协定有关活动的状况	WIPO 知识产权数据库
3.4.4　成员国对 WIPO 的财政贡献	一国根据 WIPO 业务预算报告所承担的财政支出份额	衡量一国在世界知识产权组织中的地位	WIPO 知识产权数据库

知识产权强国综合评价指标体系中十大维度指数

表 1　知识产权创造环境指数

No.	国家	2000 年	2001 年	2002 年	2003 年	2004 年	2005 年	2006 年	2007 年	2008 年	2009 年	2010 年
1	阿根廷	17.1	15.9	16.3	14.6	13.9	14.7	22.3	20.7	16.4	17.6	11.6
2	澳大利亚	64.0	62.3	60.7	58.6	65.9	63.2	63.2	65.3	65.7	65.8	51.5
3	奥地利	58.2	56.7	52.0	54.2	53.3	58.5	56.4	62.0	62.0	59.6	45.1
4	比利时	70.4	69.0	65.2	68.2	64.9	62.6	62.5	67.7	67.0	66.4	54.2
5	巴西	35.5	41.1	41.2	40.2	39.0	38.6	33.9	32.7	35.5	35.7	31.0
6	加拿大	72.1	70.2	68.1	66.1	65.4	67.8	65.1	68.0	65.9	65.7	51.9
7	智利	30.7	31.0	29.7	32.6	34.4	32.7	33.6	36.6	35.3	37.5	30.1
8	中国	28.5	29.1	30.1	31.7	31.4	32.3	28.4	31.7	37.2	41.2	39.1
9	塞浦路斯	39.3	40.7	44.2	42.2	36.9	36.7	37.0	41.1	43.4	56.4	36.8
10	捷克	39.6	41.9	45.4	40.7	43.2	48.1	43.8	50.6	44.0	48.3	34.6
11	丹麦	65.4	59.1	60.0	61.4	62.7	66.2	64.8	67.9	65.3	65.5	44.7
12	爱沙尼亚	53.4	55.7	53.3	57.9	58.6	65.5	62.9	69.5	71.1	73.5	57.4
13	芬兰	60.3	57.1	61.4	59.4	58.7	59.1	61.7	63.4	59.5	59.3	47.7
14	法国	57.0	59.1	59.3	59.1	59.0	60.6	58.6	62.9	63.7	62.9	50.6
15	德国	66.5	61.1	64.0	63.8	62.8	63.3	68.2	68.7	64.0	60.7	46.9
16	希腊	31.0	31.1	30.1	31.1	31.8	31.9	30.9	31.2	31.0	32.2	22.1
17	匈牙利	33.7	38.8	36.7	35.7	33.5	37.4	39.1	37.3	33.0	31.6	23.7
18	冰岛	58.2	56.9	60.5	62.4	62.2	73.0	75.1	86.1	66.3	56.3	32.3
19	印度	30.3	30.5	30.6	30.5	29.8	30.2	37.6	34.4	33.9	34.9	32.7
20	印度尼西亚	6.7	6.8	6.1	5.5	20.2	22.2	22.5	15.5	12.9	22.5	26.6
21	爱尔兰	54.7	52.1	55.3	56.5	49.1	50.1	54.2	61.2	57.4	61.5	46.3
22	以色列	63.8	59.1	58.6	60.3	61.1	59.6	64.1	65.0	61.0	54.8	44.4
23	意大利	51.4	51.0	49.5	49.0	40.4	40.8	40.9	41.5	41.8	39.1	30.3

No.	国家	2000年	2001年	2002年	2003年	2004年	2005年	2006年	2007年	2008年	2009年	2010年
24	日本	45.0	45.1	44.4	43.9	52.7	53.6	58.9	56.7	54.0	54.3	39.2
25	韩国	50.1	51.9	48.8	49.1	44.8	44.7	52.0	66.2	65.9	57.1	39.5
26	拉脱维亚	25.5	25.4	28.8	29.4	28.3	34.9	39.6	41.8	36.6	32.6	15.1
27	立陶宛	28.4	28.9	38.3	38.5	46.4	48.1	42.4	43.1	46.2	41.2	26.2
28	卢森堡	50.1	53.9	52.0	53.9	53.8	55.4	58.4	51.5	60.0	65.9	51.6
29	马耳他	39.6	35.8	34.2	42.3	30.1	33.3	39.5	36.5	35.4	41.4	37.4
30	墨西哥	26.3	27.2	29.4	28.6	28.9	29.2	31.9	29.3	25.5	28.9	25.5
31	荷兰	76.3	74.1	70.8	71.6	69.5	74.1	71.8	77.5	69.2	71.0	50.0
32	新西兰	53.4	50.6	50.7	50.8	55.1	54.0	54.9	54.5	55.6	56.6	37.1
33	挪威	60.8	59.2	56.7	58.7	62.9	64.0	64.5	67.4	69.5	71.8	52.0
34	波兰	40.5	39.0	35.8	37.8	34.7	33.7	42.2	43.3	41.4	46.8	35.2
35	葡萄牙	43.3	42.9	39.7	43.3	42.5	43.5	45.6	45.7	47.4	47.3	38.1
36	罗马尼亚	18.4	18.2	20.1	20.2	26.6	26.4	28.8	31.1	34.0	31.0	20.8
37	俄罗斯	34.6	34.6	34.7	36.4	39.5	38.9	38.1	40.9	42.1	40.7	36.0
38	新加坡	74.6	74.9	70.2	75.3	77.4	77.0	79.2	81.9	77.8	85.3	74.9
39	斯洛伐克	32.0	32.7	47.2	40.1	47.6	45.5	44.3	44.0	44.5	41.4	26.0
40	斯洛文尼亚	39.5	43.7	45.3	41.1	38.0	40.3	40.4	43.1	43.1	50.4	36.0
41	南非	39.4	42.0	38.9	37.6	38.5	41.2	38.9	42.5	46.4	45.1	39.9
42	西班牙	46.9	46.9	47.9	50.3	48.4	49.3	51.3	55.5	55.3	49.6	37.9
43	瑞典	75.5	72.1	73.6	71.7	73.8	71.8	70.7	70.7	73.3	73.5	54.7
44	瑞士	68.9	66.3	64.2	66.0	62.9	63.3	70.9	71.2	69.5	70.6	55.7
45	土耳其	11.9	13.0	13.4	13.1	16.4	16.6	17.3	23.8	15.3	16.1	9.7
46	英国	68.5	67.2	69.6	70.4	69.9	74.1	69.2	71.8	67.3	62.9	46.5
47	美国	75.6	73.8	73.0	72.9	74.2	74.0	70.8	70.6	72.7	69.5	53.8

表 2　知识产权创造直接投入指数

No.	国家	2000 年	2001 年	2002 年	2003 年	2004 年	2005 年	2006 年	2007 年	2008 年	2009 年	2010 年
1	阿根廷	34.5	34.5	34.8	35.3	36.5	37.5	37.5	37.4	37.0	37.4	36.9
2	澳大利亚	53.1	53.6	55.5	55.9	56.8	57.2	58.6	57.9	58.0	58.0	58.1
3	奥地利	50.2	51.8	53.2	53.3	54.1	54.9	54.0	53.9	53.1	53.0	53.2
4	比利时	59.0	60.4	57.2	57.6	56.9	57.0	56.7	58.4	56.3	57.2	57.3
5	巴西	43.6	43.9	43.1	42.9	42.2	43.0	42.7	42.6	41.8	42.2	41.6
6	加拿大	66.4	69.5	68.5	69.4	70.2	70.3	69.2	68.5	66.2	66.9	66.0
7	智利	35.1	35.6	34.2	34.2	33.2	32.8	31.6	31.3	34.2	34.6	32.1
8	中国	50.1	51.8	53.5	55.4	57.7	59.9	60.9	61.8	62.2	62.1	62.3
9	塞浦路斯	18.2	18.8	18.9	21.1	20.4	19.2	20.5	19.9	19.4	20.3	18.1
10	捷克	37.8	38.2	38.1	39.2	38.8	44.6	45.3	44.8	43.4	43.3	44.9
11	丹麦	64.6	65.1	68.5	69.0	67.8	68.9	68.3	68.5	70.1	70.3	69.8
12	爱沙尼亚	25.0	28.4	27.7	27.9	29.0	30.7	30.4	30.5	31.2	32.5	33.6
13	芬兰	70.7	71.3	70.0	71.0	70.9	72.0	71.6	70.2	72.1	70.2	70.1
14	法国	60.8	61.9	61.0	61.1	61.3	61.5	61.4	62.1	61.3	64.4	64.7
15	德国	68.6	68.6	66.6	67.6	67.2	69.1	68.6	68.1	67.7	70.5	69.5
16	希腊	34.5	35.0	34.6	34.3	34.5	36.0	34.8	35.8	35.4	35.5	35.6
17	匈牙利	38.6	38.9	38.8	38.6	45.1	46.3	47.8	49.4	49.4	50.3	50.8
18	冰岛	37.8	38.3	38.4	38.3	36.3	38.8	38.1	37.9	37.4	39.0	38.6
19	印度	34.5	35.2	34.5	35.7	36.0	38.1	38.3	38.7	38.7	39.4	39.5
20	印度尼西亚	27.6	26.2	25.2	24.9	25.1	24.3	22.8	22.9	22.8	23.7	22.8
21	爱尔兰	60.0	60.6	59.7	60.7	59.7	60.1	59.4	58.9	59.8	62.0	62.5
22	以色列	62.3	64.5	63.0	62.3	63.6	65.0	65.0	65.8	63.8	63.4	62.7
23	意大利	43.7	44.4	43.8	43.9	43.4	43.6	43.6	43.8	47.8	48.5	49.3

No.	国家	2000 年	2001 年	2002 年	2003 年	2004 年	2005 年	2006 年	2007 年	2008 年	2009 年	2010 年
24	日本	80.3	81.4	80.4	81.6	81.5	83.9	83.4	83.4	82.4	81.1	81.3
25	韩国	67.1	70.5	68.6	71.6	73.8	75.3	75.8	76.0	76.6	80.1	82.5
26	拉脱维亚	24.9	20.9	20.6	21.2	23.0	21.7	26.4	23.1	21.3	21.1	24.0
27	立陶宛	32.9	29.5	25.1	24.4	24.9	25.7	26.6	26.8	26.5	26.4	27.6
28	卢森堡	53.4	58.8	50.3	49.5	52.0	52.0	49.2	53.3	53.4	53.9	51.4
29	马耳他	9.1	11.3	11.0	11.1	17.5	29.6	24.8	31.7	36.9	40.6	34.5
30	墨西哥	36.0	33.4	40.5	40.3	38.6	36.2	37.2	37.4	35.3	36.7	36.5
31	荷兰	57.4	57.6	55.7	56.6	57.5	58.0	56.3	55.6	53.5	53.6	54.5
32	新西兰	45.9	44.7	42.8	44.9	43.3	43.5	44.9	45.3	44.0	45.2	45.2
33	挪威	54.6	54.2	52.9	52.6	50.9	49.5	48.8	47.1	48.0	47.9	48.9
34	波兰	37.5	37.6	35.7	37.5	38.3	39.4	39.4	39.3	37.7	38.8	41.1
35	葡萄牙	30.6	31.9	31.9	32.1	32.7	32.9	36.1	38.6	41.0	41.6	42.2
36	罗马尼亚	34.8	34.8	33.5	33.3	32.5	32.7	30.7	29.8	28.8	31.1	31.1
37	俄罗斯	53.4	56.3	54.6	55.4	61.1	60.2	59.4	59.7	59.1	60.0	59.5
38	新加坡	66.6	67.1	66.4	68.6	69.2	65.6	65.8	66.9	68.2	64.8	64.7
39	斯洛伐克	32.7	32.6	30.8	30.1	28.0	27.7	26.9	26.4	26.6	27.1	28.9
40	斯洛文尼亚	36.3	37.0	37.8	36.8	38.8	38.8	41.4	40.5	43.5	46.1	49.5
41	南非	36.1	37.4	37.8	39.1	39.2	39.5	39.9	40.1	36.9	37.5	37.1
42	西班牙	50.7	50.6	50.7	51.9	52.4	52.4	52.2	52.6	51.9	52.3	52.1
43	瑞典	69.2	67.6	66.2	66.8	66.0	68.5	68.5	64.2	65.1	63.9	63.0
44	瑞士	69.2	68.8	68.1	68.9	67.9	68.4	68.0	68.0	65.9	66.3	66.1
45	土耳其	31.6	32.0	31.0	31.2	31.9	34.8	35.9	38.0	38.1	38.6	40.2
46	英国	62.3	62.7	61.3	61.6	61.6	61.9	61.7	60.2	59.7	60.7	59.8
47	美国	82.7	82.8	84.0	85.0	84.6	84.9	84.5	84.5	83.6	83.3	83.7

表 3　政府知识产权管理能力指数

No.	国家	2000年	2001年	2002年	2003年	2004年	2005年	2006年	2007年	2008年	2009年	2010年
1	阿根廷	32.8	33.2	33.5	32.6	32.8	31.2	30.2	29.1	28.4	28.8	28.9
2	澳大利亚	35.0	34.6	33.9	33.4	33.4	32.5	31.9	30.8	30.2	30.1	29.9
3	奥地利	67.7	69.7	65.4	58.7	57.7	56.0	52.1	50.8	48.8	50.3	49.0
4	比利时	25.3	24.6	24.7	23.4	24.8	24.1	22.9	22.3	20.4	19.4	19.7
5	巴西	29.4	31.1	32.3	32.7	33.8	34.1	35.2	34.4	33.5	34.3	34.2
6	加拿大	31.3	31.0	30.4	30.1	30.1	37.0	36.4	35.3	44.5	45.4	45.9
7	智利	39.0	39.9	39.9	38.1	36.7	35.2	33.6	31.3	30.1	38.1	46.3
8	中国	53.4	51.4	49.0	46.8	48.3	50.1	51.8	51.0	49.8	50.5	51.6
9	塞浦路斯	63.8	63.5	61.3	40.9	43.3	55.4	62.1	61.6	61.1	60.8	60.8
10	捷克	30.2	30.1	28.5	29.6	40.6	47.3	44.7	42.0	41.0	41.2	38.9
11	丹麦	84.7	84.2	81.1	74.1	73.8	75.4	74.0	69.1	65.8	71.9	68.5
12	爱沙尼亚	25.5	25.9	25.0	24.7	61.1	66.3	66.0	65.5	65.0	64.7	64.7
13	芬兰	88.1	88.0	87.3	87.2	87.1	86.4	85.8	85.1	84.6	84.4	84.4
14	法国	57.1	56.8	55.8	53.0	53.1	51.8	50.2	49.2	48.1	49.0	48.1
15	德国	61.1	61.0	60.4	58.0	58.1	56.7	55.1	53.8	52.3	52.9	52.8
16	希腊	75.3	74.3	74.8	65.1	68.2	59.0	50.7	48.1	43.1	42.1	41.1
17	匈牙利	30.2	29.4	28.3	28.2	31.9	40.0	42.7	44.9	43.0	43.5	46.0
18	冰岛	8.8	8.6	9.2	7.3	8.5	7.7	8.7	13.9	16.1	15.6	16.9
19	印度	21.8	21.2	20.5	33.7	30.5	29.1	28.6	27.3	26.8	35.4	34.9
20	印度尼西亚	27.6	27.2	26.6	26.3	26.1	24.8	24.2	23.2	22.6	22.2	21.7
21	爱尔兰	54.1	50.9	54.1	50.2	54.2	51.7	47.1	46.2	42.1	43.9	48.0
22	以色列	42.4	41.9	46.6	45.6	45.7	48.4	42.6	41.3	40.8	43.0	42.5
23	意大利	29.1	28.7	28.0	27.4	27.6	26.9	26.2	25.3	24.9	24.4	24.4

No.	国家	2000年	2001年	2002年	2003年	2004年	2005年	2006年	2007年	2008年	2009年	2010年
24	日本	43.2	43.5	42.9	42.9	43.1	43.0	43.1	42.4	42.4	42.4	44.2
25	韩国	36.9	36.7	36.0	35.6	39.7	38.8	38.3	37.1	37.1	36.7	37.1
26	拉脱维亚	11.4	10.8	9.1	11.4	10.3	9.0	9.3	8.4	6.2	5.4	6.3
27	立陶宛	68.2	67.9	67.3	66.2	67.2	64.7	66.3	65.8	58.4	60.0	56.5
28	卢森堡	28.0	34.3	43.4	61.1	61.4	35.7	49.2	59.9	34.9	31.9	27.8
29	马耳他	2.5	2.3	1.3	1.0	0.0	0.0	0.0	8.8	6.8	13.4	20.6
30	墨西哥	42.6	41.9	41.7	41.2	41.3	40.5	39.5	38.3	37.6	38.8	38.9
31	荷兰	51.2	53.0	52.1	46.6	48.0	45.9	44.8	45.5	41.8	41.7	41.9
32	新西兰	49.7	48.6	48.2	45.7	46.8	44.7	42.8	41.0	43.0	42.1	41.4
33	挪威	26.1	26.8	27.0	27.0	27.6	26.8	26.5	25.5	25.9	28.0	32.9
34	波兰	25.6	26.4	26.4	26.7	26.5	26.6	30.5	30.5	30.6	30.9	30.3
35	葡萄牙	81.3	81.1	80.5	80.2	80.2	79.6	79.1	78.5	78.0	77.7	77.7
36	罗马尼亚	22.9	21.9	20.0	20.9	21.5	21.5	21.6	20.6	19.0	18.5	17.4
37	俄罗斯	43.0	42.5	41.8	40.7	41.4	40.2	39.0	37.7	36.8	36.8	36.4
38	新加坡	44.1	43.8	44.0	43.0	43.1	42.5	41.2	39.9	39.4	40.3	37.9
39	斯洛伐克	28.7	28.6	28.1	27.4	46.7	65.1	55.9	48.4	56.8	59.4	52.6
40	斯洛文尼亚	10.5	10.2	9.6	8.9	9.3	8.8	9.4	8.0	7.7	6.7	6.3
41	南非	87.0	61.8	59.6	56.7	55.7	53.5	54.7	49.6	48.4	51.7	52.4
42	西班牙	88.6	88.5	87.9	83.0	84.7	79.6	74.2	71.9	65.0	67.4	67.1
43	瑞典	92.7	92.7	92.0	91.9	91.7	91.0	90.3	89.6	89.1	88.8	88.9
44	瑞士	36.2	36.1	35.8	34.1	34.8	34.1	33.0	32.2	31.0	30.9	30.4
45	土耳其	33.5	33.8	41.7	58.5	59.2	53.7	51.0	41.5	38.4	37.5	36.1
46	英国	52.0	51.9	51.1	49.3	49.9	49.5	48.9	48.0	47.3	47.9	48.0
47	美国	53.0	52.5	52.7	52.2	52.3	52.3	52.5	52.1	52.2	52.3	52.0

表 4　专利产出综合指数

No.	国家	2000年	2001年	2002年	2003年	2004年	2005年	2006年	2007年	2008年	2009年	2010年
1	阿根廷	16.1	14.9	13.7	15.5	14.4	15.6	16.3	15.5	13.4	13.9	13.2
2	澳大利亚	41.3	39.8	40.2	40.1	41.0	40.0	38.8	40.0	38.9	37.3	38.4
3	奥地利	49.3	50.2	50.3	50.9	50.6	50.1	50.8	49.8	49.5	49.3	47.9
4	比利时	44.0	43.9	43.4	44.1	45.1	44.0	44.8	43.6	43.3	42.5	41.4
5	巴西	22.1	21.9	22.1	22.2	22.0	19.8	19.8	19.6	18.3	19.2	17.9
6	加拿大	46.9	46.7	47.4	47.0	47.5	45.9	46.9	47.3	45.7	45.8	45.8
7	智利	8.3	9.3	10.2	9.9	10.2	8.8	10.1	10.8	11.9	13.8	13.5
8	中国	28.8	29.8	29.2	32.3	34.1	34.9	36.4	37.5	41.5	48.3	52.4
9	塞浦路斯	11.8	10.6	8.6	10.0	10.6	8.3	9.4	13.9	12.3	12.8	13.0
10	捷克	19.4	18.9	18.4	19.2	19.3	17.7	17.3	17.0	17.4	19.5	17.9
11	丹麦	49.3	48.5	48.3	49.2	49.4	47.5	47.4	47.6	47.5	47.8	46.6
12	爱沙尼亚	3.7	6.5	5.3	6.5	5.3	4.3	6.0	8.0	7.9	10.0	11.0
13	芬兰	57.5	56.5	55.5	55.4	56.1	55.1	53.3	53.6	54.3	55.6	54.9
14	法国	61.3	60.6	61.1	62.2	62.6	60.9	61.5	62.8	60.0	60.2	60.0
15	德国	80.0	79.1	78.9	79.3	79.0	78.3	77.1	76.5	77.1	76.8	75.5
16	希腊	16.0	16.3	16.9	17.3	17.3	15.6	16.2	15.7	15.7	17.0	15.8
17	匈牙利	26.2	25.8	25.7	26.4	25.5	23.3	23.1	22.5	21.7	21.7	20.3
18	冰岛	16.2	14.5	15.8	15.8	15.2	14.4	15.0	20.3	20.6	20.9	21.3
19	印度	23.0	24.0	25.3	25.8	25.9	25.2	25.5	25.3	25.2	25.6	25.5
20	印度尼西亚	6.2	4.5	5.4	3.9	3.6	3.2	5.6	5.1	4.0	4.4	4.8
21	爱尔兰	34.8	34.6	34.3	33.8	33.2	30.9	31.8	31.1	31.7	32.8	31.6
22	以色列	50.5	50.0	48.2	49.1	49.9	49.2	49.7	50.6	50.9	49.6	48.0
23	意大利	46.4	46.3	47.2	47.8	48.1	46.0	46.5	45.6	46.4	49.3	47.6

No.	国家	2000年	2001年	2002年	2003年	2004年	2005年	2006年	2007年	2008年	2009年	2010年
24	日本	93.3	93.7	95.0	96.1	96.6	96.9	97.0	96.8	97.0	97.3	97.9
25	韩国	64.2	64.8	66.2	68.2	69.3	74.2	74.7	79.4	76.3	76.9	79.7
26	拉脱维亚	12.8	12.2	12.7	12.6	10.7	10.3	8.7	9.3	9.9	12.8	14.6
27	立陶宛	8.2	7.5	8.1	10.2	9.7	5.8	5.4	4.5	5.0	6.9	5.4
28	卢森堡	40.7	40.5	38.7	37.7	38.4	34.1	35.4	34.8	36.2	38.4	38.4
29	马耳他	7.3	7.3	5.4	8.5	6.6	6.4	6.9	6.8	8.2	14.0	12.8
30	墨西哥	16.4	16.8	16.4	16.9	17.1	15.6	16.2	16.0	15.5	16.4	15.7
31	荷兰	59.8	59.8	59.6	59.8	59.4	58.2	58.0	57.8	58.3	59.1	57.8
32	新西兰	37.1	34.7	36.5	39.4	36.2	34.2	35.5	35.1	32.2	31.7	30.5
33	挪威	37.6	37.1	37.6	37.2	36.6	35.6	35.4	34.8	33.7	34.9	34.0
34	波兰	19.5	19.1	18.6	18.3	18.9	17.8	17.9	18.1	18.5	20.5	19.7
35	葡萄牙	11.7	12.6	12.4	13.6	13.8	13.2	13.7	14.7	14.6	16.3	14.8
36	罗马尼亚	18.3	16.6	15.4	14.9	16.4	13.2	11.9	11.8	11.9	13.6	12.3
37	俄罗斯	35.7	35.2	34.9	35.6	35.1	35.2	35.6	34.6	34.6	35.1	35.2
38	新加坡	26.6	27.7	28.3	27.5	29.9	28.5	27.9	29.6	29.1	29.4	29.5
39	斯洛伐克	12.2	12.1	11.4	12.0	9.9	9.3	10.5	10.1	9.4	10.1	9.8
40	斯洛文尼亚	19.1	18.6	19.5	20.5	20.8	19.7	17.7	20.3	21.0	23.6	22.8
41	南非	29.7	28.7	28.6	28.5	27.9	26.5	25.7	24.7	24.9	24.5	23.3
42	西班牙	30.3	30.0	29.4	30.1	30.5	30.3	30.1	30.0	30.1	31.3	30.7
43	瑞典	62.4	63.1	62.8	61.1	61.7	58.8	58.9	60.8	61.0	60.6	59.1
44	瑞士	59.7	59.9	60.0	60.4	59.9	58.7	59.6	59.2	59.4	60.1	59.1
45	土耳其	11.3	12.5	12.4	13.3	13.7	13.5	14.9	16.5	16.9	18.8	18.9
46	英国	58.4	57.6	57.4	56.8	56.1	53.7	53.4	52.0	51.4	50.4	49.6
47	美国	74.1	74.8	74.4	73.8	73.6	72.5	72.3	71.7	71.8	72.6	73.4

表5 商标产出综合指数

No.	国家	2000年	2001年	2002年	2003年	2004年	2005年	2006年	2007年	2008年	2009年	2010年
1	阿根廷	29.0	29.2	29.3	28.3	28.6	27.7	27.4	24.8	20.7	20.0	15.2
2	澳大利亚	23.2	23.2	27.8	26.9	29.6	32.8	32.5	31.8	30.1	30.6	27.9
3	奥地利	47.1	47.1	46.5	37.6	46.9	49.7	48.5	46.4	42.5	46.2	41.6
4	比利时	7.7	6.7	7.0	9.9	12.8	15.6	13.5	14.2	15.0	16.2	14.9
5	巴西	14.2	13.7	12.8	11.2	11.8	11.2	12.7	20.5	12.7	12.6	10.7
6	加拿大	14.2	11.8	12.1	12.7	14.1	13.0	12.4	12.0	11.1	15.7	14.4
7	智利	27.4	27.0	27.9	25.5	26.5	21.0	23.3	21.7	18.4	16.7	14.3
8	中国	39.8	44.3	40.4	43.0	44.5	40.9	40.4	36.8	37.8	44.6	46.4
9	塞浦路斯	9.7	7.7	8.2	12.4	13.3	18.6	24.4	28.8	26.5	32.8	39.7
10	捷克	48.3	47.6	55.1	47.4	56.0	47.8	45.4	41.5	36.7	37.1	28.4
11	丹麦	29.6	31.0	29.7	32.2	34.3	39.6	36.7	37.0	35.0	35.1	31.6
12	爱沙尼亚	37.0	37.8	33.5	29.1	33.8	32.6	37.8	35.8	37.8	30.9	30.0
13	芬兰	29.3	28.1	31.5	32.1	30.4	31.5	29.3	32.8	29.0	31.9	30.4
14	法国	47.1	45.2	47.9	49.3	49.5	60.5	59.1	59.5	57.7	57.6	56.2
15	德国	64.6	62.8	58.6	63.9	64.1	74.6	73.1	73.0	71.1	75.6	68.5
16	希腊	17.0	19.2	20.4	14.6	18.7	20.3	18.9	20.4	18.6	18.8	17.1
17	匈牙利	30.0	40.2	33.8	30.5	38.3	27.2	29.3	37.9	25.6	32.6	27.2
18	冰岛	17.6	12.0	10.9	10.7	21.5	15.6	40.7	45.9	51.6	26.9	18.0
19	印度	10.9	10.9	11.6	10.8	12.2	11.6	11.8	11.9	11.5	12.3	11.3
20	印度尼西亚	0.0	0.0	0.0	0.5	0.3	0.0	0.1	0.0	0.0	0.0	0.0
21	爱尔兰	16.2	13.9	15.0	19.3	24.4	26.0	24.0	24.2	23.2	23.7	23.9
22	以色列	20.7	16.1	17.0	15.3	20.2	18.6	18.0	18.2	15.3	16.4	14.1
23	意大利	38.9	40.6	39.8	42.7	46.3	51.4	52.1	45.8	48.0	51.6	48.0

No.	国家	2000年	2001年	2002年	2003年	2004年	2005年	2006年	2007年	2008年	2009年	2010年
24	日本	39.7	41.5	40.7	41.1	41.6	46.4	46.5	47.3	44.7	45.8	42.1
25	韩国	27.2	27.7	28.2	27.9	30.2	34.6	35.6	34.2	29.9	30.0	29.9
26	拉脱维亚	26.1	22.8	23.7	44.1	40.6	44.1	41.5	34.2	38.5	42.1	41.1
27	立陶宛	37.9	32.6	25.5	24.4	24.0	26.4	34.0	26.0	23.4	26.4	22.1
28	卢森堡	10.1	9.4	9.5	17.3	19.5	21.9	23.2	23.8	23.5	23.6	23.6
29	马耳他	5.5	8.4	8.6	7.8	4.1	6.7	9.2	23.5	17.6	23.1	24.1
30	墨西哥	19.1	19.4	16.4	14.6	15.1	14.3	14.1	13.2	12.6	12.8	13.1
31	荷兰	16.8	16.1	16.1	18.2	21.2	28.8	26.9	26.1	27.6	25.7	26.5
32	新西兰	19.5	20.4	19.1	18.6	18.2	13.8	11.9	11.1	11.7	11.4	8.5
33	挪威	23.9	23.2	22.0	20.7	22.5	24.4	23.9	24.2	22.8	25.5	22.9
34	波兰	28.5	29.6	27.0	27.8	31.0	30.2	32.5	31.3	29.5	32.4	29.1
35	葡萄牙	26.8	28.8	27.1	25.8	30.0	33.5	35.2	35.6	34.3	33.3	31.4
36	罗马尼亚	25.2	20.8	30.4	20.9	23.1	23.6	25.4	26.4	22.5	22.4	21.6
37	俄罗斯	26.5	24.5	31.1	30.8	29.8	28.9	27.5	26.6	26.6	27.2	24.7
38	新加坡	19.1	18.9	21.9	26.3	23.4	24.1	25.2	25.4	20.8	24.7	21.0
39	斯洛伐克	38.2	38.3	37.3	39.6	35.4	37.2	35.8	29.3	24.2	25.8	23.1
40	斯洛文尼亚	46.0	43.4	44.1	41.1	46.2	47.3	43.6	36.1	41.7	47.1	43.5
41	南非	13.7	13.4	15.6	12.5	10.5	10.5	12.4	10.1	11.0	10.2	13.6
42	西班牙	43.2	46.0	38.6	41.0	44.6	46.5	45.6	42.5	41.9	41.0	39.8
43	瑞典	38.3	37.3	33.2	36.2	37.9	38.2	37.7	36.1	33.7	33.6	35.1
44	瑞士	68.2	69.1	68.2	66.9	66.9	70.7	72.1	70.3	70.2	69.9	70.1
45	土耳其	28.9	28.5	34.6	34.5	34.6	36.3	37.8	34.7	31.8	32.5	29.7
46	英国	36.3	37.1	36.7	40.2	43.2	46.8	46.5	47.8	43.2	45.7	45.8
47	美国	67.4	65.6	65.9	66.3	66.9	69.5	69.8	69.7	69.0	68.6	67.3

表 6 版权产出综合指数

No.	国家	2000 年	2001 年	2002 年	2003 年	2004 年	2005 年	2006 年	2007 年	2008 年	2009 年	2010 年
1	阿根廷	36.4	36.8	37.8	36.6	36.8	36.5	38.9	36.6	34.9	34.6	34.7
2	澳大利亚	53.2	53.1	51.4	48.0	47.3	48.2	48.9	49.0	49.4	49.8	50.2
3	奥地利	45.2	46.1	46.3	50.3	49.7	48.2	48.0	47.1	43.3	42.1	42.0
4	比利时	42.9	42.4	44.1	55.2	55.7	56.6	59.8	51.5	50.3	49.1	49.5
5	巴西	37.1	37.5	38.3	36.4	37.4	37.1	39.6	41.4	41.1	38.8	38.4
6	加拿大	55.0	53.5	54.0	51.9	51.5	52.5	55.1	57.1	53.8	52.9	53.3
7	智利	41.7	42.3	45.2	43.7	45.1	47.4	46.0	46.8	49.1	44.5	44.5
8	中国	38.1	38.5	38.8	41.8	42.9	43.3	44.9	46.0	45.8	47.8	47.9
9	塞浦路斯	22.0	22.9	21.5	16.3	17.5	16.3	30.4	25.4	22.8	25.9	25.7
10	捷克	43.6	43.1	44.6	46.0	48.2	43.3	47.3	42.5	43.2	42.5	42.5
11	丹麦	60.9	61.1	56.2	56.0	55.7	55.2	54.2	51.8	49.4	47.0	47.6
12	爱沙尼亚	29.1	29.7	27.7	36.9	38.2	40.1	44.0	50.2	36.1	36.8	37.7
13	芬兰	40.2	39.8	39.4	42.9	43.9	44.0	46.6	41.6	43.5	40.0	40.1
14	法国	64.5	63.7	63.3	60.5	59.8	60.4	57.1	57.4	56.4	53.6	53.9
15	德国	54.6	54.1	54.3	54.8	55.0	55.8	56.3	55.6	54.6	53.6	53.5
16	希腊	45.4	46.9	48.8	48.0	50.4	48.6	49.9	52.7	49.7	49.4	49.8
17	匈牙利	39.3	39.3	38.8	42.5	43.1	43.9	47.9	41.6	40.2	35.1	34.7
18	冰岛	39.4	40.7	41.7	31.2	32.1	31.9	45.8	47.7	46.1	44.5	44.7
19	印度	51.4	51.8	52.7	52.2	53.3	52.0	53.5	54.6	54.6	54.6	54.9
20	印度尼西亚	20.5	20.3	19.9	18.2	20.0	19.9	21.1	21.7	20.4	20.9	20.9
21	爱尔兰	41.7	40.9	40.9	38.3	39.9	41.0	47.7	51.5	55.5	51.2	51.6
22	以色列	37.5	37.3	37.1	44.6	45.3	44.9	43.5	43.9	47.1	35.7	35.6
23	意大利	68.5	68.6	68.6	63.9	64.3	64.1	64.4	64.1	65.0	60.3	59.9

No.	国家	2000年	2001年	2002年	2003年	2004年	2005年	2006年	2007年	2008年	2009年	2010年
24	日本	56.1	56.0	56.5	55.6	55.5	55.3	55.5	54.9	53.6	52.1	52.2
25	韩国	41.9	41.6	42.1	44.0	45.4	45.3	46.6	47.0	45.6	46.7	46.2
26	拉脱维亚	17.1	17.8	18.2	15.3	17.6	16.4	18.3	20.6	18.4	18.2	18.2
27	立陶宛	10.6	10.6	12.4	13.0	15.6	15.2	14.0	12.7	17.1	10.1	10.2
28	卢森堡	36.6	36.8	35.9	35.6	39.3	38.4	39.9	38.1	40.3	41.2	41.0
29	马耳他	9.9	9.8	10.0	16.8	9.0	9.6	7.5	22.1	23.2	26.6	25.6
30	墨西哥	36.4	36.8	34.5	37.0	36.8	36.2	38.9	39.4	38.3	35.0	35.1
31	荷兰	52.4	50.3	52.4	61.6	60.5	62.9	57.0	59.1	62.2	58.7	58.7
32	新西兰	37.3	37.3	36.8	32.1	32.7	32.7	37.3	41.4	40.5	36.9	37.1
33	挪威	51.3	51.7	51.4	48.5	50.2	51.6	50.0	51.2	50.2	45.6	45.7
34	波兰	37.4	37.5	38.2	37.6	37.8	38.1	40.3	40.1	40.2	38.7	38.3
35	葡萄牙	36.5	37.1	37.9	37.3	39.9	40.1	44.3	35.8	33.3	33.1	32.9
36	罗马尼亚	25.4	25.1	25.2	24.8	26.1	25.3	26.3	25.8	25.9	25.9	25.9
37	俄罗斯	31.7	31.1	31.2	40.2	40.6	40.4	41.9	41.4	42.0	39.7	39.8
38	新加坡	38.9	39.1	39.4	36.1	37.9	37.8	39.3	40.7	41.2	30.3	30.5
39	斯洛伐克	24.3	23.9	24.6	27.1	29.0	27.3	22.1	28.2	28.0	28.0	27.3
40	斯洛文尼亚	35.9	34.4	34.2	49.5	48.4	46.5	34.4	38.6	39.4	37.8	37.6
41	南非	25.0	25.4	25.8	33.1	31.7	32.6	33.1	33.0	32.8	33.2	33.4
42	西班牙	56.8	56.8	57.3	57.1	56.9	57.3	57.0	58.7	56.3	54.7	54.9
43	瑞典	59.0	59.4	59.5	60.2	60.7	59.7	55.4	52.9	51.1	50.6	50.1
44	瑞士	69.9	68.5	68.9	81.7	82.4	82.3	78.6	80.7	76.2	69.9	69.9
45	土耳其	44.8	47.7	51.4	42.2	45.9	44.9	45.5	44.6	43.5	42.1	41.0
46	英国	66.9	64.4	62.8	58.1	57.2	56.5	56.1	57.3	55.7	53.9	55.7
47	美国	65.9	65.6	65.8	64.8	65.3	66.1	64.6	64.6	64.1	62.5	62.8

表7 知识产权活动推动国内经济发展绩效

No.	国家	2000年	2001年	2002年	2003年	2004年	2005年	2006年	2007年	2008年	2009年	2010年
1	阿根廷	44.2	38.4	38.2	34.5	36.0	33.5	34.6	38.8	40.4	39.1	39.9
2	澳大利亚	54.0	52.9	51.7	47.6	46.0	44.2	42.9	43.7	46.4	48.4	47.6
3	奥地利	58.4	57.6	56.6	53.9	53.4	54.7	55.7	56.0	56.6	56.6	56.7
4	比利时	66.3	65.4	64.1	63.2	63.1	58.7	59.2	58.9	59.9	57.1	57.5
5	巴西	46.5	46.3	45.1	41.5	40.1	38.9	39.8	42.3	44.5	45.1	45.6
6	加拿大	66.7	66.3	64.3	59.8	58.8	58.0	58.7	57.8	58.0	56.8	58.3
7	智利	32.3	29.7	29.6	32.4	33.7	35.0	32.2	32.6	33.7	31.7	32.7
8	中国	56.3	59.5	59.7	61.6	61.8	60.2	60.3	60.6	60.8	61.5	61.7
9	塞浦路斯	21.6	20.3	18.3	14.8	12.8	9.8	11.8	12.8	14.6	14.7	15.1
10	捷克	38.0	39.2	37.5	39.1	38.8	46.0	47.2	46.9	46.3	41.3	42.7
11	丹麦	54.4	53.5	51.8	47.2	47.5	49.5	49.5	47.2	46.3	45.6	49.1
12	爱沙尼亚	30.2	30.1	30.4	29.0	28.7	33.7	33.8	35.1	30.3	30.5	32.2
13	芬兰	61.9	61.4	60.1	59.7	59.9	57.7	58.4	58.7	58.4	59.7	61.8
14	法国	76.2	75.4	73.9	71.8	71.5	66.9	67.2	66.6	67.2	66.6	67.2
15	德国	80.5	80.2	79.1	75.3	73.7	71.2	72.8	73.4	74.4	71.6	73.1
16	希腊	42.0	43.2	41.6	41.6	39.3	29.0	28.8	28.7	30.0	27.8	26.2
17	匈牙利	43.5	44.6	45.5	46.6	46.5	51.8	51.9	48.9	49.4	47.3	48.1
18	冰岛	21.3	20.7	20.2	20.5	22.9	27.7	26.5	23.3	23.3	24.1	20.9
19	印度	49.8	49.2	47.1	44.8	44.3	48.0	49.0	50.1	50.1	47.0	47.1
20	印度尼西亚	34.1	40.0	40.8	38.6	38.1	41.1	41.6	40.5	40.8	41.5	42.9
21	爱尔兰	70.0	70.9	71.0	71.1	69.4	62.1	61.5	62.0	62.2	62.6	64.8
22	以色列	59.5	57.2	55.5	50.7	51.5	57.5	58.6	57.8	58.7	61.8	62.6
23	意大利	67.5	66.5	64.3	59.8	58.9	56.5	57.0	56.5	57.2	55.1	56.4

No.	国家	2000年	2001年	2002年	2003年	2004年	2005年	2006年	2007年	2008年	2009年	2010年
24	日本	80.2	80.4	79.7	78.6	77.8	75.3	75.0	75.1	75.7	73.5	76.5
25	韩国	71.0	73.5	71.5	72.1	71.2	67.7	68.7	69.9	71.0	72.1	73.6
26	拉脱维亚	22.2	22.3	21.7	22.3	22.1	25.4	26.0	26.4	20.7	20.0	20.1
27	立陶宛	25.6	25.7	25.7	26.0	24.2	28.9	28.7	29.2	29.8	27.1	28.2
28	卢森堡	35.8	32.7	30.6	28.1	29.1	28.3	29.3	29.8	27.5	25.6	25.1
29	马耳他	35.9	32.9	31.1	29.7	29.7	26.4	27.5	28.1	29.6	35.2	35.3
30	墨西哥	55.6	54.1	51.4	47.5	46.4	47.4	47.9	48.6	48.3	45.0	47.1
31	荷兰	54.9	53.8	51.5	46.0	46.3	56.3	56.9	56.2	57.2	53.7	54.5
32	新西兰	41.1	40.5	38.8	37.9	36.0	28.5	27.5	28.1	28.6	29.4	30.2
33	挪威	53.8	53.6	52.6	52.0	51.7	47.7	45.6	42.9	42.3	44.0	45.1
34	波兰	45.1	44.5	42.6	41.7	40.8	40.2	39.3	38.6	40.1	44.1	45.5
35	葡萄牙	41.8	40.5	38.5	34.3	33.6	29.8	30.3	30.9	31.7	33.1	34.1
36	罗马尼亚	26.6	28.6	31.3	35.9	36.1	31.3	31.7	31.0	31.8	33.2	30.7
37	俄罗斯	45.1	48.7	47.4	40.9	40.7	41.2	42.4	43.1	43.3	38.6	37.5
38	新加坡	72.0	69.1	68.9	66.8	73.8	75.6	72.1	70.8	65.1	66.2	70.9
39	斯洛伐克	38.6	37.9	38.0	39.8	39.9	43.1	45.1	47.7	47.9	53.9	53.7
40	斯洛文尼亚	45.6	45.5	44.1	46.6	46.3	41.9	43.0	43.3	43.0	43.9	45.0
41	南非	30.0	31.4	31.2	29.8	30.1	30.1	31.6	32.0	31.8	28.4	28.8
42	西班牙	56.7	56.3	55.1	51.6	49.7	46.2	46.0	46.5	49.2	52.4	54.2
43	瑞典	67.1	65.8	64.9	59.8	61.6	65.9	66.2	64.3	63.4	60.5	63.2
44	瑞士	67.4	67.0	65.4	61.3	61.3	61.0	61.7	61.2	61.8	66.3	67.5
45	土耳其	42.7	39.2	42.9	39.7	46.6	47.7	48.1	45.3	42.6	40.1	40.5
46	英国	72.3	71.3	70.1	71.9	70.6	64.1	64.3	64.7	65.2	61.1	60.9
47	美国	92.3	91.5	90.3	86.1	85.5	81.7	81.2	80.6	81.7	83.2	85.5

表 8　知识产权活动国际贸易竞争力和全球经济控制力绩效

No.	国家	2000年	2001年	2002年	2003年	2004年	2005年	2006年	2007年	2008年	2009年	2010年
1	阿根廷	9.5	9.3	6.8	7.2	7.8	8.6	9.0	8.5	7.1	6.7	7.0
2	澳大利亚	16.3	15.6	15.2	17.1	22.0	24.3	29.3	26.8	30.0	28.2	27.6
3	奥地利	17.9	17.5	18.6	19.3	18.0	17.3	21.3	17.1	17.5	17.6	17.2
4	比利时	18.3	19.3	18.1	19.9	19.3	19.7	19.3	19.1	17.9	21.8	20.6
5	巴西	10.3	9.5	8.5	8.8	8.2	9.3	10.2	12.2	12.3	11.5	10.7
6	加拿大	55.7	55.9	55.4	56.0	54.1	52.3	52.0	47.3	45.3	41.5	41.0
7	智利	20.0	18.5	21.0	22.1	18.0	20.5	19.5	9.4	9.7	9.6	8.5
8	中国	15.9	18.7	22.8	24.5	25.9	26.7	27.9	29.9	31.1	30.8	31.7
9	塞浦路斯	26.7	23.9	31.7	26.9	20.5	13.6	13.4	12.0	10.9	13.6	14.0
10	捷克	20.9	19.0	20.5	22.4	19.4	18.8	19.3	18.6	20.6	21.8	19.6
11	丹麦	20.1	19.8	20.3	20.0	19.5	20.9	20.2	19.4	19.8	22.0	21.6
12	爱沙尼亚	14.8	12.5	10.9	9.3	9.8	11.0	10.0	10.2	12.2	14.0	13.6
13	芬兰	42.5	37.1	36.1	33.0	31.7	33.8	31.8	29.9	26.5	25.4	30.6
14	法国	56.1	57.5	59.1	60.0	60.4	61.6	61.2	63.7	66.8	66.6	68.0
15	德国	51.7	52.1	52.5	51.9	51.8	54.3	52.2	49.8	51.6	59.1	55.3
16	希腊	9.8	9.5	10.5	12.1	12.5	14.5	13.1	14.2	15.4	15.6	15.0
17	匈牙利	13.3	11.8	18.9	17.1	21.1	21.7	17.0	20.7	20.0	19.9	22.0
18	冰岛	24.0	27.5	21.2	23.2	25.7	12.9	10.5	10.2	7.4	20.0	19.5
19	印度	18.4	17.7	17.1	17.8	17.1	18.6	16.6	14.4	11.9	12.6	11.9
20	印度尼西亚	9.0	8.1	8.3	9.3	6.7	6.7	2.7	2.7	2.4	3.3	3.2
21	爱尔兰	25.1	20.4	20.4	20.6	18.3	20.5	20.5	18.2	17.9	17.3	19.8
22	以色列	18.8	19.5	19.0	18.4	17.3	17.5	17.8	22.4	18.4	19.2	20.1
23	意大利	20.2	20.0	20.6	20.6	20.8	20.9	20.7	20.0	26.3	26.3	26.1

No.	国家	2000年	2001年	2002年	2003年	2004年	2005年	2006年	2007年	2008年	2009年	2010年
24	日本	54.3	55.6	54.2	56.3	57.3	58.7	57.6	56.8	57.1	54.5	55.4
25	韩国	25.0	24.9	26.5	30.3	32.1	32.2	32.5	29.5	32.5	32.8	31.9
26	拉脱维亚	7.0	6.4	6.1	6.4	6.2	6.8	7.6	6.6	7.3	8.1	11.4
27	立陶宛	6.8	6.0	5.4	5.3	5.6	5.9	6.5	7.5	6.9	7.1	7.8
28	卢森堡	10.7	10.6	9.6	9.5	9.1	9.1	8.5	8.7	8.8	8.1	8.6
29	马耳他	13.4	13.7	13.7	13.1	15.6	19.5	24.8	17.7	17.7	16.3	14.5
30	墨西哥	13.6	14.4	14.7	14.5	13.1	12.7	13.5	12.6	15.2	18.5	17.8
31	荷兰	28.9	25.8	24.9	33.2	33.2	30.1	28.1	26.8	24.8	26.6	25.3
32	新西兰	18.1	18.2	18.6	20.1	21.3	18.5	14.9	15.6	15.0	14.2	14.1
33	挪威	7.8	7.8	8.0	9.9	9.6	11.7	11.1	11.5	10.9	10.8	10.4
34	波兰	11.7	11.0	9.7	9.5	9.6	10.2	10.5	10.9	11.5	10.9	12.2
35	葡萄牙	5.6	5.7	5.6	6.2	5.9	7.0	7.4	8.7	9.5	15.2	15.0
36	罗马尼亚	3.2	4.3	2.7	2.9	3.8	5.9	5.6	6.1	8.2	7.8	13.0
37	俄罗斯	13.6	13.9	14.9	13.9	14.5	18.2	20.2	22.2	19.7	20.1	19.5
38	新加坡	25.9	27.4	28.2	28.4	29.5	29.3	30.0	27.7	29.1	27.6	27.9
39	斯洛伐克	13.5	12.7	13.0	11.3	11.4	11.9	11.3	10.7	10.9	9.4	8.4
40	斯洛文尼亚	14.2	13.7	12.3	11.9	14.0	14.9	15.3	13.5	15.1	16.1	15.9
41	南非	8.2	7.1	6.7	8.3	8.5	9.2	8.9	8.7	7.6	7.0	7.7
42	西班牙	21.1	20.7	20.7	20.0	19.9	20.2	21.6	20.8	20.4	20.2	19.2
43	瑞典	40.9	41.5	41.5	40.6	42.8	38.4	38.9	36.8	35.8	38.4	38.9
44	瑞士	48.9	52.3	50.9	49.0	51.4	50.4	51.1	54.2	54.8	52.9	53.6
45	土耳其	5.4	4.6	7.2	7.2	8.2	15.8	11.5	12.8	12.4	14.2	14.3
46	英国	73.2	74.8	74.6	72.5	69.3	72.0	74.5	66.1	63.0	63.0	63.7
47	美国	80.3	81.5	82.5	83.9	84.0	86.4	86.4	87.0	86.5	82.9	82.5

表 9　知识产权产出节能减排（能源环境可持续性）绩效指数

No.	国家	2000 年	2001 年	2002 年	2003 年	2004 年	2005 年	2006 年	2007 年	2008 年	2009 年	2010 年
1	阿根廷	53.0	56.5	50.2	60.8	49.6	62.6	52.9	65.5	62.1	68.5	74.8
2	澳大利亚	73.7	81.5	76.0	83.4	79.4	76.9	69.6	68.3	71.8	71.4	73.2
3	奥地利	80.9	81.5	75.7	75.4	77.0	73.5	78.8	82.8	87.1	86.8	83.5
4	比利时	75.6	81.5	85.1	81.3	83.2	78.2	82.6	82.2	80.2	76.9	72.0
5	巴西	64.2	70.6	72.3	77.4	77.0	72.8	66.5	67.0	69.4	71.4	75.0
6	加拿大	69.4	76.6	77.0	75.6	72.8	68.1	71.5	68.3	73.5	73.5	78.0
7	智利	62.8	74.1	80.2	81.6	70.8	73.1	64.5	64.3	67.1	68.9	74.2
8	中国	37.8	43.0	41.1	28.2	13.4	9.9	12.0	23.6	29.1	30.1	34.6
9	塞浦路斯	70.7	80.2	76.7	75.4	78.6	78.0	81.1	69.1	71.0	71.8	75.3
10	捷克	58.9	62.5	55.4	64.9	66.1	69.3	70.5	69.1	70.5	70.9	69.8
11	丹麦	90.4	90.3	84.2	75.9	82.2	86.4	81.9	80.3	81.3	86.4	81.3
12	爱沙尼亚	66.2	64.5	69.5	59.9	61.9	63.0	74.4	59.2	55.0	44.8	44.3
13	芬兰	84.9	82.2	71.3	66.4	68.9	87.2	78.5	79.9	78.0	84.1	79.9
14	法国	80.3	83.9	78.2	81.2	82.3	79.9	79.8	81.3	82.6	80.9	78.8
15	德国	78.7	80.7	77.9	81.3	81.6	79.3	78.1	82.2	83.0	82.2	80.8
16	希腊	70.4	76.9	75.0	85.0	85.3	80.9	79.2	77.8	79.8	75.6	72.8
17	匈牙利	74.8	77.9	82.5	78.4	81.1	74.5	74.8	69.9	73.7	72.8	72.5
18	冰岛	70.6	71.6	71.7	81.8	81.6	87.1	70.5	66.0	64.2	64.0	63.7
19	印度	33.1	38.4	37.0	45.7	44.7	46.3	40.6	37.3	30.4	29.1	35.7
20	印度尼西亚	33.9	33.8	34.2	49.2	46.4	47.3	42.2	44.4	42.2	36.5	38.5
21	爱尔兰	82.8	86.0	88.3	91.6	94.6	93.1	88.7	86.3	83.3	80.9	74.9
22	以色列	77.5	74.4	70.0	72.2	81.8	87.5	79.2	74.6	68.9	77.4	78.1
23	意大利	74.2	81.1	79.2	80.8	76.8	74.4	75.0	77.8	82.1	83.6	82.8

No.	国家	2000年	2001年	2002年	2003年	2004年	2005年	2006年	2007年	2008年	2009年	2010年
24	日本	71.3	77.2	77.5	83.9	80.3	81.2	77.0	78.0	81.1	80.5	82.3
25	韩国	66.5	68.5	69.9	77.8	75.6	75.8	72.9	70.0	68.0	65.5	68.3
26	拉脱维亚	85.1	83.5	85.0	77.1	84.9	83.0	86.5	80.9	75.9	62.4	55.0
27	立陶宛	79.9	79.6	70.4	70.8	79.0	81.8	77.9	72.8	71.9	64.4	75.3
28	卢森堡	85.1	79.1	71.2	75.5	67.0	68.5	71.8	90.0	89.2	85.9	78.6
29	马耳他	93.7	67.7	79.9	60.7	73.3	59.8	72.8	71.3	84.0	80.0	84.5
30	墨西哥	73.5	76.0	73.5	72.6	73.4	67.7	66.3	64.7	69.0	65.0	70.0
31	荷兰	82.9	83.9	74.2	78.5	76.8	79.4	82.7	81.2	81.7	76.4	75.1
32	新西兰	71.5	75.1	80.9	88.3	88.0	85.1	78.5	78.3	76.0	77.5	76.4
33	挪威	72.0	77.9	93.0	82.6	86.1	77.5	81.2	77.0	72.2	75.8	68.5
34	波兰	73.6	71.0	69.1	66.0	69.8	68.1	62.6	64.1	67.1	74.3	71.4
35	葡萄牙	68.0	76.7	74.8	81.9	77.0	76.4	76.2	76.5	84.2	76.8	80.6
36	罗马尼亚	64.7	66.2	60.8	63.9	72.3	69.9	67.8	63.2	70.6	79.6	75.0
37	俄罗斯	15.5	26.7	31.4	29.8	35.6	35.3	34.2	32.8	30.7	27.9	22.0
38	新加坡	91.4	83.3	77.5	74.2	72.2	75.4	75.4	93.8	89.4	82.1	75.8
39	斯洛伐克	61.9	58.1	59.9	65.5	73.9	72.5	75.5	79.0	78.9	79.5	71.8
40	斯洛文尼亚	80.6	78.2	75.8	76.9	79.2	77.1	74.7	78.0	76.0	75.4	71.5
41	南非	44.4	48.5	56.8	49.0	37.2	39.5	40.4	42.1	33.2	26.0	30.7
42	西班牙	70.7	76.9	74.3	81.6	75.9	75.6	73.6	76.3	84.9	88.9	90.9
43	瑞典	85.5	86.8	75.2	80.9	83.0	91.9	90.6	91.1	85.2	84.6	82.3
44	瑞士	83.6	81.7	82.2	84.1	89.8	85.2	80.1	88.7	87.1	83.7	78.2
45	土耳其	64.4	70.3	70.0	78.3	79.1	79.6	70.7	60.5	64.7	63.6	72.5
46	英国	81.0	86.0	88.4	90.3	90.1	84.7	81.4	83.4	84.7	85.9	83.0
47	美国	72.5	76.8	74.4	80.9	78.1	77.4	74.2	71.5	74.9	74.6	78.0

表 10 知识产权产出国际知识产权事务影响力指数

No.	国家	2000 年	2001 年	2002 年	2003 年	2004 年	2005 年	2006 年	2007 年	2008 年	2009 年	2010 年
1	阿根廷	24.8	21.9	21.6	24.5	22.7	21.9	22.3	16.2	16.2	16.1	16.1
2	澳大利亚	45.1	44.5	46.0	46.1	46.3	46.6	46.6	44.4	43.0	43.1	43.4
3	奥地利	36.8	36.2	35.7	35.5	34.6	34.4	33.8	33.3	32.3	33.4	32.3
4	比利时	40.5	40.3	40.0	40.1	39.9	39.8	39.5	39.2	38.6	39.0	38.7
5	巴西	14.5	13.0	11.9	12.5	12.2	12.0	13.0	12.6	13.1	12.6	13.5
6	加拿大	38.4	37.6	37.8	37.3	36.3	35.3	35.0	34.5	33.6	33.3	32.2
7	智利	13.0	12.2	11.6	11.7	11.5	11.5	11.5	11.8	11.8	12.3	12.5
8	中国	42.0	43.8	49.7	49.7	49.7	49.7	50.4	51.6	50.1	53.3	55.9
9	塞浦路斯	10.5	10.5	10.5	10.5	11.2	11.1	11.2	11.0	10.9	10.6	10.8
10	捷克	29.0	28.7	28.6	28.0	26.3	25.8	25.4	25.1	24.7	24.7	24.5
11	丹麦	36.6	36.2	35.8	35.7	34.6	34.2	33.6	33.3	32.6	32.7	32.3
12	爱沙尼亚	18.2	18.4	18.3	18.6	17.9	17.5	17.3	17.2	17.1	16.8	16.8
13	芬兰	31.8	31.5	31.1	30.9	30.5	30.3	30.3	30.1	29.3	29.7	29.2
14	法国	83.4	79.9	78.0	77.9	75.5	75.0	72.3	70.5	66.6	69.2	66.8
15	德国	82.4	82.4	82.4	82.4	80.4	79.8	77.0	75.0	70.4	73.3	70.2
16	希腊	25.1	25.8	25.7	25.4	25.0	25.2	24.4	24.3	23.8	23.9	23.5
17	匈牙利	31.4	31.3	31.3	31.0	29.4	28.6	27.9	27.7	27.3	27.2	26.9
18	冰岛	8.7	7.7	7.5	7.6	7.3	7.3	7.4	7.4	7.3	7.2	7.0
19	印度	14.5	12.5	11.1	15.4	16.0	16.2	17.3	16.1	17.5	16.3	13.6
20	印度尼西亚	4.8	9.7	8.7	7.9	10.0	8.1	9.8	8.2	8.9	6.2	6.2
21	爱尔兰	27.2	27.0	27.3	27.6	27.4	27.1	26.8	26.7	26.0	26.0	25.7
22	以色列	22.6	23.0	21.5	21.4	21.4	21.2	21.7	21.6	21.6	21.1	21.1
23	意大利	70.2	69.1	67.3	67.3	65.1	64.8	62.5	60.7	57.5	59.5	57.4

续表

No.	国家	2000年	2001年	2002年	2003年	2004年	2005年	2006年	2007年	2008年	2009年	2010年
24	日本	77.6	83.3	83.3	82.7	81.5	81.4	81.1	78.6	67.6	78.2	77.5
25	韩国	23.9	24.1	24.0	24.3	23.8	23.4	25.3	27.4	27.6	37.2	37.0
26	拉脱维亚	16.7	16.7	16.8	17.2	16.4	16.0	16.1	15.9	15.9	15.5	15.3
27	立陶宛	12.1	12.1	12.1	12.1	12.1	12.1	12.1	12.1	12.1	12.1	12.1
28	卢森堡	19.6	19.8	19.7	20.1	19.5	19.4	19.3	19.1	19.1	19.1	18.9
29	马耳他	10.8	10.3	9.8	9.6	9.5	9.4	9.4	10.5	9.8	8.7	8.8
30	墨西哥	35.8	36.1	36.1	36.1	35.9	36.3	36.3	36.0	36.0	36.0	35.7
31	荷兰	50.5	49.0	48.3	48.9	46.4	46.0	45.4	45.4	43.8	44.5	44.0
32	新西兰	13.8	13.4	12.9	12.5	12.0	12.1	12.1	12.2	11.8	10.5	9.9
33	挪威	30.4	29.8	29.2	29.2	28.2	27.2	25.8	25.3	24.4	24.7	24.2
34	波兰	27.9	27.6	26.9	26.8	26.2	26.2	25.6	25.2	24.7	25.1	24.5
35	葡萄牙	46.9	47.6	46.8	46.5	48.0	47.9	47.4	48.4	47.9	46.5	44.8
36	罗马尼亚	26.1	26.2	26.0	26.2	25.9	26.4	26.2	25.3	24.8	24.7	24.4
37	俄罗斯	37.0	37.3	38.0	38.1	37.4	38.0	38.4	39.4	39.6	39.1	39.0
38	新加坡	20.0	18.6	18.2	18.1	18.4	18.2	18.3	18.4	16.8	16.2	16.7
39	斯洛伐克	26.4	26.3	26.1	26.2	25.1	24.7	24.3	24.2	23.9	23.8	23.6
40	斯洛文尼亚	22.9	22.8	22.6	22.8	22.2	21.8	21.5	21.5	21.2	21.1	20.9
41	南非	21.7	21.6	21.4	21.4	21.6	21.6	21.7	21.5	22.2	21.2	21.4
42	西班牙	53.9	52.9	51.7	51.6	50.0	49.8	48.5	47.4	45.0	46.7	45.0
43	瑞典	45.5	45.2	44.6	44.6	43.9	43.7	42.3	41.5	39.4	40.1	39.4
44	瑞士	52.5	51.6	49.5	49.4	49.9	50.3	50.0	49.7	49.2	49.4	48.7
45	土耳其	29.0	28.5	27.8	27.8	27.5	28.1	27.8	27.7	26.9	27.2	26.9
46	英国	75.6	74.8	73.1	73.7	71.0	69.8	66.7	65.0	60.2	62.9	60.3
47	美国	88.2	88.2	88.2	88.2	88.2	88.2	87.1	88.2	88.2	78.4	75.7

专利产出指数三大构成方面指数

表1 发明专利申请产出指数

No.	国家	2000年	2001年	2002年	2003年	2004年	2005年	2006年	2007年	2008年	2009年	2010年
1	阿根廷	12.8	9.9	8.6	11.7	10.6	10.3	10.0	12.2	9.6	9.0	9.6
2	澳大利亚	29.9	28.7	28.7	29.1	29.1	28.0	27.4	28.7	26.9	27.0	27.1
3	奥地利	28.6	28.4	27.6	30.5	30.4	29.2	29.2	30.7	28.0	29.7	31.2
4	比利时	23.5	22.2	22.4	23.9	23.9	24.1	23.4	25.1	23.5	23.8	24.6
5	巴西	20.0	19.1	18.6	20.2	20.3	18.2	18.6	20.6	20.0	20.8	19.4
6	加拿大	30.7	29.4	30.0	30.1	29.8	28.7	29.5	30.4	30.0	30.6	31.8
7	智利	7.1	7.5	10.0	11.7	11.1	9.0	8.7	13.4	14.8	15.7	17.7
8	中国	26.4	29.2	26.7	30.1	30.9	33.7	38.4	41.4	43.5	52.9	62.1
9	塞浦路斯	23.4	23.2	17.5	21.4	21.9	15.6	20.8	20.5	12.8	13.4	13.9
10	捷克	17.4	15.4	13.9	16.2	16.1	13.2	12.9	15.5	14.4	16.5	15.9
11	丹麦	36.2	35.5	32.4	34.3	33.7	30.9	30.6	30.9	29.6	30.3	29.8
12	爱沙尼亚	3.7	4.0	2.8	3.7	5.2	2.1	3.9	8.3	7.8	8.9	11.0
13	芬兰	39.8	36.5	35.9	33.6	34.8	34.6	33.2	35.6	35.1	36.8	37.4
14	法国	44.7	43.5	44.5	45.0	44.0	44.0	44.2	43.9	43.1	46.8	49.5
15	德国	78.7	76.7	77.1	77.8	76.7	76.2	73.2	73.1	72.5	73.8	73.3
16	希腊	13.4	12.9	12.9	13.9	14.0	10.8	12.4	14.3	13.8	15.3	15.1
17	匈牙利	20.3	19.3	19.7	18.2	18.6	16.6	15.7	17.9	16.3	17.0	16.8
18	冰岛	12.4	12.8	13.6	17.3	15.7	10.7	11.0	14.1	13.1	13.0	12.9
19	印度	19.8	19.9	21.4	24.6	24.6	22.5	22.2	24.2	24.0	25.3	26.8
20	印度尼西亚	7.6	5.8	6.7	4.6	6.3	4.2	4.6	6.7	5.3	6.5	7.9
21	爱尔兰	31.0	29.1	29.6	29.3	27.7	25.4	26.2	27.1	26.0	27.4	25.9
22	以色列	20.2	19.7	19.0	19.8	20.2	16.4	16.2	20.9	20.2	20.5	20.4
23	意大利	35.6	35.4	36.2	38.1	37.2	34.7	34.9	37.2	35.7	35.5	35.1

No.	国家	2000年	2001年	2002年	2003年	2004年	2005年	2006年	2007年	2008年	2009年	2010年
24	日本	79.9	81.0	84.9	88.4	89.8	90.8	91.0	90.6	91.2	92.2	93.7
25	韩国	50.6	50.6	51.2	53.3	55.1	56.2	58.5	59.6	60.9	62.8	65.7
26	拉脱维亚	6.6	7.7	8.1	8.7	8.8	7.1	6.7	10.1	9.5	13.6	11.9
27	立陶宛	3.0	3.1	4.9	4.3	5.9	2.5	2.8	5.6	5.1	7.3	5.7
28	卢森堡	30.5	27.4	26.0	22.4	24.2	18.6	20.2	24.1	26.3	28.4	29.5
29	马耳他	3.9	4.4	2.3	11.7	5.7	8.6	11.2	10.8	13.0	17.8	12.1
30	墨西哥	14.4	14.5	13.7	14.5	14.2	12.5	13.2	15.4	14.5	15.8	16.1
31	荷兰	46.8	45.8	46.9	48.8	47.2	46.2	45.5	46.6	46.6	49.0	48.5
32	新西兰	28.5	29.6	29.9	28.6	27.8	26.3	27.6	28.0	23.2	23.6	24.0
33	挪威	29.2	27.6	26.6	26.5	25.5	25.0	24.3	25.3	23.7	25.3	25.8
34	波兰	18.8	17.1	16.8	18.6	17.4	14.7	15.1	17.1	16.5	19.2	19.7
35	葡萄牙	8.3	8.7	7.6	9.2	9.6	8.0	8.5	11.9	10.9	14.3	12.9
36	罗马尼亚	15.0	14.3	15.0	13.0	12.9	9.9	11.3	13.4	11.1	14.0	14.7
37	俄罗斯	25.3	24.8	24.0	25.5	24.4	23.9	24.9	25.8	25.7	26.1	26.9
38	新加坡	20.3	20.1	20.6	20.2	22.4	19.5	19.6	21.6	21.4	22.0	24.4
39	斯洛伐克	12.3	10.7	9.8	10.6	10.2	7.2	7.6	10.7	8.2	9.1	10.2
40	斯洛文尼亚	17.4	15.9	15.0	20.4	19.5	16.8	14.7	17.3	15.7	19.1	19.4
41	南非	27.8	26.8	25.9	25.9	24.7	22.2	21.8	23.0	21.1	22.0	20.8
42	西班牙	23.0	21.8	22.1	23.2	22.8	22.6	22.7	24.2	23.7	25.4	26.1
43	瑞典	49.7	49.2	47.3	43.0	43.7	39.4	40.8	46.7	45.8	45.7	43.4
44	瑞士	45.6	45.2	45.3	46.1	45.6	44.5	45.1	46.6	44.7	47.3	47.6
45	土耳其	13.2	12.4	12.3	14.3	14.9	14.6	16.1	20.8	19.8	21.2	22.5
46	英国	48.1	46.8	45.3	44.0	41.6	38.9	38.3	38.7	37.2	37.9	38.5
47	美国	65.5	65.9	65.9	65.1	65.6	66.8	67.7	69.2	68.3	67.7	69.1

表 2　发明专利授权产出指数

No.	国家	2000年	2001年	2002年	2003年	2004年	2005年	2006年	2007年	2008年	2009年	2010年
1	阿根廷	17.9	17.0	14.4	16.9	14.8	18.0	20.0	19.6	16.9	18.5	15.8
2	澳大利亚	39.9	36.9	38.4	38.2	40.7	37.5	35.6	36.6	36.7	34.8	34.4
3	奥地利	39.7	40.5	42.4	41.5	40.3	38.6	40.4	39.4	40.5	41.3	38.9
4	比利时	33.8	34.2	32.6	32.4	34.1	32.1	31.3	32.4	32.6	32.2	31.4
5	巴西	24.8	25.1	26.2	24.8	24.0	18.7	17.7	17.6	15.2	16.6	13.9
6	加拿大	35.9	36.2	37.2	36.8	38.5	36.9	37.0	38.8	39.1	40.6	38.4
7	智利	9.1	11.7	11.7	9.2	10.7	7.5	11.0	11.6	14.0	17.2	13.6
8	中国	37.0	37.1	37.9	43.7	48.4	46.7	44.8	47.4	56.1	65.5	66.6
9	塞浦路斯	3.4	0.0	0.0	0.3	1.4	0.6	0.7	1.7	3.6	0.8	0.8
10	捷克	22.0	22.3	22.5	22.6	23.1	20.8	18.5	19.4	20.5	24.0	19.8
11	丹麦	30.7	29.2	31.5	32.5	33.6	29.9	29.4	32.3	33.1	33.2	30.2
12	爱沙尼亚	1.2	9.4	7.2	10.0	5.2	2.5	6.0	9.6	11.3	14.2	13.6
13	芬兰	50.3	50.5	48.3	50.3	51.2	47.5	43.1	43.7	45.9	47.8	45.1
14	法国	55.5	55.3	55.5	56.8	58.1	55.7	56.4	57.9	60.4	59.3	56.9
15	德国	65.0	64.2	63.4	63.9	63.9	62.4	61.6	61.4	63.0	60.7	57.7
16	希腊	17.4	18.9	20.6	21.0	20.7	18.7	18.1	19.6	20.3	21.8	19.0
17	匈牙利	23.9	24.6	24.3	27.9	24.6	20.1	20.2	20.5	21.0	21.5	18.7
18	冰岛	13.6	8.3	11.7	7.4	7.4	7.7	5.9	9.0	7.2	8.6	5.4
19	印度	26.0	29.0	31.3	29.6	30.0	28.4	28.2	27.7	27.1	26.3	23.6
20	印度尼西亚	6.7	3.4	5.1	2.8	0.0	0.0	6.5	6.6	6.6	6.6	6.6
21	爱尔兰	25.8	27.3	26.6	26.9	27.0	23.4	23.2	23.7	24.6	25.6	22.2
22	以色列	51.0	49.8	45.3	47.1	49.2	50.3	51.3	51.3	53.2	48.8	43.9
23	意大利	41.8	42.2	42.6	42.3	43.0	41.0	40.2	41.8	44.4	54.4	50.7

No.	国家	2000年	2001年	2002年	2003年	2004年	2005年	2006年	2007年	2008年	2009年	2010年
24	日本	100.0	100.0	100.0	100.0	100.0	99.9	99.9	99.9	99.8	99.8	100.0
25	韩国	70.4	72.8	77.9	81.8	83.8	87.4	89.1	90.3	82.1	80.5	80.7
26	拉脱维亚	27.2	24.4	25.5	24.7	18.8	17.0	13.2	13.7	15.5	18.8	24.8
27	立陶宛	17.7	15.8	15.8	22.7	19.6	9.6	7.4	6.9	8.8	11.2	9.1
28	卢森堡	19.4	21.8	18.0	18.4	18.9	10.8	12.8	10.8	12.5	15.9	15.4
29	马耳他	15.4	14.8	11.3	11.0	11.1	8.6	7.5	3.0	2.8	9.0	5.4
30	墨西哥	16.3	17.2	17.0	17.6	18.5	14.8	15.7	17.0	17.1	18.2	15.6
31	荷兰	45.9	47.1	45.3	44.0	44.4	41.3	41.3	41.4	42.4	42.0	38.8
32	新西兰	36.0	27.9	33.3	43.7	34.6	29.3	30.0	31.3	31.4	32.2	28.6
33	挪威	29.2	29.3	30.6	29.8	30.2	27.6	27.5	27.7	27.6	29.2	27.2
34	波兰	26.2	26.7	25.7	22.9	25.7	23.8	22.9	25.6	26.8	29.0	26.3
35	葡萄牙	11.0	13.2	13.6	15.6	15.9	16.0	15.4	20.0	19.9	20.9	17.6
36	罗马尼亚	32.4	28.1	23.6	24.2	28.9	21.6	15.6	18.6	20.3	22.1	17.1
37	俄罗斯	57.4	56.5	56.5	57.2	56.9	56.8	56.9	56.9	57.2	57.8	56.8
38	新加坡	23.8	26.7	28.0	26.3	31.6	29.7	26.5	27.7	29.2	29.8	25.7
39	斯洛伐克	14.3	15.8	14.6	15.5	9.6	8.1	10.1	11.3	12.3	12.8	10.3
40	斯洛文尼亚	25.6	25.5	29.4	27.0	28.7	27.3	21.6	22.4	24.1	27.9	24.3
41	南非	32.3	30.5	31.1	30.7	30.5	28.2	26.1	25.9	26.3	27.2	24.6
42	西班牙	32.8	33.3	31.3	32.4	34.1	33.6	31.6	33.1	33.6	35.3	33.6
43	瑞典	50.9	53.7	54.6	53.8	55.0	49.8	48.5	50.0	51.7	50.3	48.6
44	瑞士	45.6	46.5	46.7	47.1	46.2	43.5	45.1	44.5	46.5	45.4	42.5
45	土耳其	10.8	15.3	15.1	15.8	16.3	13.8	14.5	19.1	19.5	22.5	21.0
46	英国	45.9	45.6	46.7	46.6	47.3	45.5	44.1	44.6	44.7	43.9	42.1
47	美国	85.9	87.4	85.7	84.9	83.9	80.4	79.5	78.3	79.7	81.5	82.8

表 3 海外有效发明专利产出指数

No.	国家	2000年	2001年	2002年	2003年	2004年	2005年	2006年	2007年	2008年	2009年	2010年
1	阿根廷	17.6	17.7	18.1	17.9	17.8	18.6	19.0	14.6	13.7	14.3	14.3
2	澳大利亚	54.0	53.8	53.4	53.1	53.1	54.4	53.4	54.8	53.2	50.1	53.6
3	奥地利	79.6	81.7	80.9	80.8	81.1	82.4	82.9	79.3	80.1	76.9	73.5
4	比利时	74.7	75.4	75.1	75.9	77.3	75.8	79.6	73.2	73.7	71.4	68.3
5	巴西	21.5	21.6	21.6	21.6	21.6	22.4	23.1	20.7	19.6	20.2	20.5
6	加拿大	74.1	74.4	74.9	74.1	74.1	72.0	74.3	72.7	67.9	66.2	67.1
7	智利	8.8	8.8	8.8	8.8	8.8	10.0	10.6	7.5	7.0	8.5	9.1
8	中国	23.1	23.0	23.0	23.0	22.9	24.3	26.0	23.8	24.8	26.6	28.5
9	塞浦路斯	8.7	8.5	8.4	8.4	8.4	8.7	6.6	19.6	20.5	24.2	24.2
10	捷克	18.9	18.9	18.9	18.8	18.8	19.0	20.5	16.1	17.4	18.0	18.0
11	丹麦	80.9	80.9	80.9	80.9	80.9	81.7	82.1	79.7	79.7	80.0	79.7
12	爱沙尼亚	6.1	6.0	5.8	5.7	5.6	8.4	8.1	6.1	4.6	6.8	8.3
13	芬兰	82.4	82.4	82.4	82.4	82.4	83.3	83.6	81.5	81.9	82.1	82.2
14	法国	83.6	83.1	83.3	84.9	85.8	83.1	83.8	86.6	76.5	74.6	73.7
15	德国	96.3	96.3	96.3	96.3	96.3	96.2	96.6	94.9	95.8	95.8	95.5
16	希腊	17.3	17.2	17.1	17.1	17.1	17.2	18.0	13.3	13.1	13.9	13.2
17	匈牙利	34.5	33.6	33.1	33.0	33.2	33.1	33.4	29.0	27.8	26.6	25.3
18	冰岛	22.6	22.3	22.1	22.8	22.6	24.9	28.0	37.9	41.4	41.0	45.5
19	印度	23.1	23.1	23.1	23.1	23.0	24.8	26.1	24.0	24.4	25.1	26.0
20	印度尼西亚	4.4	4.4	4.4	4.4	4.4	5.4	5.7	2.0	0.1	0.0	0.0
21	爱尔兰	47.5	47.3	46.6	45.2	45.0	43.9	46.0	42.4	44.5	45.4	46.7
22	以色列	80.4	80.4	80.4	80.4	80.4	81.0	81.7	79.5	79.2	79.6	79.8
23	意大利	61.7	61.4	62.8	63.1	64.1	62.2	64.5	57.7	59.0	58.0	56.9

No.	国家	2000年	2001年	2002年	2003年	2004年	2005年	2006年	2007年	2008年	2009年	2010年
24	日本	100.0	100.0	100.0	100.0	100.0	100.0	100.0	100.0	100.0	100.0	100.0
25	韩国	71.6	71.0	69.5	69.6	69.1	79.0	76.4	88.2	86.0	87.4	92.7
26	拉脱维亚	4.7	4.6	4.6	4.5	4.5	6.8	6.2	4.1	4.6	6.0	7.2
27	立陶宛	3.8	3.7	3.7	3.6	3.6	5.4	5.9	0.9	1.0	2.3	1.4
28	卢森堡	72.2	72.2	72.2	72.2	72.2	72.8	73.2	69.4	69.9	70.8	70.4
29	马耳他	2.7	2.7	2.7	2.8	2.9	2.1	2.0	6.7	8.7	15.3	20.9
30	墨西哥	18.6	18.6	18.6	18.5	18.5	19.4	19.8	15.6	15.0	15.3	15.5
31	荷兰	86.6	86.6	86.6	86.6	86.6	87.1	87.3	85.5	86.0	86.3	86.0
32	新西兰	46.9	46.6	46.4	46.0	46.2	47.1	48.9	46.1	42.0	39.4	38.9
33	挪威	54.5	54.5	55.6	55.3	54.1	54.2	54.4	51.4	49.7	50.3	49.0
34	波兰	13.4	13.4	13.4	13.5	13.5	14.8	15.7	11.6	12.2	13.3	13.1
35	葡萄牙	15.9	15.9	15.9	15.9	15.9	15.7	17.2	12.2	12.9	13.8	13.8
36	罗马尼亚	7.6	7.5	7.5	7.5	7.5	8.0	8.7	3.4	4.2	4.6	5.0
37	俄罗斯	24.3	24.2	24.2	24.0	24.0	24.8	25.0	21.2	20.9	21.3	21.8
38	新加坡	35.7	36.2	36.3	35.9	35.7	36.4	37.7	39.5	36.8	36.5	38.3
39	斯洛伐克	10.0	9.9	9.9	9.9	9.9	12.7	13.8	8.3	7.7	8.3	9.0
40	斯洛文尼亚	14.3	14.3	14.2	14.2	14.2	14.9	16.7	21.1	23.1	23.9	24.8
41	南非	28.9	28.9	28.8	28.8	28.6	29.1	29.3	25.2	27.3	24.3	24.4
42	西班牙	35.0	34.9	34.7	34.6	34.6	34.7	36.1	32.7	33.1	33.3	32.4
43	瑞典	86.5	86.5	86.5	86.5	86.5	87.1	87.3	85.6	85.6	85.7	85.4
44	瑞士	87.9	87.9	87.9	87.9	87.9	88.2	88.5	86.6	87.0	87.5	87.2
45	土耳其	9.9	9.9	9.9	9.9	9.9	12.2	14.0	9.7	11.3	12.6	13.1
46	英国	81.3	80.5	80.1	79.8	79.5	76.8	77.7	72.8	72.2	69.4	68.2
47	美国	70.8	71.2	71.6	71.4	71.2	70.2	69.8	67.5	67.5	68.5	68.2

参考文献

（按出现的先后顺序排列）

［1］罗纳德·芬德利，凯文·奥罗克. 强权与富足 ［M］. 华建光，译. 北京：中信出版社，2012.

［2］World Intellectual Property Organization（WIPO）. *World Intellectual Property Report 2011*［EB/OL］.（2012 – 12 – 19）［2013 – 04 – 15］.

［3］World Intellectual Property Organization（WIPO）. *World Intellectual Property Indicators 2012*［EB/OL］.（2013 – 01 – 05）［2013 – 05 – 8］.

［4］World Intellectual Property Organization（WIPO）. *World Intellectual Property Indicators 2014*［EB/OL］.（2014 – 12 – 19）［2015 – 06 – 15］.

［5］Richard Baldwin. Global Supply Chains：*Why They Emerged，Why They Matter，and Where They Are Going*［M］.

［6］Jonathan Rynn. *The Power to Create Wealth：A Systems – based Theory of the Rise and Decline of the Great Powers in the 20th Century*［D］. New York：The City University of New York，2001.

［7］小艾尔弗雷德·钱德勒. 塑造工业时代 ［M］. 罗仲伟，译. 北京：华夏出版社，2006.

［8］Maddison A. Six Transformations in China：960 – 2030［M］. D. S. P. Rao and Bart van Ark. *World Economic Performance Past，Present and Future*. London：Edward Elgar，2013：7 – 41.

［9］Goldman Sachs. Dreaming With BRICs：The Path to 2050［EB/OL］.（2012 – 12 – 19）［2013 – 04 – 15］.

［10］Goldman Sachs. China in Morden World［EB/OL］.（2012 – 12 – 19）［2013 – 04 – 15］.

［11］丹尼尔·阿尔特曼. 全球经 12 大趋势 ［M］. 陈杰，等，译. 北京：华夏出版社，2012.

［12］美国国家情报委员会. 全球趋势 2030：变换的世界 ［M］. 中国现代国际关系研究院美国研

究所，译. 北京：时事出版社，2013.

[13] 查尔斯·金德尔伯格. 世界经济霸权 [M]. 高祖贵，译. 北京：商务印书，2003.

[14] 中共中央国务院. 国家中长期教育改革和发展规划纲要（2010—2020 年）. 2011 – 03 – 23.

[15] 黄莉. 从体育强国内涵探究体育综合实力构成 [J]. 上海体育学院学报，2010，34（4）：18 – 23.

[16] 任东来. 强国的制度框架和思想传统 [J]. 学习月刊，2004（10）：25 – 27.

[17] 田雨普. 努力实现由体育大国向体育强国的迈进 [J]. 体育科学，2009，29（3）：3 – 8.

[18] Kuznets S. Economic Growth of Small Nations [M]. Robinson. E. A. G. *Economic Consequences of the Size of Nations*: Proceedings of a Conference Held by the International Economic Association. London: Macmillan, 1960: 14 – 32.

[19] 顾海兵. 大国与大国发展战略 [J]. 太平洋学报，2005（1）：45 – 50.

[20] 欧阳峣. 大国综合优势 [M]. 上海：格致出版社，2011.

[21] Rose A. Well – Being in the Small and in the Large[J]. *Monetary and Economic Studies*, 2006, 24（2）:55 – 72.

[22] Laurenté. Economic Consequences of the Size of Nations, 50 years on[EB/OL]. (2012 – 12 – 19)[2013 – 04 – 15].

[23] Furceri D. , Karras G. Country Size and Business Cycle Volatility: Scale Really Matters[J]. *Journal of the Japanese and International Economies*, 21(4):424 – 434.

[24] 田中明彦. 世界系统 [M]. 杨晶，译. 北京：经济日报出版社，1990.

[25] 马丁·怀特. 权力政治 [M]. 宋爱群，译. 北京：世界知识出版社，2004.

[26] 保罗·肯尼迪. 大国的兴衰：1500—2000 年的经济变化和军事冲突 [M]. 王保存，等，译. 北京：求实出版社，1988 年.

[27] Wikipedia. Great Power[EB/OL]. (2012 – 12 – 19)[2013 – 04 – 15].

[28] 伊曼纽尔·沃勒斯坦. 现代世界体系（第 1 卷）[M]. 罗荣渠，等，译. 北京：高等教育出版社，1998.

[29] Modelski, G. *Long Cycles in World Politics*. Seattle: University of Washington Press, 1987.

[30] 富田彻男. 市场竞争中的知识产权 [M]. 廖正衡，等，译. 北京：商务印书馆，2000.

[31] 美国国际贸易委员会. 中国知识产权侵权情况和自主创新政策对美国经济的影响 [M]. 国家知识产权局，译. 北京：知识产权出版社，2011.

[32] 贺化. 实施国家知识产权战略与经济发展方式转变之间的关系（《经济》杂志专访）[EB/OL]. (2012 – 12 – 19)[2013 – 04 – 15].

［33］张伯里. 中国正接近世界经济大国［EB/OL］.（2012 – 12 – 19）［2013 – 04 – 15］.

［34］张幼文. 经济强国——中国和平崛起的趋势与目标［M］. 北京：人民出版社，2004.

［35］Joseph S. Nye,Jr. *The Paradox of American Power：Why the World's Only Superpower Can't Go It Alone*［M］. New York：Oxford University Press,2002.

［36］Joseph S. Nye,Jr. *Soft Power：The Means to Success in World Politics*［M］. New York：Public Affairs,2004.

［37］Treverton. G. F. ,Jones S. G. *Measuring National Power*［EB/OL］.（2012 – 12 – 19）［2013 – 04 – 15］.

［38］黄硕风. 综合国力与国情研究［J］. 中国国情国力，1992（1）：2 – 5.

［39］王诵芬. 世界主要国家综合国力研究［M］. 长沙：湖南出版社，1996.

［40］阎学通，中国崛起的实力地［J］. 国际政治科学，2005（2）：1 – 25.

［41］冯鹏志，母小曼. 科学技术在当代综合国力竞争中的地位及功能［J］. 北京工业大学学报（社会科学版），2003（1）：46 – 48.

［42］杨京英，王强，铁兵. 信息能力是衡量国家综合国力及国际竞争力的主要标志［J］. 统计研究，1997（3）：24 – 28.

［43］赵景柱，丁丁，徐亚骏，肖寒，段光明. 可持续发展综合国力的理论分析［J］. 环境科学，2003，24（1）：1 – 6.

［44］Tellis,A. J. ,Bially J. ,Layne C. ,McPherson,M. *Measuring National Power in the Postindustrial Age*（MR – 1110 – A）［EB/OL］.（2012 – 12 – 19）［2013 – 04 – 15］.

［45］Helpman,E. *The Mystery of Economic Growth*［M］. Cambridge,MA：Harvard University Press,2004.

［46］Organski,A. F. K. *World Politics*［M］. New York：Knopf,1958.

［47］Waltz,Kenneth N. *Theory of International Politics*［M］.（Reading,MA：Addison – Wesley,1979.

［48］Modelski,G. ,Thompson William R. *Leading Sectors and World Powers：The Coevolution of Global Economics and Politics*［M］. Columbia：University of South Carolina Press,1995.

［49］董光璧. 三大周期交汇：建设国家创新系统的机遇与挑战［J］. 中国科学院院刊，2006（2）：96 – 100.

［50］王玲. 关于综合国力的测度［J］. 世界经济与政治，2006（6）：45 – 51.

［51］Cohen,W. M. ,Nelson,R. R. ,Walsh,J. P. Protecting Their Intellectual Assets：Appropriability Conditions and Why U. S. Manufacturing Firms Patent or Not（NBER Working Paper 7552）［EB/OL］.（2012 – 12 – 19）［2013 – 04 – 15］.

［52］Arora,A. ,Ceccagnoli,M. ,Cohen,W. M. R&D and the Patent Premium（NBER Working Paper 9431）［EB/OL］.（2012 – 12 – 19）［2013 – 04 – 15］.

［53］ Sullivan P. H. *Profiting from Intellectual Capital*：*Extracting Value from Innovation*［M］. John Wiley & Sons，Inc. ，1998.

［54］ William van Caenegem. Intellectual Property and Intellectual Capital［EB/OL］.（2012 – 12 – 19）［2013 – 04 – 15］.

［55］ Bollen，L. ，Vergauwen，P. ，Schnieders S. Linking Intellectual Capital and Intellectual Property to Company Performance［J］. *Management Decision*，2005，43（9）：1167 – 1185.

［56］ Namvar，M. ，Fathian，M. ，Akhavan，P. and Gholamian，M. Exploring the Impacts of Intellectual Property on Intellectual Capital and Company Performance：The Case of Iranian Computer and Electronic Organizations［J］. *Management Decision*，2010，48（5）：676 – 697.

［57］ Sullivan，Patrick H. An Intellectual Property Perspective on Intellectual Capital［M］. Bernard Marr. *Perspectives on Intellectual Capital*，Elsevier Inc. ，2005：55 – 76.

［58］ Nye，Joseph S. ，Jr. The Changing Nature of World Power［J］. *Political Science Quarterly*，1990，105（2）：177 – 192.

［59］ Cox，M. Power Shifts，Economic Change and the Decline of the West？［EB/OL］.（2012 – 12 – 19）［2013 – 04 – 15］.

［60］ Dedrick，J. ，Kraemer，K. L. ，Linden G. Who Profits from Innovation in Global Value Chain？ A Study of the iPod and Notebook PCs［J］. *Industrial and Corporate Change*，2009，19（1）：81 – 116.

［61］ Beckley，M. China's Century？ Why America's Edge Will Endure［J］. *International Security*，2011，36（3）：41 – 78.

［62］ World Bank. *Where is the Wealth of Nations？ Measuring Capital for 21ˢᵗ Century*［M］. Washington DC，2006.

［63］ Australian Copyright Council. *The Economic Contribution of Australia's Copyright Industries*（2002—2014）［EB/OL］.（2012 – 12 – 19）［2013 – 04 – 15］.

［64］ 克里斯托弗·弗里曼. 技术和经济绩效：日本国家创新系统的经验［M］. 张宇轩，译. 南京：东南大学出版社，2008.

［65］ Organization for Economic Cooperation and Development. *Managing national innovation systems*［M］. Paris：OECD，1999.

［66］ Furman，Jeffrey L. ，Porter，Michael E. ，Stern，Scott. The Determinants of National Innovation Capacity［J］. *Research Policy*，2002，31（6）：899 – 933.

［67］ Nordic Council of Ministers. *Nordic Innovation Monitor* 2009［EB/OL］.（2012 – 12 – 19）［2013 – 04 – 15］.

［68］Cunningham, Stuart D. , Cutler, Terry A. , Hearn, Gregory N. , Ryan, Mark D. , Keane, M. A. From 'culture' to 'knowledge': An innovation systems approach to the content industries［M］. Andrew, Caroline, Gattinger, Monica, Jeannotte, M. Sharon, & Straw, Will. *Accounting for Culture: Thinking through Cultural Citizenship*. Ottawa: University of Ottawa Press, 2005: 104 – 123.

［69］Suarez – Villa, L. Invention, Inventive Learning and Innovative Capacity［J］. *Behavioral Science*, 1990, 35(4): 290 – 310.

［70］Hu, M. C. , Mathews, J. A. Innovative Capacity in East Asia［J］. *Research Policy*, 2005, 34(9): 1322 – 1349.

［71］Faber, J. , Hesen, A. B. Innovation Capabilities of European Nations: Cross – national Analyses of Patents and Sales of Product Innovations［J］. *Research Policy*, 2004, 33(3): 193 – 207.

［72］Chiesa, V. , Coughlan, P. , Voss, C. A. Development of a Technical Innovation Audit［J］. The Journal of Products Innovation Management, 1996, 13(1): 105 – 136.

［73］Sajeva, M. , Gatelli, D. , Tarantola, S. , & Hollanders, H. *Methodology Report on European Innovation Scorecard* 2005. European Union, European Commission: Enterprise Directorate – general, European Commission.

［74］Ginarte, J. C. , Park W. G. Determinants of Patent Rights: A Cross – national Study［J］. *Research Policy*, 1997, 26(3): 283 – 301.

［75］The U. S. Chamber of Commerce's Global Intellectual Property Center, Measuring Momentum: GIPC International IP Index(First Edition)［EB/OL］. (2012 – 12 – 19)［2013 – 04 – 15］.

［76］Hariolf Grupp, Science, High Technology and the Competitiveness of EU Countries［J］. *Cambridge Journal of Economics*, 1995, 19(1): 209 – 223.

［77］de Rassenfosse, G. , B. van Pottelsberghe de la Potterie. Per un pugno di dollari: a First Look at the Price Elasticity of Patents［J］. *Oxford Review of Economic Policy*, 2007, 23(4): 588 – 604.

［78］Gaetan de Rassenfosse , Bruno van Pottelsberghe de la Potterie On the Price Elasticity of Demand for Patents［J］. *Oxford Bulletin of Economics and Statistics*, 2012, 74(1): 58 – 77.

［79］Prodan, I. Influence of Research and Development Expenditures on Number of Patent Applications: Selected Case Studies in OECD countries and Central Europe, 1981 – 2001［J］. *Applied Econometrics and International Development*, 2005, 5(4): 5 – 22.

［80］Griliches Z. Patent Statistics as Economic Indicators: A Survey［J］. *Journal of Economic Literature*, 1990, 28(4): 1661 – 1707.

［81］Jérôme Danguy, Gaétan de Rassenfosse, van Pottelsberghe de la Potterie B. The R&D – patent Relation-

ship：An Industry Perspective（ ECARES，working paper 2010 － 038）［EB/OL］.（2012 － 12 － 19）
［2013 － 04 － 15］.

［82］ Soete，L.，Wyatt S. The Use of Foreign Patenting as an Internationally *Comparable Science and Technology Output Indicator*［J］. Scientometrics，1983，5（1）：31 － 54.

［83］ Griliches，Z. Patents：Recent Trends and Puzzles，*Brookings Papers：Microeconomics*，1989：291 － 330.

［84］ United States Department of Commerce. Direct Investment for 2007 － 2010 Detailed Historical － cost Positions and Related Financial and Income Flows［J］. *Survey of Current Business*，2011，90：50 － 56.

［85］ Dunning，J. Reappraising the Eclectic Paradigm in an Age of Alliance Capitalism［J］. Journal of International Business Studies，1995，26：461 － 491.

［86］ 崔民选，王军生，陈义和. 能源蓝皮书：中国能源发展报告2012 ［M］. 北京：社会科学文献出版社，2012.

［87］ 卡拉罗·卡罗，努埃莱·马塞蒂. 缩减碳排放：中国应在何时开始?（董金鹏编译）［EB/OL］.（2012 － 12 － 19）［2013 － 04 － 15］.

［88］ 郜若素. 郜若素气候变化报告 ［M］. 北京：社会科学文献出版社，2009.

［89］ Archibugi，D.，Denni，M.，Filippetti，A. The Global Innovation Scoreboard 2008：the Dynamics of the Innovative Performances of Countries（ Working Paper. European Commission，Brussels，Belgium）［EB/OL］.（2012 － 12 － 19）［2013 － 04 － 15］.

［90］ European Union，2013，*Innovation Union Scoreboard*［EB/OL］.（2012 － 12 － 19）［2013 － 04 － 15］.

［91］ Rodriguez V.，Soeparwata A.，ASEAN Benchmarking in Terms of Science，Technology，and Innovation from 1999 to 2009［J］. *Scientometrics*，2012，92（2）：549 － 573.

［92］ 中华人民共和国国务院. 国家中长期科学和技术发展规划纲要 （2006—2020 年）［Z］. 2006 － 01 － 26.

［93］ 中华人民共和国国务院. 国务院关于印发《中国制造2025》的通知（国发〔2015〕28 号）［Z］. 2015 － 05 － 08.

后 记

本书是基于 2012 年度国家知识产权局保护协调司课题"知识产权强国课题研究"的子课题"知识产权强国标准及其评价指标体系研究"的研究成果修改而成的。

在课题完成过程中得到了国家知识产权局贺化副局长、协调保护司黄庆司长和武晓明副司长、规划发展司龚亚麟司长、发展研究中心毛金生主任和审查业务管理部冯小兵副部长的指导。在课题结题汇报上得到了国家知识产权局顾问，原局长王景川先生的指教。还要特别感谢的是协调保护司刘洋处长和张鹏副处长，在研究报告写作和初稿完成中，给予了大力的支持，甚至还对报告结构安排、文字表述、图表安排等提出诸多建设性意见。此外，协调保护司邵源渊同志也为本课题的完成提供了帮助。

要说明的是，研究报告完成后一直想进行全面而深入的修改，特别是完成初稿之后，又收集和阅读了大量资料，但可能受思维定势的影响，报告的修改始终难有进展。现在本书与原报告相比，除了对导言、第一、第三和第七章的部分进行了一定的修改外，其他章节完全保持原貌。在此意义上，本书是一件曾试图使之更好却总不如意的"遗憾的艺术"了。

经国家知识产权局的大力推动，知识产权强国建设已得到了社会的广泛关注，有些省市分别提出了知识产权强省和知识产权强市建设。我认为在知识产权强国建设上，重要的是要在努力完善与其自身创新能力发展相适应的知识产权保护制度的基础上，积极完善有利于发挥知识产权保护制度激励创新的各项配套性制度和政策，尽可能地使最新的科学突破、新技术发明和新创造等智力成果转变为有利于增强国内外市场控制力的知识产权，并使这些智力成果在知识产权保护所提供的良好战略运作空间下，得到商业化、产品化或产业化，进而促进高质量的经济增长。

本书特别强调，在我国经济经历了前所未有的 35 年高增长后、已进入新常态时代的背景下，随着我国农业就业比率下降促进经济加速增长的库兹涅茨效应和劳动人口比率增加促进经济加速增长的人口红利效应逐渐减小，经济持续增长的动力必须转变到依靠创新驱动的全要素生产率提升上来。创新驱动不仅要加大研究和发展的投入、人力资本的积累等，实际上更为重要的是，要充分发挥与自身创新能力发展相适应的知识产权保护制度，对企业从事新科学知识的商业化应用与技术和产品创新的激励作用。这种激励作用的大小最初表现在有多少最新的科学突破和新技术发明等智力成果转变为对其商业应用具有排他性支配权利的知识产权，但最终会转化为国家竞争力和全球市场影响力、控制力的提升。这种国家层面上竞争力和全球市场影响力、控制力的提升，就是知识产权在国家层面上创造的红利。

我国建设知识产权强国的过程，应是在当前我国原有经济增长驱动力下降的背景下，充分发挥知识产权保护制度的创新激励与知识产权创造、运用、管理、保护的协同，在全球市场上努力通过知识产权布局和有效运用来持续创造经济发展的红利，逐步将经济发展的比较优势转变到依靠知识产权上来，进而迈向全球技术创新和产业革命舞台的中心、崛起为世界经济强国的过程。当然，这一过程必然是积极参与国际知识产权制度建设的过程。我国产业要成功转型升级并走向全球，有效获取并成功运用国际知识产权保护所提供的良好战略运作空间，始终是重要的必要条件。

最后必须要感谢的是刘爽编辑，如果没有她的辛苦付出，本书要出版几乎是不可能的事情。当然，本书存在的错误均由作者自负，真诚希望学界同仁批评指正。